汉语『排除范畴』表达形式的历时演变及衍生途径

岳岩 著

清华语言学博士丛书

中西书局

丛书编委会

顾　问

丁邦新　陆俭明

主　编

蒋绍愚

编　委

（按姓名音序排列）

蔡维天　曹志耘　陈保亚　方一新

冯胜利　何大安　邢向东　张伯江

张美兰　张　敏

总　　序

　　近二十年来，我国博士生培养事业有了很大进展，在各个领域都培养出了一大批优秀的博士生；在语言学领域也是这样。这些新培养出来的博士生，大多视野开阔，思想敏锐，既有扎实的专业基础，又有强烈的创新意识，是我国语言学事业继往开来的生力军。博士论文和出站报告是他们刻苦攻读、悉心研究所取得的成果，有些优秀的博士论文达到了学术前沿的水平，体现了语言学研究的新思路、新成就。面对这些学术新人和学术新成果，我们由衷地感到高兴。

　　众所周知，一门学问要能生根，要能茁壮地成长发展，必须不断挖掘和发现新的材料，必须不断进行理论更新，必须不断涌现大批新的研究人员。语言学是一个既古老又相对年轻的学科。中国是拥有语言富矿的国家，汉语历史悠久，语言多种多样；有优良的语言研究传统，新的语言研究成果不断涌现。现在由于国力日益强盛，更引发各国青年人学习汉语的热潮。这对我国语言学科发展来说，既是一种机遇，又是一种挑战。只要我们两岸三地语言学同仁合力研究，让我国语言学科走到世界学术的尖端，这是可望也可及的目标。正是从这一思想出发，并为了使得这些学术新成果更快地和读者见面,为了帮助这些新人更迅速地成长,以便为语言学注入新的活力,我们创办了这个《清华语言学博士丛书》。现在计划每年出版一辑,每辑选收1—5种两岸三地语言学博士的优秀论文、出站报告和其他著作。我们希望《丛书》能聚集一批优秀的年轻学者,这些年轻人将来能带领中国的语言学迈着稳健的步伐前进。

　　《清华语言学博士丛书》创办以来,得到了两岸三地语言学界同仁和有关单位的大力支持。很多著名的语言学家担任了顾问和编委,很多博士生踊跃投稿,很多专家不辞辛劳负责审稿。清华大学提供了经费,上海中西书局负责出书。大家的热忱支持进一步坚定了我们办好《清华语言学博士丛书》的决心,我们一定使之成为展示我国语言学新思想、新成果的平台,成为语言学新苗茁壮成长的园地。

　　希望大家对《清华语言学博士丛书》不断提出意见和建议。让我们共同努力,把《清华语言学博士丛书》办好!

蒋绍愚

2013年6月

序

　　近年来,范畴研究在语言学界得到广泛关注,如指称范畴、数量范畴、领属范畴等。汉语语法界对相关问题讨论热烈,尤其在现代汉语学界或对外汉语学界,相关成果如:《汉语量范畴研究》、《现代汉语时量范畴研究》、《现代汉语指称范畴研究》、《现代汉语差比范畴研究》、《现代汉语属性范畴研究》、《现代汉语体范畴研究》、《现代汉语传信范畴研究》、《现代汉语的级范畴研究》、《现代汉语量级范畴研究》、《现代汉语致使范畴研究》、《现代汉语示证范畴研究》、《现代汉语的否定范畴研究》、《现代汉语等同范畴的语义认知研究》、《现代汉语比较范畴的语义认知基础》、《强调范畴及其若干句法研究》,等等。汉语史研究界也开始关注,有一些专题研究,如《汉语转折范畴的历时研究》,但相对而言,涉及面比较少。

　　在汉语中,"排除范畴"作为一种语义关系范畴,自古以来一直以各种表达形式存在着。该范畴不仅涉及句式层面的语法化、词汇化等多方面的语言演变现象,还关涉到人类逻辑思维的运作以及思维与语言表达的关系,甚至是汉语语言类型转移的重要一环,其重要性可见一斑。但真正意义的"排除范畴"没有明确建立起来,学界对此概念也一直未给予明晰地界定,吕叔湘先生在《中国文法要略》(1942)之"范畴论"中,只是将其看作"离合·向背"关系之一种,只是一种"排除关系"。学界对"排除"现象的研究比较零散,关注点大都在介词"除了"和"除"字句式的具体研究上,还没有从"范畴"的高度进行系统地研究,更少从认知方面对其进行解释。

《汉语"排除范畴"表达形式的历时演变及其衍生途径》一书明确指出建立汉语"排除范畴"的必要性和重要性,并尝试对汉语"排除范畴"给予界定,提出了判别标准,构建汉语的"排除范畴",这在汉语史的范畴研究领域是一个创新。该书是作者的博士论文,论文以排除语义范畴和排除形式范畴为基础,构建汉语排除范畴系统。将排除范畴分为直接和间接的两大类,并选取直接排除范畴成员表达式和以特殊的否定结构为代表的间接排除范畴表达式作为研究重点,尽可能清晰地梳理出这些研究对象在汉语自古及今各个时期共时状态下的表达形式,又归纳出各种表达形式在不同历史时期发生、发展的历时脉络。在描写共时及历时的发展脉络过程中,作者阅读了大量的语料,从中梳理例句,进行归纳并统计出每个表达式的使用频率,充分展示出不同断代共时状态下几种表达式的使用频率、优先顺序及历时状态下某表达式产生、发展及衰落的过程。作者在学界已有研究成果的基础上,阐发出自己独到的研究思路。比如将"X外"类词划分为排除义后置词(如"外"、"之外"、"以外"和"已外")和连词(如"外此"、"此外"、"余外"、"自外")两类,分别探讨了排除义后置词从处所词到后置词,连词从词到词内成分的语法化过程;探讨了"除"类成员——"除"、"除是"、"除非"、"除非是"、"只除"、"只除了"、"除却"等的历时发展脉络,语义认知机制及语法化机制,并勾勒出"除"类成员的发展辐射图。

此书的可贵之处在于,不限于尝试对排除范畴的一些表达形式的句式化和语法化进行描写和理论解释,还探讨了直接排除和间接排除的关系、逻辑算子对排除范畴的制约作用,排除范畴与其他范畴之间,如与否定范畴、量范畴、转折范畴、假设范畴、递进范畴的关联性,都作了较好地描写。作者在对"非"类句式的探讨时,就特别关注该句式在不同历史时期与否定性、疑问性、总括性、关系性等逻辑算子连用的情况和使用机制,并从产生时间、使用频率、表达功能等方面进行阐释。这样的研究拓展了汉语句式范畴之间的关联,拓展了汉语史历时研究的思路,值得提倡。

岳岩博士是清华大学中文系汉语史专业的第一个博士。硕士期间跟从黄国营教授学习现代汉语语法。博士就读期间,她经历了多种挑战。首先,从现代汉语语法到汉语历史语法的古今跨越,增加了对历史文献的阅读与理解体验。其次,博士期间一直在清华大学对外汉语文化教学中心兼职任教,曾经有一年的时间专职在美国威廉玛丽大学从事汉语第二语言教学,工作认真辛苦,但干得很好,深得美方师生的喜爱。撰写博士论文的同时,还在对外汉语文化教学中心组织编撰了对外汉语教材,这其中经历了从应用型到研究型的挑战。她办事认真,很有团队精神,在汉语作为第二语言教学方面积累了不少经验,颇得留学生喜欢。

说实话,我心里对她兼职读书是颇为担心的。研究汉语史最笨的方法是下功夫读语料,阅读语料最花费的是整块的时间,除此之外对文献材料的整理分析更是非花力气不可。但鉴于多方面的考虑,我选择了理解和支持。如今,她分配到北京语言大学,在联合国总部中文组负责参与汉语教学,是学生最喜爱的汉语老师和中文组最得力的干将,我想这与她博士在读期间的知识储备和汉语教学经验是密不可分的。我为她对语言现象的悟性而高兴,这篇论文中的理论思考相信读者在阅读中可以体会到。

当然,这部书稿还有很多我们感兴趣的话题有待讨论。作者将排除范畴的表达形式分为五类,论文对其中两类进行了深入挖掘和研究,其他三种句式格式在该范畴中的地位和层级还可以加以分析比较,说明清楚。作者结合汉语作为第二语言的教学经历,可以针对海外学生对该范畴习得的情况进行调查。我们期待作者后续的进一步研究。

在岳岩博士论文出版之际,我最想说的是,汉语的语言现象纷繁而有规律,给我们研究提供了很大的空间。岳岩博士年富力强,适逢大好年华和浓郁的研究氛围,希望她充分利用当前机遇和工作平台,沉得住气,耐得住寂寞,更好地施展自己的研究才华。人生的路漫长,汉语研究的征程更漫长,聊以互勉。是为序。

张美兰
2015 年国庆节于学清苑

摘　　要

　　直接排除和间接排除是人类认知客观世界的两种思维模式。直接排除和间接排除分别是把某一事物与其他相关事物的联系或区别直接或间接排除掉,反映到语言中便形成了直接排除范畴和间接排除范畴。本书在第 1 章建立了汉语的排除范畴系统,提出其"排除"的语义本质是将排除对象特殊化,并凸显排除对象和剩余对象之间的区别或联系。本书将其表达形式分为 7 小类,建构出"排除范畴"表达形式的句法系统,并重点探讨以排除标记(如"除了")为主的直接排除范畴表达形式和以特殊的否定结构为代表的间接排除表达形式。

　　第 2—4 章分别从上古汉语、中古汉语和近代汉语三大阶段详细描述了各个时代的排除范畴表达形式,从历时的角度构建汉语排除范畴表达形式的系统。另外,还从共时角度更全面地构建某个时期内汉语排除范畴表达形式的系统。其中,"外"类成员大致经历了从方位后置词到排除义后置词的语法化过程,这种从方位范域到排除范域的扩展是认知上的容器隐喻和语法上的语法化及类推机制共同作用的结果。"除"类成员在产生时间、使用频率、语法功能、音节等方面都存在差异。总体上包含从动词到介词、从介词到连词两个不同的语法化过程。在此漫长的历时演变中,隐喻的认知机制、重新分析和类推的语法化机制都起到了不可忽视的作用。"非"构式历时演变的历程比较平稳,其形成机制主要是受到不同类型逻辑算子的影响和制约作用,"非"与各种逻辑算子连用的频率由高到低依次为:否定性＞疑问性＞总括性＞关系性。第 5 章对各个时期的排除范畴表达形式的发展情况作了总结。第 6 章以"外"类（含构式）、"除"类（含构式）直接排除范畴表达形式和"非"类间接排除范畴表达形式为代表，系统梳理它们的历时演变情况，并探讨其认知机制和语法化动因。第 7 章是总结部分，主要从理论上总结直接排除范畴与间接排除范畴的关系、逻辑算子对排除范畴的制约作用、排除范畴在汉语从综合性走向分析性过程中的具体表现、直接排除与间接排除两种思维模式在排除义表达形式上的体现，以及排除范畴与其他相关范畴的关系等。

　　总之，我们认为排除范畴的各个成员在发展演变中都大致经历了语法化的重新分析过程，有的还伴有词汇化或类推的现象，成员在音节上的不断丰富受到汉语发展过程中复音化趋势的推动，同时又在经济原则的作用下趋于简化，反映到认知上则是隐喻机制与两种排除思维模式共同作用的结果。

目　　录

总序 ……………………………………………… 蒋绍愚　1

序 ………………………………………………… 张美兰　1

摘要 ………………………………………………………… 1

第1章　绪　　论

1.1　汉语排除范畴的建立 ……………………………… 1

1.2　汉语排除范畴的研究现状 ………………………… 8

1.3　研究目标和研究方法 ……………………………… 17

1.4　时代分期和语料说明 ……………………………… 18

第2章　上古汉语排除范畴表达形式的研究

2.1　所用语料 …………………………………………… 20

2.2　先秦时期排除范畴的表达形式 …………………… 20

2.3　两汉时期排除范畴的表达形式 …………………… 27

2.4　本章小结 …………………………………………… 36

第3章　中古汉语排除范畴表达形式的研究

3.1　所用语料 …………………………………………… 40

3.2 传世文献中排除范畴表达形式 ······ 40

3.3 佛典文献中排除范畴表达形式 ······ 66

3.4 本章小结 ······ 72

第4章　近代汉语排除范畴表达形式的研究

4.1 晚唐五代时期 ······ 77

4.2 宋代 ······ 141

4.3 元明时期 ······ 179

4.4 清代 ······ 214

4.5 本章小结 ······ 261

第5章　各时期排除范畴表达形式的发展情况总结

5.1 上古时期 ······ 263

5.2 中古时期 ······ 264

5.3 近代汉语时期 ······ 266

第6章　排除范畴表达形式的历时发展过程及机制探索

6.1 汉语排除义"外"类词的发展历程及机制演变 ······ 270

6.2 汉语排除义"除"类词的发展历程及机制探索 ······ 315

6.3 间接排除表达形式"非"类句式的历时发展过程及
　　演变机制 ······ 346

第7章　总　　结

7.1 直接排除与间接排除的关系 ······ 357

7.2　逻辑算子对排除范畴的制约作用 ……………………… 358

7.3　排除范畴在汉语从综合型走向分析型过程中的表现 …… 362

7.4　直接排除和间接排除两种思维模式的应用 …………… 363

7.5　排除范畴与其他范畴的关系 …………………………… 367

7.6　余论 ……………………………………………………… 374

参考文献 ……………………………………………………… 376

第 1 章
绪　　论

1.1　汉语排除范畴的建立

1.1.1　排除与主、客观世界的关系

在客观世界中,任何事物都是相辅相成、既有联系又有区别的。人和人、事物和事物、人和事物之间都在范围、程度、数量、级差等方面既保持个性又寻求共性,不断地求同存异。客观事物之间的联系和区别是客观存在的,当我们关注联系时,某些区别性特征就可能会淡化或被排除掉,而注重区别时,则可能将共性联系排除掉。因此,排除是人们对客观世界的认知反映,是客观存在的,具有客观性。

同时,由于人们对客观世界的认识存在差异,在心理、认知、主观视点等因素的影响下,排除模式也带有人类的主观性。传信人可以根据要表达的侧重点的不同,选择不同的对象作为排除对象。如:

(1) 除了<u>上午上课</u>,下午和晚上不上课。

(2) 除了<u>下午和晚上不上课</u>,上午上课。

例(1)的表达焦点是"不上课的时间",因此将需要上课的时间"上午"作为排除对象,而例(2)的表达焦点是"上课的时间",所以将不需要上课的时间"下午和晚上"作为了排除对象。这两种表达方式都是可行的,只是,由于排除对象 A"上午"在量上不及排除对象 B"下午和晚上"

大,因此按照中国人一般将小范围从大范围中排除掉的习惯,例(2)显得不太自然。不过若是后半句再加上一个表强调的唯独性标记"只有"就会平衡一些,比如:"除了下午和晚上不上课,只有上午上课。"

可见,排除既是人们对客观世界的认知反映,也带有人类自身的主观能动性。我们把排除模式概括为两种:显性的直接排除和隐性的间接排除。其中,直接排除是把某一事物与其他相关事物的联系或区别直接排除掉,而间接排除则表现为表面上肯定或凸显某一事物的专属性、单一性,实际上是间接将其与其他相关事物的联系或区别排除掉。

1.1.2 汉语排除范畴的建立

人类在认识世界和改造世界的过程中,逐渐对各种事物的性质、特点等有所感知,形成了各种各样的范畴,如"时间、空间、数量"等,这些认知范畴的语言化,便形成各种各样的语义范畴,排除范畴便是其中非常重要的范畴之一。排除是人类认知世界并进行总结的基本方法之一,是人类共有的思维范畴。投射到人类语言中,排除范畴具有普遍性。以英语为例:

（3）The office is open every day except Sundays.

（4）办公室除了周日,每天都开门。

本来"周日"和"每周中的其他时间"没有特殊差异,但从办公室开门时间的角度来看,人们主观上认识到了"周日不开门"和"其他天开门"的不同,因此将"周日"具有的这种特殊性从"一周"这个范围中排除出来,既凸显"周日"的特殊性,又概括了一周内其他工作日的内部一致性。

在汉语中,排除范畴虽然没有明确建立起来,但自古以来都以各种形式存在着。我们现代常用的表示"排除特殊、凸显一致"语义的"除了……都"句式早在宋代就以"除了……皆"的形式运用。如:

（5）恰似那藏相似,除了经函,里面点灯,四方八面皆如此光明粲

烂,但今人亦少能看得如此。(《朱子语类·卷五》)

　　"之外"在魏晋南北朝时期便开始了表排除的用法,如:

　　(6) 朝服*之外*,唯下铁钚刀一口。(《南齐书·卷二十二·列传第七》)

　　(7) 永明中,宫内坐起御食*之外*,皆为客食。《南齐书·卷十九·志第十一》

因此,排除范畴在其他语言中的普遍性和在汉语中的长期性都表明建立汉语排除范畴的必要性和重要性。

　　我们知道,几乎每一个语法意义都会涉及语义、语法和语用这三个平面,排除范畴也不例外。但是我们不能纯粹地从语义的角度来归纳,如果所有被认为具有"排除"这一语义特征的就都属于排除范畴,那么以此建立起来的排除范畴范围就太宽太广,从而失去了建立这个范畴的意义。而语用研究更强调的是语言在一定语境中使用所体现出的具体意义,如果把所有表达排除语用的形式都纳入到排除范畴,那么这样建立起来的排除范畴会有很大的不稳定性。而语义和语用都是以语法为纲为基础的,语义要通过语法来表现,语用也要通过一定的语法来实现,因此我们要以语法为核心,同时兼顾语义和语用的内外结合。

　　我们所建立的"排除范畴"实际是以排除的语义关系范畴作为研究对象,包括内容和形式两个方面,内容方面指的是它所表达的各种意义,包括逻辑意义(排除)和其他的语言意义(如否定、强调等);形式方面包括它所有的语言表达手段和加强手段,即语言各个层面上的显性和隐性手段,也就是句法结构中可以表达排除性语义关系的各种语言手段(如实词、虚词、语序等)。由此可见,用"排除性"标记词(如"除、除了")构成的语法形式只是"排除范畴"众多表达形式中的一员,不过是典型成员而已。只有对此系统中的非典型成员或边缘成员也进行了解,才能窥探此范畴系统的全貌。因此我们要从"排除语义"出发去研究排除范畴的各种表达形式,研究排除语义的表达手段,研究排除语义的细微差别所引起的句法上的变化,以及排除语义对表达形式的决定作用等。[①]

1.1.3　排除范畴的语义本质

我们认为,排除范畴在语义本质上并不是简单地将某一部分去掉、排除掉,也不和"追加"语义相矛盾。因为在一个预设范围中,排除对象和剩余对象既对立矛盾又相互统一。当我们更关注二者间的矛盾面时,便将排除对象的特殊性及剩余部分的一致性凸显出来,我们在生活中常用"除了……都"来表示这种"排除特殊,凸显一致"的语义;当我们更关注二者间的统一面时,凸显出来的便是排除对象和其剩余部分的某种共通性,剩余部分具有的"追加"语义是对前面的排除对象进行的补充和说明,在生活中常用"除了……还(也)"来表示这种"排除已知,补充其他"的语义。

因此"排除范畴"的"排除"语义是更高层次上的"排除",高于表示"去掉和舍弃"层面上的"排除"语义,也并不和"追加"语义相排斥。排除范畴的语义本质是将排除对象特殊化,并凸显这一部分和其他部分之间的区别或联系。

1.1.4　排除范畴表达形式的分类

先看图 1.1[②]:

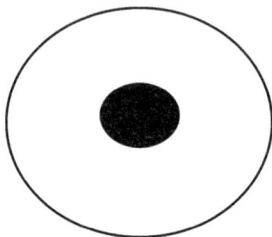

图 1.1

---

① 参考邵敬敏:"语义语法"说略,《暨南学报(人文科学与社会科学版)》,2004(1)。
② 参考胡敕瑞:汉语负面排他标记的来源及其发展,《语言科学》,2008(6)。

在这个图中有两个信息：中间是黑的，四周是白的。我们可以从不同角度用不同的语言手段进行描述：

（8）除去中间的黑色，四周是白的。

（9）除去四周的白色，中间是黑的。

（10）除了中间是黑的，四周是白的。

（11）除了中间是黑的，其余的是白的

（12）除了中间是黑的，剩下的是白的。

（13）只有中间是黑的，四周都是白的。

（14）除了中间是黑的（以）外，四周都是白的。

（15）除了中间不是白的，四周都是白的。

（16）除了中间是黑的，难道四周也是黑的吗？

从语义上看，动词性的"除去"、介词性的"除了"、副词性的"只有"和框式结构"除了…（以）外，都"、"除了……也"、"除了……难道"都具有"排除"功能，属于排除范畴的表达形式。不过，"除去"、"除了"、"除了…（以）外"、"除了……也"、"除了……难道"属于排除范畴中显性的直接排除表达式，而"只有"属于隐性的间接排除表达式。这是因为这类唯独性标记在语义上是排除了其他所有可能性之后产生的最后且唯一的结果。比如当我们说"我只喜欢黑色"时，其实是把喜欢其他所有颜色的可能性排除掉之后的唯选结果。因此我们把具有明显的"排除"义标记（如"除去、除了"等）界定为显性的直接排除范畴表达标记，而把"唯独"义标记界定为隐性的间接排除范畴表达标记。因此，直接排除范畴和间接排除范畴作为排除范畴的两大类，是从不同视角凸显事物的区别性差异的，在语义上具有互补性。

另外，我们认为比较结构中的"否定和比较连用"句式以及最高级表达用法可看作间接排除范畴表达形式。比如："这个饭店里，没有比这道菜更便宜的了。"这个句子表面上是一个比较句，比较饭店里菜的价钱，在深层语义上是通过否定剩余部分"饭店其他菜的价格"的内部一致性"贵"来凸显排除对象"这道菜"的特殊性"便宜"，这与排除范畴的语义是相通的，因此可以转换为排除范畴的表达式，如："这个饭店里，除了这道菜，没有更便宜的了。"或者，"这个饭店里，除了这道菜便宜，其他所有的菜都贵一点儿。"最高级的表达用法同理，当我们说"这个饭店里，这道菜最便宜"时，间接地就把具有"贵一点儿"共性的"饭店里的其他所有菜"都排除掉了，即"这个饭店里，除了这道菜便宜，其他所有的菜都贵一点儿。"由于这两类结构和排除范畴在深层语义的相通性，我们认为这类比较句式在整体意义上具有隐性的"排除"义，可以归入间接排除范畴的表达形式。

　　某些特殊的否定结构也可归入间接排除范畴的表达形式中。第一，双重否定式。如："这件事非你不可。"大家公认为双重否定表示肯定，因此这句话可以转换为"这件事只有你可以做。"但是我们认为，从双重否定到肯定的转换，中间实际上还存在一个过渡形式，即排除形式，"这件事除了你，别人都不行。"因此双重否定式是可以看作间接排除范畴的一类的。第二，"否定＋任指性疑问词"式。如"这件事不是他做的又是谁呢？"当"谁"不表示疑问性而表示任指性时，这句话实际上是把"他"在"谁"所代表的任指范围"所有人"中的特殊性凸显并排除出来，并强调了任指范围内其他人的内部一致性。所以这句话可以转换为"这件事除了是他做的，没有人会做。"因此"否定＋任指性疑问词"式也可以看作间接排除范畴的表达形式之一。

　　除此外，某些表示"递进"语义的语言手段也属于间接排除范畴。如词语"又"、"更"、由"不仅（不但/不光/不只/非但/非唯/非独/非徒）"构成的句式结构等。因为这类表达形式是在排除对象的基础上作出的进一步的补充和说明，凸显的是排除对象和剩余部分即追加对象之间的共通性。如"他今天又迟到了"。"我们要学习爱人、爱家，更要学习爱国。""她长得不仅漂亮，而且温柔大方。"这类句子都可以转换成直接排除范畴的类型："除了昨天，他今天也迟到了。""我们除了要学习爱人、爱家，更要学习爱国。""她除了长得漂亮，而且温柔大方。"

　　用数量或指示词进行限制的方式也可以间接表达排除语义,如:"在上海,70岁以下的老人不能领取敬老卡,70岁以上的老人才能领敬老卡,享受免费乘公交车的待遇。"[①]"不足18岁就没有选举权。"在这两个例句中,分别用70岁和18岁作为界限进行限制,将"不能领取敬老卡"和"没有选举权"的人间接排除出去。再如:"这个情况,我不知道。""他硬要这么做,我也没办法。"用指示词"这个"、"这么"进行限制,从而间接排除掉与"这个情况"和"这么做"不同的内容。

　　用介词结构也可以表达排除语义,如:"他每天从早上8点到中午12点有课。"介词结构"从……到"限定了他每天上课的时间后,把不在此限定的其他时间排除掉。再如:"在领土和主权的问题上,我们寸步不让。"介词结构"在……上"将"我们寸步不让"的内容范围限定后,排除了其他的内容。

　　可见,排除范畴的表达形式各异,涉及多种语法成分和结构形式。我们将排除范畴的表达形式大致划分为七小类:第一类是具有直接排除义标记的表达形式,如带有动词性"除去",介词性"除"、"除了"、"除非"等标记词的句式;第二类是带有唯独性标记的间接排除表达形式,如"唯"、"独"、"唯独"、"单"、"只"等;第三类是带有"否定+比较"标记的间接排除表达句式,如"没有……比……更"、"非……莫"以及最高级形式;第四类是特殊的否定结构,如双重否定式或"否定+表任指性疑问词"的句式;第五类是带有"追加、递进"语义标记的间接排除表达句式,如"更、非徒、非唯、不但"等;第六类是用数量词或指示词进行限制的间接排除形式;第七类是用介词结构进行限制的间接排除形式。

　　在这七类中,"唯独"类(如"唯、独、緊、但")、"递进"类(如"况、且、非徒")、"比较"类(包括"否定+比较"和最高级)这三大类自古至今一直沿用,且使用频率很高,除了不同时期词汇内部的更迭和消亡

---

　　① 　感谢孙锡信老师在评审时提供的例子。

外,语法上没有太大变化;第六类和第七类采用数量词、指示词、介词结构进行限制从而达到间接排除的语义也比较通俗易懂;而第一类直接排除范畴表达形式在上古时期的表现往往被忽视,第四类否定结构的研究也不够系统、深入,因此限于篇幅,本书重点讨论这两大类。

1.2　汉语排除范畴的研究现状

最早建立现代汉语语法范畴系统的是吕叔湘先生在《中国文法要略》(1942,1982)中的"范畴论",他以语义为纲构建了一个重在范畴表达和关系表达的汉语语法体系,建立了"数量"、"指称"、"方所"、"时间"、"正反·虚实"、"传信"、"传疑"、"行动·感情"等 11 种范畴。不过吕先生当时并没有把"排除"提高到范畴的高度,只是将其看作"离合·向背"关系中的一种,而且相对于其他关系,这一部分的叙述比较简略。尽管如此,他对"排除关系"的语义界定对后人的研究仍有很重要的启迪作用。他说:"排除关系,用'除……外'或'自……外',或单在前面用'除',或单在后面用'外'。所排除的往往只是一个词,就是说底下所说的事实不适用于这个词所代表的一部分人或物(或事)。""如:除了喝酒,什么都可以奉陪。"可见,吕先生将后半部分即"底下所说的事实"看作是句子的焦点,将这部分事实和前面"排除的词""所代表的一部分人或物(事)"的共性排除掉,强调"底下所说的事实"的独特性和一致性。

目前有关"排除"的研究仍然比较零散,还没有从"范畴"的高度进行系统地研究。不过有关"排除范畴"的典型代表——介词"除了"和相关的"除"字句式的研究历来倒是得到了学术界的普遍关注,下面先回顾一下已有的研究成果。

1.2.1　共时平面的研究现状

我们根据已有研究成果关注的侧重点大致分为四个方面:

1. "除"字结构的语法特点

《马氏文通》(1898,2007)只是对介词进行了个例的说明,没有进行明确的分类,因此黎锦熙的《新著国语文法》(1924,1996)是最早对介词进行内部分类的著作。他将"除,(除……外,之外,以外),除非"这类"除"字结构划分为方法介词中的"介所除"一类,"就是表所依的反面"。如:"除张先生之外,谁也不知道这件事。""除非这样,此事没有办法。"在本书的后面,他又将"除开,除非,('非','除是','除非是'),除……外"归入"消极条件的连词",指出这是"介所除的介词的引申用法",如:"除开自己不做这等事,没有法子可以叫人家不知道。""除每年开一次常年大会外,会长得依会员十人以上之提议,召集临时大会。""除非病到起不来,我总是要习体操的。"等。因此,黎锦熙先生不但较早开创了介词的分类并进行了非常详尽的研究,而且注意到"除"字结构兼有介词和连词两种功能的语言事实。这为后人的相关研究提出了很多借鉴。

赵元任在《中国话的文法》(1980)的介词部分也提到了"除(了、去)……(以外、之外)",比如:"除了你以外没人会。""他除去小说以外,什么书都不看。"他还说"在分句之前,'除了……不'或'除了(……才)'也作连接词用"。在表示必要条件的连接词部分,他指出:"在附属分句中用'非'、'得'、'非得'、'除非'、'除了',而在结果分句中用'才'可以表示必要的条件。'非'本来是'不是'的文言式,但在口语中,看上下文的情形不同,可以有'除非'或'必须'的意思。例如:'你非去不可'。(意思是'除非你去,否则不行。')'你非去才行。'(意思是'必须你去才行。')'除非'跟'非'、'非得'一样,现在的意思也相同。例如:'除非西天出了太阳,我也不会改主意的。'或'除非西天出了太阳,我才会改主意呐。'不过在旧式的口语中,'除非'只用在附属句中的事后追补语里,像:'他不会答应的——除非你劝得动他。'"

刘月华的《实用现代汉语语法》(1983)将"除了""除""除开"归入介词一类,其功能是"表示不计及的事物"。如:"这儿除了咱们俩,没有别人。""他除了教书,还搞些研究工作。"另外,她将"除非……(才)(不)(否则)"列入条件连词一类。但是她没有对此展开进一步描写和叙述。

黄伯荣、廖序东主编的《现代汉语》(1988)把"除了"归入表示排除的介词类。邢福义在《汉语语法学》(1996)中将"除了"列为范围类介词,即"在介合作用中跟范围涉及面或范围排除点的意义相联系",如:"知道这件事的人,除了我还有老张和小王。"金昌吉(1996)根据介词的核心功能将介词分为中心介词和一般介词,并把"除"类介词归在中心介词中。赵淑华(1996)将介词分为 13 类,并将"除"类介词归为"标志排除"类。陈昌来在《介词与介引功能》(2002)中将"除、除了、除掉、除开、除去、除却"等归入"关事介词"中的"范围介词"一类,即"表示排除某个或某些对象,从反面限制了一定的范围"。

因此,无论是方法介词还是关事介词中的范围介词,无论是表所依的反面还是从反面限制一定的范围,大多数学者仍然倾向于将"除"字结构划分为范围介词。我们同意这种分法,但由于"除"字结构所共有的"排除"义较明显,故将其作为"排除范畴"的典型成员单列,表示将带有"除"字结构部分的区别性差异凸显出来,以排除掉这部分和后面部分之间的区别和联系。

2. "除"字结构的排除类型

刘颂浩在《"除了"句式中的省略和对比》(1993)一文中,比较细致地归纳了三大类、六小类语形格式,不过这种归纳仍然是游离于语义类型之外的。郭婷婷在《"除"字句的排除类型及语义识别》(2002)中则考虑到了语义类型的因素,在主项排除、谓项排除和主谓排除这三大基本类的类型下又建立了多种带有标志词识别的次类型。不过因其出发点是帮助计算机准确地理解"除"字句,因此过于偏重于形式,分类上显得有些繁杂。

3. "除"字句的语义类型

较多学者在"除"字句的语义类型上达成了共识,如郑懿德、陈亚川《"除了……以外"用法研究》(1994),殷志平《"除了……以外"的语义辨析》(1999)、熊文《"除了……"一式的汉英对比及思考》(2000)等,他们一致认为"除"字句的语义类型有三种:排除、加合和选择,并归纳了相对应的形式标志,讨论了其特殊用法。萧国政先生(2001)[①]在总结前人研究成果的基础上,从句子信息结构和整体表意的角度,对"除"字句的语义类型进行重新整合、归纳,提出了"显异性排除、归同性加合、别无他选对举"三种类型。而且,萧先生关于"排除"的论点和我们的想法基本一致,对我们的研究有很好的借鉴作用。

4. "除"字句的逻辑方面

有的学者如沈开木[②]研究"除"字句各部分的逻辑语义关系:排除式中,前后小句的主项是"真包含"关系,谓项是反对关系;包含式中,前后小句的主项是矛盾关系,谓项是一致关系等。这些成果,都对深化"除"字句的内部研究是一个有益的推动。

1.2.2 历时研究现状

古代汉语方面的研究成果,除了几篇较有针对性的论文外,有的散见于前贤们有关古代汉语语法的专著中,如太田辰夫的《中国语历史文法》(1987)、柳士镇的《魏晋南北朝历史语法》(1992)、马贝加的《近代汉语介词》(2002)、何乐士的《古汉语语法论文集》(2000)、冯春田的《近代汉语语法研究》(2000)、江蓝生的《近代汉语探源》(2000)等,大都散见于对专书或某段时期内介词的研究中,如何乐士的《宋元明汉语研究》(1992)、艾尔丽的《〈醒世姻缘传〉介词研究》(2000)、王鸿滨的《〈春秋左传〉介词研究》(2003)、李福唐的《〈祖堂集〉介词研究》(2005)、徐朝红的《求那跋陀罗汉译佛经介词研究》(2005)、叶华利的《〈直说通略〉介词研究》(2005)、王娟的《"二拍"的介词研究》

---

① 萧国政:"除"字句的表意类型与介词"除"的语言功能,《HNC与语言学研究》,武汉工业大学出版社,2001。
② 沈开木:"除"字句的探索,《汉语学习》,1998(2)。

(2006)、胡静书的《〈景德传灯录〉介词研究》(2006)、周四贵的《〈金瓶梅〉介词研究》(2007)、张志连的《〈儿女英雄传〉介词框架考察》(2008)、王大丽的《〈新编五代史平话〉介词研究》(2009)等。这些研究成果主要涉及以下几方面：

1. 有关"除"的语义分类

太田辰夫(1987)将汉语介词划分为 17 类，并将"除"类专门归为一类，称作"除外"类，包括"除、除了"。何乐士(2000)按照介词的作用分为七类：引进与动作(或状态)相关的时间(开始、经过、终结)；引进与动作(或状态)相关的对象(如涉及对象、比较对象、动作的施事)；引进与动作(或状态)相关的处所(起点、终点、趋向、距离、行经等)；引进动作行为的工具、方式、条件、依据等；引进动作行为的原因或目的；引进训告或言谈的内容；引进动作行为处置的对象，即动作行为的受事者。但是没有提及"除"类的排除义介词。

除此外，很多作家都在专著或论文中涉及对"除"类结构的语义分类。其中大部分人将"除"("除却、除了")归为范围介词中，如马贝加(1999)、王娟(2006)、王惠(2007)、周四贵(2007)、王大丽(2009)等，也有人直接将"除"列入排除介词内，如艾尔丽(2000)、李福堂(2005)、徐朝红(2005)、叶华利(2005)、王娟(2006)等。还有人将"除"列为关涉话题的关涉介词一类，如胡静书(2006)，王鸿滨(2003)(但是她在后面的详细分析中没有谈及这类表排除的介词)，或者将"除"列为与事介词中，如张志连(2008)等。

我们认为"除"是将叙述的事实对象的范围重新进行限制和划分，介引排除的对象，属于范围介词中的排除介词。

2. 有关排除介词"除"排除用法的开始时间

《说文解字》："除，殿陛也"，可见"除"的本义是"殿陛"，即宫殿的台阶。不过介词"除"不是从这个名词意义发展来的，而是从它的动词义"除去"、"排除"义转化而来，《广雅·释话》："除，去也"；《说文通训定声》："除，假借为袪"。学者们对介词"除"是从其动词义转化而来的观点一致同意,但是关于转化的时间仍存在不同看法。

太田辰夫(1987)、向熹(1993)、冯春田(2000)、马贝加(1999)、《汉语大词典》等一致认为介词"除"的产生大约在六朝,最早用例为成书于 533—554 年的《齐民要术·杂说》中的例子:"一切但依此法,除虫灾外,小小旱不全至损。"

王鸿滨(2003)认为《三国志·张严程阚薛传》中"自臣昔客始至之时,珠崖除州县嫁娶,皆须八月引户,人民集会之时,男女自相可适,乃为夫妻,父母不能止"中的"除"可视为介词,也就是说,介词"除"应该在西晋已经出现,比《齐民要术》中的例句至少提前了一百五十多年。

徐朝红(2005)在研究南朝刘宋时期《求那跋陀罗汉译佛经》(435—468 年)时发现了比较多的介词"除"的例子,共 20 例,如:"除此诸善男子善女人己,诸余众生,于诸甚深法坚著妄说违背正法习诸外道腐败种子者。"他把介词"除"产生的时间比《齐民要术》中的例句提前了一百多年。

朱峰(2006)在其硕士论文中指出"除"字的虚化是从东汉时期与其他动词合用开始的,如"驱除、解除、扫除"等,直到南北朝时期才产生了介词的用法,到晚唐时期作为介词发展完善。

胡敕瑞(2008)在文章中指出:《齐民要术·杂说》已被学者(如柳士镇,1989;汪维辉,2006)证明不是北魏贾思勰所作,而是唐人的伪作。《三国志》所见一例大概没有问题,不过"除"的排他用法有比此例更早的例子。在东汉译经中已见"除""舍"等排他标记,仅以东汉支谶所译《道行般若经》为例:

(17) 除其宿罪不请,余不能动。(《支谶·道行般若经》)

发现"除、舍"等排他标记始见于汉译佛典,其基本词义正好和梵文 sthāpayitvā、muktvā 等词相当;其次,"除、舍"等排他标记与 st hāpayitvā、muktvā 的排他功能完全一致,主要用于排除体词性成分,所关涉的句子大多是否定句;再是,一如梵文同经异本中 muktvā 和

sthāp ayitvā 可以换用互通一样,汉译同经异译中"舍"和"除"也可以换用互通。

这样,胡敕瑞先生把介词"除"产生的时间比《齐民要术》中的例句提前了三百多年。

由此可见,随着研究的深入和研究材料的更新及获得,学者们将介词"除"的产生时间逐步提前,这对我们重新认识介词"除"的产生及发展提供了更广阔的空间。本书也试图通过对大量文献语料的调查进一步确定介词"除"排除义的产生时间和条件。

3. 有关"除"类介词的发展原因问题

这方面的研究目前还不太多。王鸿滨(2003)认为在《左传》、《国语》中"'除'字常处于复合双音动词的后位","在句法结构中往往处于动补结构的补语位置,以表示动作的结果或趋向",由此意义开始泛化并虚化;她还认为由于"人们对世界认识的日益扩大和深化,需要有一种语言形式能够对事物间减除的结果做出详细具体的描写,于是促成了除动句结构的扩展,导致了'除'字句的诞生"。

朱峰(2006)指出,在南北朝时期从"V+除"格式占绝对优势发展到"除+V"和"V+除"两个格式共存,说明动词"除"在句中越来越趋向于起辅助作用,它的意义不断虚化、抽象化,这为最后虚化为表"排除"意义的介词打下了基础。另外,"除"也大量出现在连动句中,由句中的核心位置变为常常出现在某个表示特定语法关系的句法位置上,从而引起词义的变化,"除"就虚化成专门表示这种语法关系的虚词了。

胡敕瑞(2008)考察发现,先秦文献中也有很多"除"处于前位的复合双宾动词,而且王鸿滨把介词"除"的产生归结为"人们对世界认识的日益扩大和深化"的结果,也没有触及"除"字句产生的具体原因,无益于解释介词"除"为什么在中古而不在上古产生。胡敕瑞通过对照汉译佛典和梵文原典的经文证实了"除、舍"等正是梵文sthāpayitvā 和 muktvā 等排他标记的直译,因此,汉语"除舍"负面排他标记的产生,就是在翻译佛经过程中,经由语言接触而诱发外借的结果(东汉时期)。汉语"除舍"排他标记的产生很像是复制语法化,因为汉语不但借用了梵文中的排他标记,而且汉语所选用的排他标记也是受梵文影响而如法炮制的。译经者注意到梵文 sthāpayitvā 和 muktvā 的动词和介词用法是同形词,既然可以用"除"、"舍"来对译其动词用法,不妨也用"除"、"舍"来复制其介词用法,这种接触诱发的复制类似词义变化中的相因生义,只不过这里的相因生义是由不同语言之间的接触而产生。

我们认为胡敕瑞先生利用新材料所得的新信息是非常宝贵的,但是"除、舍"等排除义介词的出现和使用,是否完全来源于语言的接触外借? 还是这只是一种外因,汉语本身的内因促使这种外借最终成功? 这都有待考证,而且如果确如胡敕瑞先生所言,那么探讨早期汉语排除范畴的形态或表达方式,本身也会更具开拓价值。

4. 关于排除义介词具有"追加"意思的时间和来源问题

蒋骥骋、吴福祥(1997)认为在宋代,冯春田(2000)认为在五代,马贝加(2002)则认为在唐代,同时她还注意到这种用法首先出现在疑问句中。例如:"除却麻姑更有谁?"(唐·刘禹锡《麻姑山》)

胡敕瑞(2008)认为这类疑问句具有分析为真问句的可能,而"除却"的追加用法正是由这类疑问句重新分析而来。任指疑问词"谁"既可以认为和同一句中前面的 NP 不同类,也可以认为和同一句中前面的 NP 同类。如果"谁"和其前的 NP 不同类,排除部分和非排除部分就形成补集,句子就应当分析为反问句,"除却"表达的就是排除关系;如果"谁"和其前的 NP 同类,排除部分和非排除部分就形成并集,句子就应当分析为真问句,"除却"表达的就是追加关系。这就为这类句子的重新分析提供了语义条件。其次,这类疑问句大量存在,为这类句子的重新分析提供了频度条件。

不过,这类研究还不够系统,究竟哪些排除范畴的形式具有这种"追加"的意思,这种用法是如何产生的,与原有的"排除"义有何密切的关系等问题都需要我们进一步探讨。

1.2.3　前人研究的贡献

　　无论是共时研究平面还是历时研究平面,"除"字结构都得到了研究者的较多关注。在共时研究平面上,前人的研究主要集中在"除/除了"的词性归属问题,比较充分地描写并归纳了"除"字结构的排除类型,而且从句子信息结构和整体表意的角度描写并整理了"除"字结构的语义类型,甚至开始从逻辑的角度思考"除"字结构中各部分之间的逻辑语义关系。他们试图从语义、语法、逻辑等多角度进行解释,得出一些颇有启发意义的结论。

　　在历时研究平面上,"除"字结构大多数散见于专书研究或古代语法著作中,不过现在关于"除"字结构的专文也越来越多。前人的研究大多集中在从历时的角度针对某段时期的"除"字结构的历时演变进行梳理和描写,探寻排除性介词"除"排除用法的开始时间和动因,其具有的"追加"义的使用时间和动因等。这些研究不仅为共时平面的研究提供了解释,而且为我们的进一步研究提供了非常多的借鉴。

1.2.4　前人研究的不足

　　1. 没有建立起"排除范畴"

　　"排除"是对客观世界认知的反映,"排除"这种认知投射到语言中就形成了语言世界中的"排除范畴"。因此作为认知范畴中的重要一类,"排除"范畴的研究应该得到重视。

　　2. 没有建构出"排除范畴"表达形式的句法系统

　　迄今为止,已经有很多研究成果从共时或历时的角度涉及"排除",但关注的大多是"除"字结构的句法和语义描写。其实,如我们上面所论述的,"排除范畴"既有典型的直接排除范畴成员,也有非典型的间接排除范畴成员,每个成员又有不同的表达形式。典型成员当然能在很大程度上代表"排除范畴"的特征,但是结合对非典型成员的研究能更全面、更准确地认识"排除范畴"并揭示出"排除"的本质。因此,建构一个比较系统而完整的"排除范畴"表达形式的句法系统是非常必要的。

3. 缺乏从历时角度构建汉语排除范畴表达形式的研究成果

目前历时层面上对排除范畴的研究还不太成体系,未能建构出汉语各个时期的排除范畴表达系统,因而也未能明确指出在汉语的历史中,表达排除范畴依靠哪些语言手段、有哪些逻辑算子是不可或缺的,哪个时期以哪种语言手段为主,各种语言手段是何时产生又何时消亡的,其演变动因是什么,等等。

1.3 研究目标和研究方法

1.3.1 研究目标

第一,构建"排除范畴"及其内部的直接排除范畴成员表达式和间接排除范畴成员表达式,并选取直接排除范畴成员表达式和间接排除范畴中与"否定性逻辑算子""疑问性逻辑算子"相关的表达式作为本书的研究对象。

第二,尽可能全面并清晰地梳理出本书研究对象在汉语自古及今各个时期的表达形式,在此基础上对其使用情况进行充分描写。

第三,尽可能清晰而准确地梳理出各种表达形式在不同历史时期的发生、发展脉络,并在此基础上对其发展演变的机制或动因作出恰当、科学的解释。

第四,对一些表达形式的句式化和语法化进行描写和解释,对排除范畴与其他范畴之间的交叉、转移关系进行归纳和解释。

1.3.2 研究方法

第一,穷尽式归类

本书将对所选语料中出现的跟研究对象相关的各种表达形式进行穷尽式搜寻,并对其进行详细分类,尽量摸索出各类表达式在不同时期的具体表现,总结出各类排除范畴的历时演变规律。

第二,统计法

本书将对在所选语料中出现的跟研究对象相关的各种排除范畴的表达形式在使用数量、语法位置、语法功能上进行统计,既横向梳理出同时期在各文献中的使用情况和所占比例,又纵向梳理出在不同时期的使用情况和所占比例,这对我们进一步看清各种表达形式的使用情况和确定其兴衰及替换时间将提供科学依据。

第三,历史比较法

因为本书旨在探究跟研究对象有关的排除范畴各表达形式的历时演变情况,因此我们并不仅局限于对某个时期或某部专书的研究,而是将其放在历史的长河中,通过从古至今的各个时期的共性与个性的参照与对比,将各种表达形式的历时演变情况比较细致全面地勾勒出来。

1.4　时代分期和语料说明

1.4.1　时代分期

虽然学术界对汉语史分期的看法还没有形成一个统一的认识,但是为了便于梳理排除范畴表达形式的历史发展脉络,本书对汉语史的分期大致采用如下安排:

上古:先秦—两汉

中古:魏晋南北朝—隋、初唐

近代:晚唐五代、宋、元明、清

1.4.2　语料说明

因为上古时期排除范畴没有明显的标记词,因此通过大量阅读纸版文献和译文,可以帮我们较全面地掌握排除范畴的表达形式和发现一些可以用来检索的标记词。在此基础上,我们利用网络检索、语料库检索等形式扩充语料容量,这样既可以避免因纸版文献局限而出现遗漏的情况,又可以提高检索的效率。我们主要使用的是汉籍全文检索系统、国学备览、朱冠明先生的"朱氏语料库"以及新浪"爱问"共享资料中提供的部分电子版本。最后我们再与纸版文献进行核对。

第 2 章
上古汉语排除范畴表达形式的研究

2.1　所　用　语　料

先秦：《春秋公羊传》，《春秋谷梁传》，《春秋左氏传》，《韩非子》，《老子》，《吕氏春秋》，《论语》，《孟子》，《商君书》，《孙子兵法》，《孙膑兵法》，《荀子》，《战国策》，《睡虎地秦墓竹简》。

两汉：《春秋繁露》，《淮南子》，《史记》，《盐铁论》，《论衡》，《汉书》，《海内十洲三岛记》。

2.2　先秦时期排除范畴的表达形式

2.2.1　直接排除范畴表达形式

先秦时期，"舍"有动词性的"除去、舍弃"义，常和后面的宾语构成一个动宾结构，表示"除去或舍弃掉某个对象"，如：

（1）是故圣人之于声色滋味也，利于性则取之，害于性则舍之，此全性之道也。（《吕氏春秋·孟春纪·本生》）

（2）今舍此而远攻，不亦缪乎？（《战国策·卷五》）

正是因为"舍"具有的这种[＋排除]语素，当它和否定词"无"、疑问代词"谁、孰"构成句式"舍＋宾……无"、"舍＋宾……谁（孰）"时，"舍＋宾"这一动宾结构便类似于一个介宾结构，用来介绍排除的对象,并凸显排除对象的特殊性和唯一性,可译为"除了+宾",因此可以看作直接排除范畴的表达形式之一。

(一)和否定性逻辑算子连用

句式1:舍……无(4例)

(3)弑君多矣,舍此无累者乎?曰:"有仇牧,苟息,皆累也。"舍仇牧、苟息无累者乎?曰:"有。"(《春秋公羊传·桓公二年》)

(4)言甚易也,舍是无难矣。(《春秋公羊传·成公十六年》)

(5)不是师法而好自用,譬之,是犹以盲辨色、以聋辨声也,舍乱妄无为也。(《荀子·修身》)

(6)故能小而事大,辟之,是犹力之少而任重也,舍粹折无适也。(《荀子·儒效》)

(二)和疑问性逻辑算子连用

句式2:舍……谁(1例)

(7)夫天未欲平治天下也,如欲平治天下,当今之世,舍我其谁也?(《孟子·公孙丑下》)

句式3:舍……孰(1例)

(8)知者易为之兴力而功名慕大,舍是而孰足为也?(《荀子·王霸》)

2.2.1.1 去

"去"的本义是"离开",在先秦时期多表示动词性的"除去、除掉"义。这里的"除去"主要是表示通过某种方法除掉或杀掉某人或者去掉某种不好的东西,后面常和表消极意义的词语连用,如:

(9)仲孙归曰:"不去庆父,鲁难未已。"(《春秋左氏传·闵公元年》)

(10)又恶王子朝之言,以为乱,愿去之。(《春秋左氏传·昭公二十二年》)

(11)故其治国也,正明法,陈严刑,将以救群生之乱,去天下之祸,使强不陵弱,众不暴寡,耆老得遂,幼孤得长,边境不侵,群臣相

关。(《韩非子·奸劫弑臣第十四》)

(12) 黎且谓景公曰:"去仲尼,犹吹毛耳。"(《韩非子·内储说下第三十一》)

(13) 绝民之主,去身之偏,艾王之体,以祸其国,无不祥大焉!(《春秋左氏传·襄公三十年》)

另一种意思就不像第一种用法那么实在了,语义稍微有点儿虚,可以理解成"把某个对象从某个范围中去掉、排除掉",接近我们研究的直接范畴表达形式。如:

(14) 初税亩者,非公之去公田而履亩十取一也,以公之与民为已悉矣。(《春秋谷梁传·宣公十五年》)

不过这种可看作"排除"的"去"的用法非常少,表示"去掉、除掉"实在意义的动词"去"仍占绝对数量。

2.2.1.2　除

"除"本义为"宫殿的台阶",这种用法在先秦虽有但不多见。"除"主要表现为下面几种意思:扫除、清扫;除掉、去掉;脱下;授予官职等。其中表示"除掉、去掉"时大多是表示实在的意义,后面的宾语常带有消极性,如"恶、患、祸、苦、奸邪、阴奸"等:

(15) 公子吕曰:"国不堪贰,君将若之何? 欲与大叔,臣请事之;若弗与,则请除之。无生民心。"(《春秋左氏传·隐公元年》)

(16) 三言而除三恶,加三利,杀亲益荣,犹义也夫!(《春秋左氏传·昭公十四年》)

(17) 故明主除人臣之所苦,而立人主之所乐。(《韩非子·用人第二十七》)

(18) 愿君去竖刁,除易牙,远卫公子开方。(《韩非子·难一第三十六》)

(19) 省工贾,众农夫,禁盗贼,除奸邪,是所以生养之也。(《荀子·君道》)

(20) 生害事,死伤名,则行饮食;不然,而与其雠:此谓除阴奸

也。(《韩非子·八经第四十八》)

不过在这种占主流的表示"铲除、去掉"的用法中,我们幸运地找到了 2 例可以看作"除掉、不算"的用法,如:

(21) 人上寿百岁,中寿八十,下寿六十,除病瘦死丧忧患,其中开口而笑者,一月之中不过四五日而已矣。(《庄子·杂篇·盗跖第二十九》)

(22) 料大王之卒,悉之不过三十万,而厮徒负养在其中矣。除守徼亭鄣塞,见卒不过二十万而已矣。(《战国策·卷二十六》)

在这两个例子中,"除"并不表示实在的"去除"义,而是将某一对象从一个范围中排除出来,侧重表达的是"不计算在内"的语义,这里的"除"可以看作介词"除"的萌芽。

2.2.2　间接排除范畴的表达形式

先秦时期间接排除范畴的主要表达形式除了"唯、惟"等表示"唯独性"的词以外,最主要的就是由否定性副词"非"构成的一些句式,虽然"非"是表示"不是"的否定性副词,但因为和句式内的否定性、疑问性、关系性逻辑算子的结合,句式本身具有了排除义的整体意义。

2.2.2.1　非

(一)和疑问性逻辑算子连用

句式 1:非……谁(4 例)

(23) 史狐曰:"子为正卿,入谏不听,出亡不远,君弑,反不讨贼,则志同,志同则书重,非子而谁?"(《春秋谷梁传·宣公二年》)

(24) 颜渊死,子哭之恸。从者曰:"子恸矣。"曰:"有恸乎? 非夫人之为恸而谁为!"(《论语·先进第十一》)

(25) 夫子怃然曰:"鸟兽不可与同群! 吾非斯人之徒与而谁与?"(《论语·微子第十八》)

(26) 主晋祀者,非君而谁?(《春秋左氏传·僖公二十四年》)

（二）和否定性逻辑算子连用

句式2：非（匪）……不（13例）

我们根据"非"与"不"之间成分的紧缩程度分为两小类：

1. 非（匪）X 不 K（10例）

（27）伐柯如何？匪斧不克。取妻如何？匪媒不得。（《诗经·豳风·伐柯》）

（28）晋为伯，郑入陈，非文辞不为功。慎辞也！（《春秋左氏传·襄公二十五年》）

（29）天子非展义不巡守，诸侯非民事不举，卿非君命不越竟。（《春秋左氏传·庄公二十七年》）

（30）非其士民不能死也，上不能故也。（《韩非子·初见秦第一》）

（31）外使诸侯，内耗其国，伺其危险之陂，以恐其主曰："交非我不亲，怨非我不解。"（《韩非子·有度第六》）

（32）五十非帛不暖，七十非肉不饱。（《孟子·尽心上》）

（33）民非水火不生活，昏暮叩人之门户求水火，无弗与者，至足矣。（《孟子·尽心上》）

（34）故吾教令民之欲利者，非耕不得；避害者，非战不免。（《商君书·慎法第二十五》）

（35）故曰："明主虑之，良将惰之，非利不动，非得不用，非危不战。"（《孙子兵法·火攻第十二》）

（36）夫鹓鶵，发于南海而飞于北海，非梧桐不止，非练实不食，非醴泉不饮。（《庄子·秋水第十七》）

2. 非……，不……（3例）

（37）圣人之所以为治道者三：一曰利，二曰威，三曰名。夫利者，所以得民也；威者，所以行令也；名者，上下之所同道也。非此三者，虽有不急矣。（《韩非子·诡使第四十五》）

（38）群臣百姓之所善，则君善之；非群臣百姓之所善，则君不善之。（《韩非子·八奸第九》）

（39）凡天灾，有币无牲。非日月之眚，不鼓。（《春秋左氏传·庄公二十五年》）

句式 3：非……不可（4 例）

（40）君子曰："忠为令德，非其人犹不可，况不令乎?"（《春秋左氏传·成公十年》）

（41）今欲并天下，凌万乘，诎敌国，制海内，子元元，臣诸侯，非兵不可。（《战国策·卷三》）

（42）唯吾谓，非名也则不可。（《墨子·卷十·经说下》

（43）是故求其诚者，非归饷也不可。（《韩非子·外储说左上第三十二》）

例（40）－例（43）是框式结构"非……不可"的较早用例，"非……不可"是"非 X 不 K"句式的一种特殊表现形式。在先秦时期，此句式还比较松散，"非"与"不可"之间可以插入别的成分，如例（40）中的"犹"、例（42）中的"也""则"、例（43）中的"也"等。可见，这个时候的"非 X"与"不可"既互相依存，又各自具有一定的独立性。

句式 4：非……无（5 例）

（44）破胜党任，节去言谈，任法而治矣。使吏非法无以守，则虽巧不得为奸；使民非战无以效其能，则虽险不得为轴。（《商君书·慎法第二十五》）

（45）秦人，其生民也陿隘，其使民也酷烈，劫之以势，隐之以阸，忸之以庆赏，鳝之以刑罚，使天下之民所以要利于上者，非斗无由也；阸而用之，得而后功之，功赏相长也，五甲首而隶五家。（《荀子·议兵》）

（46）曰："非吾子无所闻之也。"（《荀子·哀公》）

（47）蟹八跪而二螯，非蛇、蟺之穴无可寄托者，用心躁也。（《荀子·劝学》）

（48）君子非得势以临之，则无由得开内焉。（《荀子·荣辱》）

句式 5：非……毋（勿）（3 例）

（49）子曰："非礼勿视，非礼勿听，非礼勿言，非礼勿动。"（《论语·颜渊第十二》）

（50）非史子（也），毋敢学学室，犯令者有罪。（《睡虎地秦墓竹简·秦律十八种》）

（51）非其官人（也），毋敢舍焉。（《睡虎地秦墓竹简·秦律十八种》）

句式6：非……弗（1例）

（52）然则有术数者之为人也，固左右奸臣之所害，非明主弗能听也。（《韩非子·奸劫弑臣第十四》）

句式7：非……莫（8例）

（53）且至言忤于耳而倒于心，非贤圣莫能听。（《韩非子·难言第三》）

（54）今欲驱其众民，与之孝子忠臣之所难，臣以为非劫以刑，而驱以赏莫可。（《商君书·慎法第二十五》）

（55）非圣人莫之能为，夫是之谓大儒之效。（《荀子·儒效》）

（56）然而用之者，夫文王欲立贵道，欲白贵名，以惠天下，而不可以独也，非于是子莫足以举之，故举是子而用之。（《荀子·君道》）

（57）辟之，犹以锥刀堕太山也，非天下之愚人莫敢试。（《荀子·议兵》）

（58）故法而议，职而通，无隐谋，无遗善，而百事无过，非君子莫能。（《荀子·礼论》）

（59）其长矣，其温厚矣，其功盛姚远矣，非顺敦修为之君子，莫之能知也。（《荀子·荣辱》）

（60）通则一天下，穷则独立贵名，天不能死，地不能埋，桀跖之世不能污，非大儒莫之能立，仲尼、子弓是也。（《荀子·儒效》）

（三）和关系性逻辑算子连用

句式8：非……则（2例）

（61）凡人之攻伐也，非为利，则固为名也。（《吕氏春秋·召数》）

（62）故明据先王，必定尧舜者，非愚则诬也。（《韩非子·五蠹》）

2.2.2.2　微

《说文》："微，隐行也。"本义是隐秘地行走。后来从本义的"隐秘"语素慢慢衍生出"衰落"、"衰微"的语义，又进一步衍生出"没有"的语义，从而在语义上和"非、不"相通。"微"在先秦主要是和否定性逻辑算子"不"连用构成句式"微……不"，如：

（63）微二子者，楚不国矣。（《春秋左氏传·哀公十六年》）

（64）微夫人之力不及此。（《春秋左氏传·僖公三十年》）

（65）微白起，吾不能灭赵乎？（《战国策·卷三十三》）

2.3　两汉时期排除范畴的表达形式

2.3.1　直接排除范畴的表达形式

2.3.1.1　去

两汉时期，动词性排除义的"去"用例仍不多，我们只在语料中找到 1 例，如：

（66）九年为一弟，二得九，并去其六，为置三弟，六六得等，为置二，并中者得三尽去之，并三三计，得六，并得一计，得六，此为四计也。（《春秋繁露·考功名第二十一》）

在例句（66）中，"去"表示从一个总范围内"去掉"、"排除掉"的意思，具有动词性的排除语义。

2.3.1.2　除

"除"在两汉时期表示"排除"义的动词性用法有所增加，"除"和后面的宾语构成动宾结构，表示将宾语所代表的对象从某一范围内去掉，如：

（67）一同百里，提封万井，除山川沈斥，城池邑居，园圃术路，三千六百井，定出赋六千四百井，戎马四百匹，兵车百乘，此卿大夫采地之大者也，是谓百乘之家。（《汉书·刑法志》）

（68）除其本，计其利，十一分之，而以其一为贡。（《汉书·食货志》）

（69）民或乏绝，欲贷以治产业者，均受之，除其费，计所得受息，毋过岁什一。（《汉书·食货志》）

（70）各以其市月朔米麴三斛，并计其贾而参分之，以其一为酒一斛之平。除米麴本贾，计其利而什分之，以其七入官，其三及醋酨灰炭给工器薪樵之费。（《汉书·食货志》）

2.3.1.3 舍

"舍"继承了先秦时期表"排除"的用法，主要表现在以下几个句式中：

（一）和否定性逻辑算子连用

句式1：舍……亡（1例）

在这个句式中，"亡"通"无"，表示"没有"。

（71）若居君子之位，当君子之行，则舍公仪休之相鲁，亡可为者矣。（《汉书·董仲舒传》）

（二）和疑问性逻辑算子连用

句式2：舍……何（1例）

（72）夫不能行圣人之术，则舍为天下役何事哉？可不哀邪！（《史记·李斯列传》）

句式3：舍……谁（3例）

（73）如欲平治天下，当今之世，舍我而谁也？吾何为不豫哉！（《论衡·刺孟篇》）

（74）夫天未欲平治天下也。如欲治天下，舍予而谁也？（《论衡·刺孟篇》）

（75）故今自关内侯以下，比地于伍，居家相察，出入相司，父不教子，兄不正弟，舍是谁责乎？（《盐铁论·周秦第五十七》）

据胡敕瑞（2008）所证，在东汉译经中已有"除"、"舍"、"置"、"舍置"、"除是"等排除标记，如：

（76）除其宿罪不请，余不能动。（《支谶·道行般若经》）

（77）舍诸佛，是菩萨摩柯萨无有与等者。（《支谶·道行般若经》）

（78）除是阎浮利地上，满其中怛萨阿竭舍利正使天中天三千大国土满其中舍利为一分。般若波罗蜜经为二分。我从二分中取般若波罗蜜。（《支谶·道行般若经》）

（79）舍置佛道地，众罗汉、辟支佛道地不及是菩萨道地。（《支谶·道行般若经》）

（80）置是所供养者，此不足言耳。（《支谶·般舟三昧经》）

胡敕瑞（2008）推测，"除舍"排他标记的产生是源自佛典翻译中梵文语法的外借，"通过梵汉对勘研究，可以证实'除、舍'正是梵文sthāpayitvā 和 muktvā 等排他标记的直译"。[①]

我们并不完全否认胡先生的观点，即佛典翻译中梵文语法的外借促使"除、舍"在佛典译经中的运用，但是我们并不赞同"除、舍"作为直接排除性范畴的重要标记，其产生仅是书面语翻译过程中借用的产物。原因有二：

第一，我们调查了东汉时期的佛典文献[②]，其中无论是"除"还是"舍"作为范围的排除义的用法非常少，主要以动词性"除掉"、"舍掉"为主，如："今生大圣人，除世诸灾患。"（《修行本起经》）"法味为道食，饥渴今已除。"（《中本起经》）"舍利弗谓须菩提。"（《道行般若经》）等。

第二，在"除"、"舍"引申出"排除"义的过程中，虽然佛典翻译中梵文语法的外借起了重要的推动作用，但其根本动因仍源自汉语自身。在"舍"隐含的［＋去掉］的语义基础上，正是和否定性、疑问性等逻辑算子的连用，使得句式义整体上具有了"排除"义，继而赋予了"舍"的"排除"义。而"除"作排除义的动词性用法在东汉时期大量应

---

① 胡敕瑞：汉语负面排他标记的来源及其发展，《语言科学》，2008(6)。

② 语料主要来自"朱氏语料库"中的佛典文献，如安世高译经、支谶译经、安玄严佛调译经、康孟详竺大力昙果等。

用,正是汉语自身的这些内部因素影响到"除"、"舍"表排除的用法,并为汉译佛典中"除、舍"的选择和应用提供语义和使用频率的基础。因此,虽然佛典翻译中梵文语法的外借起了重要的推动作用,但其根本动因仍源自汉语自身。

2.3.1.4　外

"外"在上古时期基本作为方位名词单用或与其他处所名词连用,表示在某个处所的外面,但也可以作为动词表示"疏远、排斥",如:

（81）而升降之有变易也。天地不外此例。（《易经·遯卦》）

在此例句中,"外"和"此"分属于句子中的两个不同的句内成分,"外"是动词,"此"是指代词。

在两汉时期,我们找到了"外此"成为更加紧密的结构的例子,其中,"此"指代前面的内容,"外此"表示"除此之外"、"除了前面说到的内容以外",如:

（82）天下至大矣,而以与佗人;身至亲矣,而弃之渊;外此,其余无足利矣。（《淮南子·精神训》）

在此例中,"此"指代前面提到的两部分内容,即"天下"和"至亲"两方面,"外"表示将前面提到的内容排除在外,"其余"表示"剩下的部分",其语法功能是把说话人的预设范围自然划分成两部分,并进行对比,而"无"进一步否定了预设范围的"其余部分",从而达到了肯定"排除部分"的目的。虽然"外此"后来被"此外"代替,但在汉语史中仍有自己的发展历程。

2.3.2　间接排除范畴的表达形式

2.3.2.1　非

两汉时期,由"非"和其他逻辑算子共同构成的句式是间接排除范畴的主要表达形式,详细分析如下:

（一）和否定性逻辑算子连用

句式1:非……不(12例)

我们根据"非……不"之间是否采用紧缩形式,细分为两类。

A. 非……不……(6 例)

(83) 以臣料之,非天下贤圣其执固,其势固不能息天下之祸。(《汉书·蒯伍江息夫传》)

(84) 使其大婢为仆射,主永巷,尽封闭诸舍,上篇于后,非大置酒召,不得见。(《汉书·景十三王传》)

(85) 示风以大言而实不与,令出怨言,谋畔逆,乃随而忧之,不亦远乎! 非大贤人,不知退让。(《史记·梁孝王世家》)

(86) 今韩受兵三年,秦桡之以讲,识亡不听,投质于赵,请为天下雁行顿刃,楚赵必集兵,皆识秦之欲无穷也,非尽亡天下之国而臣海内,必不休矣。(《史记·魏世家》)

B. 非 X 不 K(6 例)

在"非 X 不 K"中,"K"一般为谓语。

(87) 故君子非礼而不言,非礼而不动。(《春秋繁露·天道施第八十二》)

(88) 故曰:非道不行,非法不言。此之谓也。(《春秋繁露·为人者天第四十一》)

(89) 大夫曰:家人有宝器,尚函匣而藏之,况人主之山海乎? 夫权利之处,必在深山穷泽之中,非豪民不能通其利。(《盐铁论·禁耕第五》)

(90) 故非商工不得食于利末,非良农不得食于收获,非执政不得食于官爵。(《盐铁论·相刺第二十》)

(91) 非仁人不能任,非其人不能行。(《盐铁论·除狭第三十二》)

(92) 南方有鸟名鹓鶵,非竹实不食,非醴泉不饮,飞过泰山,泰山之鸱偶啄腐鼠,仰见鹓鶵而吓。(《盐铁论·毁学第十八》)

句式 2:非……不可(4 例)

(93) 今欲以乱为治,以贫为富,非反之制度不可。(《春秋繁露·

度制第二十七》)

（94）君且欲霸王，非管夷吾不可。（《史记·齐太公世家第二》）

（95）今欲举大事，将非其人，不可。（《史记·项羽本纪第七》）

（96）非易不可以治大，非简不可以合众。（《淮南子·诠言训》）

在两汉时期，句式"非……不可"较先秦时期有了明显的凝固化的倾向。不过此时期的"非……不可"还没有完全有界化，有时它的后面可以直接接后续谓语，如例（96）。

句式3：非……无（7例）

此句式在所调查的语料中，《汉书》2例，《淮南子》2例，《史记》2例，《盐铁论》1例，如：

（97）汉王既至南郑，诸将及士卒皆歌讴思东归，多道亡还者。韩信为治粟都尉，亦亡去。萧何追还之，因荐于汉王，曰："必欲争天下，非信无可与计事者。"（《汉书·高帝纪》）

（98）六律者，生之与杀也，赏之与罚也，予之与夺也，非此无道也。（《淮南子·本经训》）

（99）非腊腊不休息，非祭祀无酒肉。（《盐铁论·散不足第二十九》）

（100）高祖曰：吾极知其左迁，然吾私忧赵王，念非公无可者。公不得已强行！（《史记·张丞相列传》）

句式4：非……莫（3例）

（101）舍人曰：臣非知君，知君乃苏君。苏君忧秦伐赵败从约，以为非君莫能得秦柄，故感怒君，使臣阴奉给君资，尽苏君之计谋。（《史记·张仪列传》）

（102）当此之时，非无远筋骏才也，非文王、伯乐莫知之贾也。（《盐铁论·讼贤第二十二》）

（103）上官大夫见而欲夺之，屈平不与，因谗之曰："王使屈平为令，众莫不知，每一令出，平伐其功，（曰）以为'非我莫能为'也。"（《史记·屈原列传》）

句式5：非……毋(2例)

(104) 非史子(也)，毋敢学学室，犯令者有罪。(《睡虎地秦墓竹简·秦律十八种·内史杂》)

(105) 非其官人(也)，毋敢舍焉。(《睡虎地秦墓竹简·秦律十八种·内史杂》)

(二)和疑问性逻辑算子连用

句式6：非……谁(5例)

(106) 宫车一日晏驾，非王尚谁立者！(《汉书·淮南衡山济北王传》)

(107) 见舞《大夏》，曰："美哉，勤而不德！非禹其谁能及之？"(《史记·吴太伯世家第一》)

(108) 若为己死已亡，非其私暱，谁敢任之！(《史记·齐太公世家第二》)

(109) 惠、怀无亲，外内弃之；天未绝晋，必将有主，主晋祀者，非君而谁？(《史记·晋世家第九》)

(110) 曰：丘得为人，黯然而黑，几然而长，眼如望羊，心如王四国，非文王其谁能为此也！(《史记·孔子世家第十七》)

句式7：非……孰(3例)

(111) 取天地与人之中以为贯而参通之，非王者孰能当是？(《春秋繁露·王道通三第四十四》)

(112) 非天下之至精，其孰能与于此！(《汉书·艺文志第十》)

(113) 有勇有义，非歌孰能保此？(《史记·乐书第二》)

句式8：非……庸(2例)

副词"庸"表示反问，可译为"怎么"、"难道"，如：

(114) 故天道各以其类动，非圣人庸能明之！(《春秋繁露·三代改制质文第二十三》)

(115) 故救害而先，知之明也，公之所恤远，而春秋美之，详其美恤远之意，则天地之间，然后快其仁矣，非三王之德，选贤之精，庸能

如此。(《春秋繁露·仁义法第二十九》)

句式9：非……如何(1例)

(116) 夫鼠昼伏夜动，不穴于寝庙，畏人故也。今君闻晋之乱而后作焉。宁将事之，非鼠如何？(《春秋左氏传·襄公二十三年》)

(三) 和总括性逻辑算子连用

句式10：非……皆(5例)

"皆"本义"都，全"。《说文》："皆，俱词也。"是上古汉语中表示总括范围的"皆"类副词("皆"、"悉"、"具"、"咸"、"遍"等)中使用频率最高的一个，一般语义指向主语，表示在某一范围内，所涉及的对象全都呈现某一情况或状态，没有例外。如：

(117) 燕、赵、韩、魏闻之，皆朝于齐。(《战国策·齐策》)

"非"与总括性逻辑算子"皆"连用，表示"除了……，都"，如：

(118) 自今以来，诸年八十以上，非诬告、杀伤人，佗皆勿坐。(《汉书·卷八·宣帝纪第八》)

(119) 六月甲子诏书，非赦令，它皆蠲除之。(《汉书·卷七十五·眭两夏侯京翼李传第四十五》)

(120) 愿令诸有罪，非盗受财杀人及犯法不得赦者，皆得以差入谷此八郡赎罪。(《汉书·卷七十八·萧望之传第四十八》)

句式11：非……悉(1例)

"悉"的本义是"详尽"。《说文》："悉，详尽也。"如：

(121) 虎圈啬夫从旁代尉对上所问禽兽簿甚悉。(《汉书·张释之传》)

但也可以偏指"尽"，《尔雅》："悉，尽也。"如：

(122) 晋师悉起，将至矣。(《左氏春秋传·宣公十五年》)

"非"与总括性逻辑算子"悉"连用，也表示"除了……，都"，如：

(123) 非博士官所职，天下敢有藏《诗》、《书》、百家语者，悉诣守、尉杂烧之。(《史记·秦始皇本纪第六》)

（四）和关系性逻辑算子连用

句式 12：非……则（1 例）

（124）大夫曰：共其地，居是世也，非有灾害疾疫，独以贫穷，非情则奢也；无奇业旁入，而犹以富给，非俭则力也。（《盐铁论·授时第三十五》）

2.3.2.2　不

（一）和疑问性逻辑算子连用

句式 1：不……何（1 例）

（125）何曰："今众弗如，百战百败，不死何为？"（《汉书·卷三十九·萧何曹参传第九》）

这句话是说："当今所有人都不如他，百战百败，除了死还能怎么样呢？"

句式 2：不……如何（1 例）

（126）一家害百家，不在胸邴，如何也？（《盐铁论·禁耕第五》）

此例的意思是说："一家伤害百家，不是由于胸地邴氏那样的豪强，是谁呢？"即："一家伤害百家，除了胸地邴氏那样的豪强，没有人能这样做。"

（二）和关系性逻辑算子连用

句式 3：不……则（1 例）

（127）诸生议不干天则入渊，乃欲以同里之治，而况国家之大事，亦不几矣。（《盐铁论·忧边第十二》）

这句话可以理解为："但是你们的议论除了谈上天，就是谈入地，脱离实际，竟想用治理一间一里的方法来治理国家大事，这岂不是有点妄想吗？"

2.3.2.3　微

"微"与否定性逻辑算子"莫"连用形成句式"微……莫"，如：

（128）今边境不安，天下骚动，微此人其莫能安也。（《汉书·宣元六王传》）

这句话的意思是："现在边境不安定，天下动荡，除了这个人，其他人都不能平定天下。"

2.4　本章小结

2.4.1　列表

表 2.1　上古时期排除范畴表达形式总结

时期	直接排除范畴表达形式	间接排除范畴表达形式
先秦	1. 舍(6 例) 　(一) 和否定性逻辑算子连用：无(4) 　(二) 和疑问性逻辑算子连用：谁(1)/孰(1) 2. 去(1 例)[动词性] 3. 除(2 例)[动词性]	1. 非(匪)(40 例) 　(一) 和疑问性逻辑算子连用：谁(4) 　(二) 和否定性逻辑算子连用：不(13)/不可(4)/无(5)/毋(2)/勿(1)/弗(1)/莫(8) 　(三) 和关系性逻辑算子连用：则(2) 2. 微(3 例) 　和否定性逻辑算子连用：不(3)
两汉	1. 舍(5 例) 　(一) 和否定性逻辑算子连用：亡(1) 　(二) 和疑问性逻辑算子连用：何(1)/谁(3) 2. 去(1 例) 3. 除(4 例) 4. 外(2 例)	1. 非(46 例) 　(一) 和否定性逻辑算子连用：不(12)/不可(4)/无(7)/莫(3)/毋(2) 　(二) 和疑问性逻辑算子连用：谁(5)/孰(3)/庸(2)/如何(1) 　(三) 和总括性逻辑算子连用：皆(5)/悉(1) 　(四) 和关系性逻辑算子连用：则(1) 2. 不(3 例) 　(一) 和疑问性逻辑算子连用：何(1)/如何(1) 　(二) 和关系性逻辑算子连用：则(1) 3. 微(1 例) 　和否定性逻辑算子连用：莫(1)

2.4.2　总结

2.4.2.1　直接排除范畴表达形式方面

在上古时期并没有专门的标记词来表示"排除"义，只是某些动词的语义中含有[＋去掉][＋排除]的语素，如"舍"、"去"、"除"、"外"，可以把它们看作动词性的直接排除表达形式。另外当含有[＋排除]义的动词与否定性、疑问性逻辑算子连用形成句式时，整体的句式义也可以表达"直接排除义"，如"舍……无/亡/谁/孰/

何"。其中"舍"引导的排除项与逻辑算子引导的剩余项构成一个论域,表明排除项具有某种特殊性,将其从论域中排除出去后,剩余项在某种性质上具有内部一致性。这种整体句式义的语义基础来自句式中动词(如"舍")隐含的[＋排除]因子,而将这种隐含因子激发出来的关键则是否定性逻辑算子或疑问性逻辑算子的制约作用,也就是使得论域中的剩余项与排除项界限分明,凸显排除项与剩余项的区别。

具体来看,在先秦时期,直接排除范畴表达形式以"舍"与否定性、疑问性逻辑算子连用的句式为主,其次是动词性的"去"和"除",不过这二者的用例都很低;到东汉时期,"除"的动词性排除义用法有所增加,使用频率和"舍"句式差不多,为其后来虚化出排除义介词奠定了坚实的语义基础;"外"开始出现"排除"语义,和"此"连用形成"外此",表示"排除掉这种情况",不过其虚化程度很低,用例也较少;"去"虽偶尔表示排除义,但仍以动作义动词为主。

2.4.2.2　间接排除范畴表达形式方面

在上古时期,间接排除表达形式主要有"非"与否定性、疑问性、关系性、总括性逻辑算子连用的句式,这些逻辑算子类型一直沿用到近代。其中否定性逻辑算子包括表示一般性否定的"不"、"无"、"弗"和表示禁止性否定的"勿"、"毋",疑问性逻辑算子包括表人的"谁"、"孰"和兼表人和物的"何",关系性逻辑算子以"则"为主。到两汉时期,新增了与总括性逻辑算子"皆、悉"连用的用法,更凸显了排除对象的独特性与剩余对象内部一致性。

在"非"与否定性逻辑算子连用时,与否定副词"不"的连用形式最丰富,用例也最多。主要有以下几个特点:第一,句式"非……不"在不同时期、不同风格的典籍中出现频率不同。《春秋左传》5 例,《韩非子》5 例,《论语》4 例,《孟子》3 例,《商君书》2 例,《孙子兵法》3 例,《荀子》0 例,《庄子》3 例,《睡虎地秦墓竹简》0 例。第二,句式"非……不"常以紧缩形式出现,条件分句和结果分句之间结合紧密,较少有明显停顿,书面上不加标点符号,特殊情况下才增加语气词来延缓语气。仅在少数情况下,在"非"和"不"之间插入了较长的成分,二者之间有了明显的停顿。第三,出现了框式结构"非……不可"的雏形,在先秦时期,"非"与"不可"结合较松散,到两汉时期逐渐凝固化,但仍然没有演化为有界化的句式。第四,句式"非……不"在关联词的使用上不很统一。"非"可以用假借形式"匪",同义副词形式"微"来代替,"不"则可以被同义否定形式"无"、"勿"、"弗"、"毋"来代替。不过"不"、"无"、"弗"表示一般性否定,而"勿"、"毋"表示禁止性否定。

2.4.2.3　小结

第一,在上古时期,排除范畴以间接排除范畴为主,直接排除范畴为辅。二者"排除"义的句式义或者来自"正面的排除"义,或者来自"反面的否定"义,而"排除"本身就意味着某种程度上的"否定",因此二者直接有密切的深层语义联系。

第二,无论是直接排除表达式的"舍",还是间接排除表达式的"非"(微、匪),其句式具有的整体性的排除义都离不开否定性、疑问性等逻辑算子的制约作用。可见,逻辑算子在排除范畴表达形式中起着非常重要的作用。

第三,排除范畴在汉语的历史上源远流长。在上古时期就已采用多种语言手段进行表达。不论是具有排除义的动词,还是具有排除义的句式,在现代汉语中存在的排除范畴表达形式在上古时期大多都能找到源头。只不过,具有排除义的句式占有绝对数量,而且具有直接排除义的动词也需要和一些逻辑算子相结合凸显其"排除"义。因此,上古虽有直接排除范畴的表达形式,但是仍以间接排除范畴的表达形式为主。

第四,在各种排除范畴的表达形式中,既有原型成员,也有在原型成员的基础上衍生出来的边缘成员。在上古汉语的间接排除范畴中,原型成员有"非……不"、"非……谁"、"非……皆",其他的如"非……弗/勿/无/莫"是在原型"非……不"基础上类推出来的,

"非……孰/何/庸"、"不……何"是在"非……谁"的基础上类推出来的,"非……悉"是在"非……皆"的基础上类推出来的。而三大原型成员"非……不"、"非……谁"、"非……皆"都是建立在否定范畴基础之上的,这预示了否定范畴和排除范畴之间的密切关系。

第 3 章
中古汉语排除范畴表达形式的研究

3.1 所 用 语 料

传世文献:《三国志》,《搜神记》、《抱朴子内篇》,《拾遗记》,《西京杂记》,《后汉书》,《水经注》,《幽明录》、《世说新语》,《神异经》,《南齐书》,《玉台新咏》,《洛阳伽蓝记》,《齐民要术》。

佛典文献:《大明度无极经》,《六度集经》,《佛说圣法印经》,《佛说泥犁经》,《佛说首愣严三昧经卷》,《佛说仁王般若波罗蜜经》,《出三藏记集》,《百喻经》,《杂宝藏经》,《金色王经》。

3.2 传世文献中排除范畴表达形式

3.2.1 直接排除范畴表达形式

3.2.1.1 "除"类
3.2.1.1.1 除
"除"的动词性排除义用法减少,萌发了与逻辑算子连用共同表示排除语义的现象。

(一)动词性"除"(1 例)

(1)老子曰:"更除其繁紊,存五千言。"(《拾遗记·卷三》)

（二）和总括性逻辑算子连用

句式 1：除……，皆（2 例）

当总括性逻辑算子"皆"和表排除义的"除"连用时，和上古时期与"非"的连用类似，都表示把例外的对象从既定范围内排除出去，并凸显其特殊性。如：

（2）自臣昔客始至之时，珠崖除州县嫁娶，皆须八月引户，人民集会之时，男女自相可适，乃为夫妻，父母不能止。（《三国志・卷五十三》）

（3）除吏赤画杠，其余皆青云。（《后汉书・志第二十九・舆服上》）

在例（3）中，"其余"表示和排除范围相对的剩余范围，与总括性逻辑算子"皆"连用，加强了排除掉特殊对象后，剩余范围内部具有某种性质或状态的一致性。

（三）和递进性逻辑算子连用

句式 2：除……，尚（1 例）

《说文》："尚，曾也，庶几也。"徐灏注笺："曾犹重也，亦加也。"《广雅・释诂》："尚，加也。"因此"尚"的本义为"增加"。由其本义引申出的副词"尚"便具有了补充说明之义。如：

（4）今除所作子书，但杂尚余百所卷，犹未尽损益之理，而多惨愤，不遑复料护之。（《抱朴子外篇・自叙卷・第五十》）

句式 3：除……，且（1 例）

"且"和"除"相连，表示"排除掉一种情况后，而且看另一种情况"，具有补充追加的语义。如：

（5）除言天命，且以人事论之：今称帝者数人，而洛阳土地最广，甲兵最强，号令最明。观符命而察人事，它姓殆未能当也。（《后汉书・卷二十三・窦融列传第十三》）

（四）和否定性逻辑算子连用

句式 4：除……，不（1 例）

"除"与否定性逻辑算子"不"连用，用"除"将论域中的某特殊对象排除出去,然后用否定性副词"不"对剩余部分构成的整体进行否定,表示"除了特殊对象外,剩余部分在整体上都不具备特殊对象所具备的某种特质。"如:

（6）大麦酢法:七月七日作。若七日不得作者,必须收藏取七日水,十五日作。除此两日,则不成。(《齐民要术·卷八》)

这个例子的论域是日子,其中特殊对象是"此两日",即前面提到的"七日和十五日",剩余对象是除此以外的其他日子,它们在整体上的共性是"不成",与"此两日"的特质"成"恰好相反。

可见,"除"和总括性逻辑算子"皆"、否定性逻辑算子"不"连用时都表达了"排除特殊,强调一致"的排除功能,而和递进性逻辑算子"尚"、"且"的连用则表达了"排除已知,补充未知"的追加功能。无论是排除功能还是追加功能,都是对论域中的排除对象的特殊性进行了凸显,因此二者在深层语用上是一致的,只是采取了正面或反面的表达形式。

3.2.1.1.2　舍

在魏晋时期,"舍"继承了上古汉语的用法,主要以"舍……谁"的句式来表达排除义,有2例,如:

（7）策曰:"子义舍我,当复与谁?"(《三国志·卷四十九·吴书四》)

（8）俊曰:"如卿之言,济天下者,舍卿复谁?"(《三国志·卷一·魏书一》)

句式"舍……谁"仍用于反诘句中,其中的疑问代词"谁"不表示疑问,而是表示排除掉论域中特殊对象后,剩余对象中的任何一个,表示"除了……,没有人",具有"排除特殊,强调一致"的功能。

3.2.1.2　"外"类

3.2.1.2.1　外

在魏晋南北朝时期,"外"作为方位词和表示具体意义的名词构成的结构非常普遍,表示"在……的外面",例如:

（9）家本蓟门外,来戏丛台下。(《玉台新咏·王僧孺·见贵者初

迎盛姬聊为之咏》)

（10）陈显达事平,渐出游走,所经道路,屏逐居民,从万春门由东宫以东至于郊外,数十百里,皆空家尽室。(《南齐书·卷七·本纪第七·东昏侯》)

在调查的中古汉语的语料中,我们仅找到 1 例"外"单独用表示排除的用例,即:

（11）六月,癸未,诏:"昔岁水旱,曲赦丹阳、二吴、义兴四郡遭水尤剧之县,元年以前,三调未充,虚列已毕,官长局吏应共偿备外,详所除宥。"(《南齐书·卷二·本纪第二·高帝下》)

可见,动词性"外"表示"排除"义的用法开始减弱。

3.2.1.2.2 之外

一、之外

上古时期,处所名词与方位词"外"之间也常用助词"之"进行衔接,形成"处所名词＋之外"。"之外"也可以与距离名词(如"千里"、"千万里"、"百步")、时间名词(如"十年"、"旬"、"三年")连用,表示"在某个距离范围或时间范围的外面",即"超出某个距离或时间的范围"。在这方面,"之外"比"外"更普遍。

魏晋时期,"之外"开始和抽象名词、甚至动词频繁连用,出现了如"身名之外"、"租赋之外"、"问书之外"、"迎送旧典之外"等结构。如:

（12）由自知情深,在物无竞,身名之外,一概可蔑。(《南齐书·卷三十六》)

（13）每至文林馆,气喘汗流,问书之外,不暇他语。(《颜氏家训·卷三》)

至此,"之外"从范围义中虚化出了排除义。除了少数单用外,多与逻辑算子连用表示排除义。

（一）单用(2 例)

（14）宋帝诏齐公十郡之外,随宜除用。(《南齐书·卷一·本纪

第一·高帝上》)

（15）臣谓宜使所在各条公用公田秩石迎送旧典之外，守宰相承，有何供调，尚书精加洗覈，务令优衷。(《南齐书·卷二十二·列传第三·豫章文献王》)

（二）和限定性逻辑算子连用

句式1：……之外，唯（1例）

"唯"作为限定性副词，表示对事物或动作的范围加以限定，可译为"只"、"仅仅"等，在上古汉语就已有用例，如：

（16）小人实不才，若果行此，其郑国实赖之，岂唯二三臣？(《春秋左氏传·襄公三十一年》)

（17）察群臣唯光任大重，可属社稷。(《汉书·卷六十八·霍光金日磾传第三十八》)

当限定性副词"唯"引导的对象和"之外"搭配的成分相连用时，语义上表示"除了……以外，只/仅仅"，如：

（18）朝服之外，唯下铁钚刀一口。(《南齐书·卷二十二·列传第三·豫章文献王》)

这个例子的意思是，"除了朝服以外，只有一口铁钚刀"，表面上用"之外"将与其搭配的"朝服"排除在论域之外，用限定性副词"唯"对论域中剩下的部分"铁钚刀"进行限定，但"唯"的功能不限于此。在深层语义上，它是对前面被排除在论域之外的对象的一个补充，即例句可以理解为，"除了朝服和一口铁钚刀以外，没有别的了"，因此虽然在语法形式上"之外"只排除了分句的前半部分，实际上是将"之外"引导的成分和"唯"引导的成分作为一个整体，从一个更高的排除层次上将这一整体所具有的特殊性凸显出来。因此这个句式可以看作具有"排除已知，补充说明"的功能。

（三）和递进性逻辑算子连用

句式2：……之外，更（1例）

"更"是上古末期产生的副词，"表示同一主体的另一动作或行为的发生,两个动作或行为接连发生,释义'又'"。① 这种副词义来源于其"更改、改变"的动词义。"更"引导的成分是对"之外"搭配成分的一个补充说明,具有"排除已知,补充未知"的功能,如:

(19) 今郡通课此直,悉以还台,租赋之外,更生一调。(《南齐书·卷二十六·列传第七·王敬则 陈显达》)

(四)和总括性逻辑算子连用

句式 3:……之外,一概(1 例)

"一概"本是一个定中结构的短语,由数词"一"和名词"概"组合而成,表示"一种刮平谷物的器具",在先秦就已出现,如:

(20) 同糅玉石兮,一概而相量。(《楚辞·九章》)

"概"作为一种量具,就容易引申为"标准","一概"就从本义引申为"同一种标准"。如:

(21) 无所修为,犹常如此,况又加之以知神仙之道,其亦必不肯役身于世矣,各从其志,不可一概而言也。(《抱朴子内篇·卷八·释滞》)

这一意义的"一概"使用频率很高,其语义上"同一种标准"为其词汇化为形容词表示"一样"打下语义基础,语法位置上由于较多位于主要谓语前面而为其后语法化为总括副词表"全部"打下基础。用例最早约见于魏晋时期,后一直沿用至今。② "一概"用于谓语前,表示不加以区别,适合于全体,没有例外。

当总括性副词"一概"和排除义"之外"连用时,表示将论域中的特殊对象排除掉后,剩下的部分在某种动作或性质上保持统一和一致,没有例外,因此此句式具有"排除特殊,强调一致"的功能。

(22) 由自知情深,在物无竞,身名之外,一概可蔑。(《南齐书·卷三十六·列传第十七·谢超宗 刘祥》)

---

① 王阳阳,马贝加:副词"更"的语法化,《浙江教育学院学报》,2007 年(1)。

② 杨荣祥在《近代汉语副词的发展》(2005)中说:"'一概'产生于唐代",我们认为"一概"产生的年代早于唐代,不晚于魏晋时期。

句式4：……之外，皆（1例）

（23）永明中，宫内坐起御食之外，皆为客食。（《南齐书·卷十九·志第十一·五行》）

可见，萌芽于魏晋时期的"之外"一经产生就有了较广泛的应用，既可以单用，也可以和多种类型的逻辑算子组成句式。其中，和限定性逻辑算子"唯"、递进性逻辑算子"更"连用都表示"排除已知，补充未知"的追加功能，而和总括性逻辑算子"一概"、"皆"连用以及单用时都表示"排除特殊，强调一致"的排除功能。

二、于……之外

框式结构"于……之外"本来是表示方位处所的，同"自……之外"，在魏晋南北朝时期有了表示排除用法的迹象，如：

（24）窃见顷之言便宜者，非能于民力之外用天分地也，率皆即日不宜于民，方来不便于公。（《南齐书·卷四十六·列传第二十七·王秀之 王慈 蔡约 陆慧晓（顾宪之）萧惠基》）

这句话是说："我私下察看了一下近来所提出的所有有关方便适宜的建议，这些建议都不能提出在使老百姓尽力之外，还要利用天时，竭尽地利，大体上，这些建议都是眼前对百姓不合适，将来对朝廷也肯定是不利的。"在此例句中，"于……之外"不仅表示将某一对象排除在外，还具有追加补充的用法。

3.2.1.2.3　以外

"以外"早在西汉时期就开始使用，它的语义和"之外"相同，表示"某个处所的外面"，属于空间范畴，如：

（25）令天子之国以外五百里甸服：百里赋纳总，……五百里米。（《史记·卷二》）

魏晋南北朝到隋唐时期，"以外"可以置于普通名词后面，这说明它们从表示具体的空间义虚化出表示排除的范围义，如：

一、以外（1例）

（26）石头以外，裁足自供府州，方山以东，深关朝廷根本。（《南

齐书·卷二十六·列传第七·王敬则 陈显达》)

二、在……以外(1 例)

"以外"和"在"搭配以更清晰地标记出"在某个范围之外",与表示总括的"一"①和否定性"无"逻辑算子连用,表示将论域中的特殊对象排除出去后,剩下的对象在某种性质、动作上没有例外,保持一致。构式"在……以外,一无",表示"在某个范围外,一概都没有……",如:

(27) 在州禄俸以外,一无所纳,独处斋内,吏民罕得见者。(《南齐书·卷三十二·列传第十三·王琨 张岱 褚炫 何戢 王延之 阮韬》)

3.2.1.2.4　已外

(一)和总括性、否定性逻辑算子并用

句式 1:……已外,一不(1 例)

"已外"和"以外"一样,和否定性逻辑算子连用,表示将论域中的某个特殊对象排除出去后的剩余对象,在某个动作或状态方面和被排除的对象不一致,以凸显被排除对象的特殊性,否定副词"不"前面用表示整体的总括性逻辑算子"一"修饰,加强了剩余对象的内部一致性,具有"排除特殊,强调一致"的语法功能。如:

(28) 吾当松棺二寸,衣帽已外,一不得自随,床上唯施七星板;至如蜡弩牙、玉豚、锡人之属,并须停省,粮罂明器,故不得营,碑志旒旐,弥在言外。(《颜氏家训·终制第二十》)

---

① 《说文》:"一,惟初太始,道立于一,造分天地,化成万物。"一本来是一个记数符号,作数词用,在上古汉语中多直接修饰名词,省物量词,如:

　　不费斗粮,未烦一兵,未战一士,未绝一弦,未折一夫,诸侯相亲,贤于兄弟。(《战国策·卷三·秦一》)

在先秦,"一"还可以作为专有名词表示古人的一种哲学观念,或一种精神上的"道",如:

　　是以圣人抱一,为天下式。(《道德经·抱一》)

因此"一"从这种专有名词发展出表示"一体、整体"的普通名词用法,如:

　　诸侯恐惧,会盟而谋弱秦,不爱珍器重宝肥美之地,以致天下之士,合从缔交,相与为一。(《史记·卷六·秦始皇本纪第六》)

自此,"一"便可以表示其所代表的所有事物是一个整体,内部具有一致性,因此可以作一个表总括性的逻辑算子。

（二）和递进性逻辑算子连用

句式 2：……已外，复（1 例）

方吉萍（2010）认为："'复'早在先秦时期就用作动词。《说文》：'复，往来也。'意思是'返回、还'。例如：'无往不复。'（《易·泰》）动词'复'表'返回、还'义，当其用在别的动词性成分之前时，即在'复＋动词'这种句法结构里，在其意义比较抽象的前提下，由于'一个核心动词'原则的促动，平行并服从于'副词＋动词'这种强势句法功能，'复'逐渐演化为表'重复'义的副词，副词'复'又进一步引申为'又、更、再'义。"因此当副词"复"和"已外"连用时，"已外"表示将具有特殊性的已知对象排除在论域之外，"复"表示由于论域中的剩余对象在某方面和已知对象有某种类同性，作进一步的补充说明，因此句式"……已外，复"具有"排除已知，补充未知"的追加功能。如：

（29）萧贲、刘孝先、刘灵，并文学已外，复佳此法。（《颜氏家训·杂艺第十九》）

这句话表示萧贲、刘孝先、刘灵，除了文学以外，也非常善于"此法"，即"绘画"。

3.2.1.2.5　此外

中古时期，"外"表排除义刚刚萌芽，"此"与"外"常常连用，表示"除了所说的情况或事物以外"，用例较少，主要有如下用法：

（一）和否定性逻辑算子连用

句式 1：此外无（1 例）

（30）每事益利，此外无多损益也。（《幽明录》）

（二）和总括性逻辑算子连用

句式 2：此外悉（1 例）

总括性副词"悉"是上古汉语就有的，在魏晋时期继续使用，但由于具有的文学色彩较浓，因此用例不多，和"此外"相连表示"除掉排除对象后，剩余对象全部都……"，这既是对"剩余对象"的一个总括，也对剩余对象的状态或动作进行了"完整、全面"地修饰，如：

（31）朔望菜食一盘，加以甘菜，此外悉省。（《南齐书·卷二十二·列传第三·豫章文献王》）

3.2.1.2.6 自此以外

（32）秋，七月，辛丑，诏"丹阳所领及余二百里内见囚，同集京师；自此以外，委州郡决断"。（《南齐书·卷三·本纪第三·武帝》）

（33）诏"二百里内狱同集京师，克日听览，自此以外，委州郡讯察"。（《南齐书·卷三·本纪第三·武帝》）

3.2.1.2.7 自此以还/自此已还

"自此"表示"从此"，"自"是介引处所、时间的副词，"以还"是一个双音连绵词，一般放在表示时间的名词或词组之后，表示时间的趋向，可以译为"……下"。我们在魏晋时期仅找到 2 例"自此以还"的例句，估计是受到"自此以外"的类推而产生的结果。不过与"自此以外"不同的是，"自此以外"多单用，而"自此以还"多和逻辑算子连用，使得"自此以还"的排除义得到了凸显，如：

（一）和否定性逻辑算子连用

句式 1：自此以还，无（1 例）

（34）刘尹云："萧祖周不知便可作三公不？ 自此以还，无所不堪。"（《世说新语·赏誉第八》）

这个例子中的"无所不堪"用双重否定"没有不能担任的官位"表示肯定的"任何官位都可以担任"，与前面的"自此以还"连用后表示"除此以外，任何官位都能担任。"

（二）和总括性逻辑算子连用

句式 2：自此已还，皆（1 例）

（35）庾道季云："思理伦和，吾愧康伯；志力强正，吾愧文度。自此已还，吾皆百之。"（《世说新语·品藻第九》）

这个句式中的"此"代指前面提到的"思理伦和，吾愧康伯；志力强正，吾愧文度"，"自此已还"即将提到的这些排除掉，后面和总括性的逻辑算子"皆"连用，可译为："庾道季说：'思考名理有条理而融和，我不如韩康伯,毅力强正,我不如王文度。除这两人外,其余我可以强过他们百倍。'"

3.2.1.3　"余"(馀)类

3.2.1.3.1　自余

清代学者刘淇在《助字辨略》中说:"自余,犹云其余。"蔡镜浩(1990)认为"犹其余,表示自此以外"①。

(一) 单用(1 例)

(36) 自太和十年已后诏册,皆帝之文也,自余文章百有余篇。(《魏书·帝纪第七下·高祖纪下》)

(二) 和总括性逻辑算子连用

句式 1:自余(馀)……,悉(2 例)

(37) 婚亦依古,以卺酌终酳之酒,并除金银连鏁,自余杂器,悉用埏陶。(《南齐书·卷九·志第一·礼上》)

(38) 明旦,碓捣作粉,稍稍箕簸,取细者如糕粉法。讫,以所量水煮少许铄粉作薄粥。自余粉悉于甑中干蒸。(《齐民要术·卷七·本麴并酒第六十六》)

句式 2:自余……,皆(2 例)

(39) (河间王)琛常会宗室,陈诸宝器,金瓶银瓮百余口,瓯檠盘盒称是。自②余酒器有水晶钵、玛瑙杯、琉璃碗、赤玉卮数十枚,作工奇妙,中土所无,皆从西域而来。(《洛阳伽蓝记·卷四·城西》)

(40) 王妃出则舆之,入坐金床,以六牙白象四狮子为床。自余大臣,妻皆随伞,头亦似有角,团圆垂下,状似宝盖。(《洛阳伽蓝记·卷五·城北》)

句式 3:自余……,一(1 例)

(41) 自余法用,一与前同。(《齐民要术·卷七·本麴并酒第六

---

① 蔡镜浩:《魏晋南北朝词语例释》,江苏古籍出版社,1990 年,第 454 页。
② 范祥雍注云:"《广记》'自'作'其'。"引自崔世杰:《魏晋南北朝诗文语词探义》,北京:线装文局,2006 年,第 215 页。

十六》)

（三）和否定性逻辑算子连用

句式 4：自余……，未（1例）

（42）司徒殿下文德英明，四海倾属。因不涯卑远，随例问讯，时节拜觐，亦沾眄议。自余令王，未被祗拜，既不经伏节，理无厚薄。（《南齐书·卷三十六·列传第十七·谢超宗刘祥》）

句式 5：自余……不（2例）

（43）自余外夷，理不得望我镳尘。（《南齐书·卷五十八·列传第三十九·蛮东南夷》）

（44）城之东北，悉诸袁旧墓，碑宇倾低，羊、虎碎折，惟司徒滂、蜀郡大守腾、博平令光碑字所存惟此，自余殆不可寻。（《水经注·卷二十三·阴沟水、汲水、获水》）

句式 6：自余……，莫（1例）

（45）唯王褒颜与信相埒，自余文人，莫有逮者。（《周书·庾信传》）

（四）和分指性逻辑算子连用

句式 7：自余……，各（1例）

《说文》："各，异辞也。"即"各个、各自"的意思。"各"是一个分指性代词，指代某一具体范围内的人或事物的所有个体，分别、各自具备不同的特征。和"自余"连用后，强调排除掉论域中的某个对象后的剩余对象是一个整体，这个整体中的任何一个对象都各自有不同的特征，如：

（46）凡栽树，正月为上时，二月为中时，三月为下时。然枣——鸡口，槐——兔目，桑——虾蟇眼，榆——负瘤散，自余杂木——鼠耳、虻翅，各其时。（《齐民要术·栽树第三十二》）

这个例子是将特殊对象（如"然枣、槐、桑、榆"）排除出去后，把剩下的其他杂木作为一个整体，而这些杂木中的每一个个体（如"鼠耳"、"虻翅"）又各自有自己的特征。

综合看"自余"的用法,无论它单用,还是和总括性逻辑算子"悉、皆、一"、否定性逻辑算子"未、不"、分指性逻辑算子"各"连用,都具有"排除特殊,强调一致"的功能。

3.2.1.3.2   其余

"其余"在魏晋南北朝时期使用频率大大提高,可以作定语、主语、宾语,如:

(47) 元恶既除,大小震慑,其余细类,扫地族矣。(《三国志·吴书十五》)[作定语]

(48) 其余散在史注,多已签拾,览者易知,不重述也。(《南齐书·卷十六·志第八·百官》)[作主语]

(49) 分遣其余,使皆即农,无穷之计也。(《三国志·魏书十三》)[作宾语]

除此外,"其余"在作各个语法成分时还可以和一些标记性强的逻辑算子连用,使其逻辑关系更加清楚,如:

(一)和总括性逻辑算子连用

句式1:其余……皆(12例)

句式"其余……皆"在所查文献中共有12例,其中《南齐书》4例,《三国志》7例,《西京杂记》1例,如:

(50) 其余二十余人,皆有势力。(《南齐书·卷七·本纪第七·东昏侯》)

(51) 璋但许兵四千,其余皆给半。(《三国志·蜀书二》)

(52) 其余器物皆朽烂不可别。《西京杂记·卷六》)

句式2:其余悉(2例)

(53) 氐果不敢害,与盟而送之,其余悉死。(《三国志·魏书十》)

(54) 遂宣言当差留新兵之温厚者千人镇守关中,其余悉遣东,便见主者,内诸营兵名籍,案累重,立差别之。(《三国志·魏书二十三》)

句式3:其余……尽(3例)

(55) 臣愚以为可妙简淑媛,以备内宫之数,其余尽遣还家。(《三

国志·魏书二十四》)

（56）其余四庙,亲尽迭毁,如周后稷、文、武庙祧之制。(《三国志·魏书三》)

（57）临陈斩数百级,而袭众死者三十余人,其余十八人尽被创,贼得入城。(《三国志·魏书二十三》)

句式4：其余咸（1例）

（58）于是光部党斩送光首,其余咸安堵如故。(《三国志·魏书十五》)

（二）和递进性逻辑算子连用

句式5：其余……亦（2例）

（59）太史公书有时而谬。《郑世家》云子产郑成公子,而实子国之子也。《尚书·顾命》卫实侯爵,《卫世家》言伯爵,斯又乖也。《尚书》云启金滕是周公东征之时,《史记》是姬旦薨后,又纰缪焉。其余琐碎亦不为少。(《金楼子·卷六·杂记篇十三上》)

（60）夫方术既令鬼见其形,又令本不见鬼者见鬼,推此而言,其余亦何所不有也。(《抱朴子内篇·卷二·论仙》

（三）和否定性逻辑算子连用

句式6：其余……莫（1例）

（61）故授气流形者父母也,受而有之者我身也,其余则莫有亲密乎此者也,莫有制御乎此者也,二者已不能有损益于我矣,天地亦安得与知之乎?(《抱朴子内篇·卷七·塞难》)

句式7：其余……不可（1例）

（62）后坐事伏法,籍其家产,麻鞋一屋,弊衣数库,其余财宝,不可胜言。(《颜氏家训·治家第五》)

（四）和总括性、否定性逻辑算子并用

句式8：其余……一无（2例）

（63）诏使宪将亲兵千人自随,其余一无所问。(《三国志·魏书二十六》)

（64）遗令俭葬，墓中惟置一坐，瓦器数枚，其余一无所设。（《三国志·魏书二十三》）

（五）和分指性逻辑算子连用

句式9：其余……各（1例）

（65）于是大封功臣二十余人，皆为列侯，其余各以次受封，及复死事之孤，轻重各有差。（《三国志·魏书一》）

3.2.1.3.3　其他

"其他"较"其余"相比用例上较少，可以作定语和宾语，如：

（66）其他经多烦劳难行，而其为益不必如其书。（《抱朴子内篇·卷六·微旨》）[作定语]

（67）颜渊曰："人积压其一，未知其他。"（《殷芸小说·卷二》）[作宾语]

3.2.2　间接排除范畴的表达形式

3.2.2.1　非

（一）和否定性逻辑算子连用

句式1：非……不（65例）

在句式"非……不"中，"非"表示条件，"不"表示结果。这个句式说明某件事情的发生，必须以前者为先决条件，舍弃前者，则无后者。相当于"除非（没有、不是）……不……"。

这一句式在魏晋时期不仅延续了上古汉语"非……不……"、"非X不K"、"非……不可"三种句式的用法，而且紧缩形式"非X不K"的用法大大增加，并超过了句式"非……不……"的用法。

1. "非……不……"（22例）

"非……不……"在所调查的语料中共有22例，比上古时期的用例增多，其中《三国志》5例，《抱朴子内篇》2例，《拾遗记》2例，《世说新语》1例，《南齐书》3例，《玉台新咏》2例，《水经注》5例，《齐民要术》2例。

（68）许玄度言：“琴赋所谓‘非至精者，不能与之析理’，刘尹其人；‘非渊静者，不能与之闲止’，简文其人。”（《世说新语·赏誉第八》）

（69）非大舜、周公、朱虚、博陆，则不能流放禽讨，安危定倾。（《三国志·卷三十二·蜀书二·先主传第二》）

（70）江水又东径西陵峡，《宜都记》曰：“自黄牛滩东入西陵界，至峡口百许里，山水纡曲，而两岸高山重障，非日中夜半，不见日月。”（《水经注·卷三十四·江水》）

2. 非 X 不 K（36 例）

句式“非 X 不 K”在所调查语料中共 36 例，不仅比上古时期的用例大大增多，还超过了句式“非……不……”的用例。其中《三国志》12 例，《抱朴子内篇》6 例，《拾遗记》3 例，《南齐书》5 例，《水经注》4 例，《齐民要术》6 例。

（71）谦被诏，乃上书曰：“臣闻怀远柔服，非德不集；克难平乱，非兵不济。”（《三国志·魏书八》）

（72）绿叶为帏幕，被褐代衮衣，薇蕨当嘉膳，非躬耕不以充饥，非妻织不以蔽身，千载之中，时或有之。（《抱朴子内篇·卷八·释滞》）

（73）尚书令王俭朝宗贵望，惠基同在礼阁，非公事不私觌焉。（《南齐书·卷四十六·列传第二十七·王秀之 王慈 蔡约 陆慧晓（顾宪之）萧惠基》）

3. 非……不可……（7 例）

句式“非……不可……”在所查文献中共 7 例，其中《南齐书》2 例，《三国志》1 例，《水经注》1 例，《拾遗记》1 例，《抱朴子内篇》1 例，《莺莺传》1 例，如：

（74）权望之笑曰：“人当努力，非积行累勤，此不可得。（《三国志·吴书十五》）

（75）言理幽微，非知机藏往，不可通焉。（《拾遗记·卷六》）

（76）广陵须心腹，非吾意可委者，不可得处此任。（《南齐书·卷

三十·列传第十一·薛渊 戴僧静 桓康(尹略) 焦度 曹虎》)

（77）《家语》曰：江水至江津，非方舟避风，不可涉也。（《水经注·卷三十四》）

（78）文挚视王之疾，谓太子曰，疾必可已，非怒王不可治，怒而必杀挚。（《抱朴子内篇·卷五·至理》）

（79）内秉坚孤，非礼不可入。（《莺莺传》）

（80）且前代掌选，未必具在代来，何为于今，非臣不可？（《南齐书·卷二十三·列传第四·褚渊(渊弟澄徐嗣)王俭》）

我们发现，这个时期的"非……不可……"除了例（80）是一个凝固化的格式外，其他用例都仍然是较松散的，"不可"的后面都可以加上谓语，成为一个无界化的格式。

句式 2：非……莫（5 例）

在调查的语料中，《三国志》1 例，《后汉书》2 例，《南齐书》2 例，如：

（81）寇恂文武备足，有牧人御众之才，非此子莫可使也。（《后汉书·邓寇列传第六》）

（82）是时太山豪杰多拥众与张步连兵，吴汉言于帝曰："非陈俊莫能定此郡。"（《后汉书·吴盖陈臧列传第八》）

（83）非刘豫州莫可以当曹操者，然豫州新败之后，安能抗此难乎？"（《三国志·蜀书五》）

（84）上性尊严，吕文显尝在殿侧咳声高，上使茹法亮训诘之，以为不敬，故左右畏威承意，非所隶莫敢有言也。（《南齐书·卷五十六·列传第三十七·幸臣》）

句式 3：非……无（4 例）

在所调查的语料中，《搜神后记》1 例，《后汉书》1 例，《南齐书》2 例。

（85）毛修之尝与同宿，见之惊愕，问其故，答曰："正见一物，甚黑而有毛，脚不分明，奇健，非我无以制之也。"（《搜神后记·卷八》）

（86）小人之情，缓则骄，骄则恣，恣则怨，怨则叛，危则谋乱，安则思欲，非威强无以惩之。（《后汉书·荀韩钟陈列传五十二》）

（87）及废苍梧，群公集议，袁粲、刘秉既不受任，渊曰："非萧公无以了此。"（《南齐书·卷二十三·列传第四·褚渊（渊弟澄徐嗣）王俭》）

（二）和疑问性逻辑算子连用

句式 4：非……安（1 例）

（88）又经典所载，多鬼神之据，俗人尚不信天下之有神鬼，况乎仙人居高处远，清浊异流，登遐遂往，不返于世，非得道者，安能见闻。（《抱朴子内篇·卷二·论仙》）

句式 5：非……岂（3 例）

（89）少康生于灭亡之后，降为诸侯之隶，崎岖逃难，仅以身免，能布其德而兆其谋，卒灭过、戈，克复禹绩，祀夏配天，不失旧物，非至德弘仁，岂济斯勋？（《三国志·魏书四》）

（90）今因隙衅之际，得陈宿昔之志，非神启之，岂能致此！（《三国志·吴书十五》）

（91）翠萝之秀于松枝，非彼四物所创匠也，万物盈乎天地之闲，岂有异乎斯哉？（《抱朴子内篇·卷七·塞难》）

句式 6：非……谁（3 例）

在所调查的语料中，《三国志》2 例，《南齐书》1 例：

（92）前后讨伐，历年不禽，非君规略，谁能枭之？（《三国志·吴书十五》）

（93）桂林湘水，平子之华篇，飞馆玉池，魏文之丽篆，七言之作，非此谁先？（《南齐书·卷五十二·列传第三十三·文学》）

句式 7：非……孰（3 例）

在所调查的语料中，《三国志》2 例，《后汉书》1 例，如：

（94）艾持节守边，所统万数，而不难仆虏之劳，士民之役，非执节忠勤，孰能若此？（《三国志·魏书二十八》）

（95）非夫汉、魏与天地合德，与四时合信，动和民神，格于上下，

其孰能至于此乎?(《三国志·魏书三》)

(96)帝悲泣曰:"非君孰为朕思之!"(《后汉书·卷三十四·梁统列传第二十四》)

句式8:非……何(1例)

(97)况天下大宝,人君重位,非天命何以得之哉?(《西京杂记·卷三》)

句式9:非……那(1例)

这一句式是魏晋南北朝时期新产生的,与"那"的反诘性用法的产生有关。

关于反诘疑问代词"那"的形成时间和来源,很多学者都作过论述,但意见都不太一致。如吕叔湘(1985)认为反诘疑问代词"那"起源于汉魏之际或更早,魏培全(2004)认为"那"字用于反诘不晚于二至三世纪。高名凯(1985)认为"那"在六朝时已多见,是由指示词变来的;王力(1980)否定了这一观点,认为诘问词"那"在东汉就已出现,其产生年代上要早于指示词"那"。周法高(1960)、王力(1990)认为"那"是"奈何"的合音,吕叔湘(1985)认为"那"是"若何"或"如何"的合音。冯春田(2006)考察认为:"询问事理及反诘的'那'大约形成于东汉,南北朝时期已很常见。"①而且在用法上,"'那'大多跟'得'、'可'连文,尤以'那得 VP 的例子居多。"他认为,"主要用于诘问的'那'来源于'奈何',但它并非形成于合音,而是来自省缩、音变,即'奈何'省缩为'奈',音变为'那'。用于'那得 VP'、'那可 VP'或者'那能 VP'式,则可能是诘问词同一语法位置上所发生的词汇替代现象。"我们基本同意冯春田的观点,并且在魏晋的语料中找到了1例和"非"相连,表示排除义的句式,如:

(98)故闺中相戏曰:"尔非细骨轻躯,那得百琲真珠?"(《拾遗记·卷九》)

---

① 冯春田:反诘疑问代词"那"的形成问题,《语言科学》,2006(6)。

句式 10：非……胡（1 例）

（99）虽临时戏笑之言,非至亲之笃好,胡肯为此辞乎?（《三国志・卷一・魏书一》）

（三）和总括性逻辑算子连用

句式 11：非……皆（2 例）

句式"非……皆"较早出现于《汉书》中,共有 4 例,在魏晋时期有所继承,不过用例仍然不多。在所调查的语料中,《三国志》1 例,《拾遗记》1 例。

（100）其非宗庙助祭之事,皆不得称王名,奏事、上书、文书及吏民皆不得触王讳,以彰殊礼,加于后。（《三国志・卷四・魏书四》）

（101）河洛秘奥,非正典籍所载,皆注记于柱壁及园林树木,慕好学者,来辄写之。（《拾遗记・卷六》）

（四）和关系性逻辑算子连用

句式 12：非……则（1 例）

当"非"与"则"所关联的两项是并列的同类词语或词组时,表示非此即彼,两者必居其一,相当于"不是……就是……"、"除了……就是……"的选择关系,如：

（102）其所营也,非荣则利。（《抱朴子内篇・卷四・金丹》）

虽然是选择关系,但说话人其实是限定了选择的范围,表示没有其他的选择可能性了。也就是将"非"引导的对象和"则"引导的对象看作一个范围整体,并从更大的范围中被排除出来。

3.2.2.2　自非

《词诠・卷六》："自,假设连词,苟也。恒以'自非'连用。"[1]"自"表示假设,不单独用,"自非"连用表示否定性、排除性假设。[2] 这在先秦时期就已萌芽,汉代逐渐增多,如：

---

[1]　周法高：《中国古代语法上造句编》,"中央研究院"历史语言研究所,1993,第 213 页。
[2]　陈霞村：《古代汉语虚词类解》,太原：山西教育出版社,1992。

（103）自非圣人，外宁必有内忧。（《春秋左氏传·成公十六年》）

（104）意者臣愚而不概于王心邪？亡其言臣者贱而不可用乎？自非然者，臣愿得少赐游观之间，望见颜色。（《史记·范睢蔡泽列传第十九》）

"自非"是如何形成的？为什么"自非"连用表示否定性、排除性假设呢？由于否定副词"非"常用于假设复句的第一个分句中，如句式"非……不"、"非……谁"、"非……孰"等，并且多表示否定性的假设关系，因此，副词"自"（表示"本来"）和"非"连用后便也常用于这种否定性假设关系的小句中。随着"非"表示否定判断的用法加强，它所承担的假设义就逐渐转移到副词"自"上，所以"自"的副词义进一步虚化、脱落，最终便由副词演变为只表假设关系的连词了，"自非"的结构就逐渐演变成"自（假设连词）"＋"非"（否定判断词）。

"自非"在魏晋南北朝时期继承了上古汉语中表示"如果不是"的假设否定义，如：

（105）崔琰高格最优，鲍勋秉正无亏，而皆不免其身，惜哉！《大雅》贵"既明且哲"，《虞书》尚"直而能温"，自非兼才，畴克备诸！（《三国志·卷十二·魏书十二》）

（106）况文献王冠冕彝伦，仪形宇内，自非一世辞宗，难或与比。（《南齐书·卷二十二·列传第三·豫章文献王》）

与此同时，由"自非"构成的句式大大发展，广泛流行，成为魏晋南北朝时期的一大特色。详细如下：

（一）和否定性逻辑算子连用

句式1：自非……不（10例）

在所调查的语料中，《三国志》1例，《抱朴子内篇》3例，《幽明录》1例，《南齐书》1例，《水经注》2例，《齐民要术》1例，《魏书》1例。如：

（107）而治卒暴之候，皆用贵药，动数十种，自非富室而居京都者，不能素储，不可卒办也。（《抱朴子内篇·卷十五·杂应》）

（108）太祖践阼，以善明勋诚，欲与善明禄，召谓之曰：淮南近

畿,国之形势,自非亲贤,不使居之。(《南齐书·卷二十八·列传第九·崔祖思 刘善明 苏侃 垣荣祖》)

(109) 自三峡七百里中,两岸连山,略无阙处,重岩叠嶂,隐天蔽日,自非亭午夜分,不见曦月。(《水经注·卷三十四·江水》)

(110) 袁山松言江北多连山,登之望江南诸山,数十百重,莫识其名,高者千仞,多奇形异势,自非烟寨雨霁,不辨见此远山矣。(《水经注·卷三十四·江水》)

(111) 己未,太后诏减太官、导官、尚方、内署诸服御、珍膳、靡丽难成之物,自非供陵庙,稻粱米不得导择,朝夕一肉饭而已。(《后汉书·皇后纪》)

其中,我们找到了 1 例"自非……不可"的用例,也是个无界化的格式,如:

(112) 三峰最为竦桀,自非清霁素朝,不可望见。(《幽明录》)

句式 2:自非……莫(2 例)

(113) 但彼人之道成,则蹈青霄而游紫极,自非通灵,莫之见闻,吾子必为无耳。(《抱朴子内篇·卷六·微旨》)

(114) 然自非有志至精,莫能行也。(《三国志·卷二十九·魏书二十九》)

句式 3:自非……未(2 例)

(115) 自非树以长君,镇以渊器,未允天人之望,宁息奸宄之谋!太傅宣城王胤体宣皇,钟慈太祖,识冠生民,功高造物,符表凤著,讴颂有在,宜入承宝命,式宁宗祏。(《南齐书·卷五·本纪第五·海陵王》)

(116) 敕蠍使数入,而蠍自非诏见,未尝到宫门。(《南齐书·卷三十九·列传第二十·刘瓛(弟巘) 陆澄》)

句式 4:自非……无(1 例)

(117) 恭让曰:"天命至重,历数匪轻,自非德协三才,功济四海,无以入选帝图,允当师锡。"(《洛阳伽蓝记·卷二·城东》)

（二）和疑问性逻辑算子连用

句式 5：自非……安（2 例）

（118）自非旧医备览明堂流注偃侧图者，安能晓之哉？（《抱朴子内篇·卷十五·杂应》）

（119）臣闻礼二十而冠，冠而字，字以表德，自非显才高行，安可强冠之哉？（《西京杂记·卷一》）

句式 6：自非……孰（3 例）

（120）但夏书沦亡，旧文残缺，故勋美阙而罔载，唯有伍员粗述大略，其言复禹之绩，不失旧物，祖述圣业，旧章不愆，自非大雅兼才，孰能与于此，向令坟、典具存，行事详备，亦岂有异同之论哉？（《三国志·卷二十五·魏二十五》）

（121）夫悦目快心，罕不沦乎情欲，自非远鉴兴亡，孰能移隔下俗。（《拾遗记·卷六》）

（122）自非诚贯精微，孰能理感于英兽矣。（《水经注·卷四十·渐江水斤江水》）

句式 7：自非……岂（2 例）

（123）清商流征乱其耳，爱恶利害搅其神，功名声誉束其体，此皆不召而自来，不学而已成，自非受命应仙，穷理独见，识变通于常事之外，运清鉴于玄漠之域，窥身名之亲疏，悼过隙之电速者，岂能弃交修赊，抑遗嗜好，割目下之近欲，修难成之远功哉？（《抱朴子内篇·卷五·至理》）

（124）自非名陵孤竹，声振沉黎，岂得南至穆陵，西登积石？[①]（《庾信赋选》）

句式 8：自非……谁（1 例）

（125）取古则今，今则古也，自非郎君进忠言于太傅，谁复有尽言者也！（《三国志·卷四十三·蜀山十三》）

---

① 引自周法高：《中国古代语法上造句编》，1993，第 213 页。

句式 9：自非……曷（1 例）

（126）是以临官尹人，搢绅有识，莫不忧惧，以为自非明哲雄霸之士，曷能克济祸乱！（《后汉书·卷七十一·皇甫嵩朱俊列传第六十一》）

句式 10：自非……胡（1 例）

（127）自非道真俗朴，理会冥旨，与四时齐其契，精灵协其德，祯祥之异，胡可致哉！（《拾遗记·卷一》）

句式 11：自非……何（2 例）

（128）自非折节好贤，何以致之？昔文举栖冶城，安道入昌门，于兹而三焉。（《南齐书·卷五十四·列传第三十五·高逸》）

（129）夫封者表有德，碑者颂有功，自非此徒，何用许为？石至十春，不若速朽，苞墓万古，只彰俏辱，呜呼！愚亦甚矣。（《水经注·卷三十一·滍水、淯水、隐水、瀙水、亲水、氵无水、滶水》）

（三）和总括性逻辑算子连用

句式 12：自非……皆（1 例）

（130）外自非当世名人及与通家，皆不得白。融欲观其人，故造膺门。（《后汉书·郑孔荀列传第六十》）

句式 13：自非……悉（1 例）

（131）自非犯官兼预同逆谋，为一时所驱逼者，悉无所问。（《南齐书·卷四十九·列传第三十·王奂（从弟缋）张冲》）

句式 14：自非……悉皆（1 例）

"悉皆"是由副词"悉"和"皆"同义连用而组成的复合虚词，表示"总括"。约产生于六朝时期，总括宾语所指代的人或事情，可译为"全都"、"全部"[1]，在现代汉语中已经消失了。

（132）安民上表陈之，以为："自非淮北常备，其外余军，悉皆输遣。"（《南齐书·卷二十七·列传第八·刘怀珍 李安民 王玄载（弟玄邈）》）

---

① 比如：其一株上有七、八根生者，悉皆斫去，唯留一根粗直好者。（《齐民要术》）

句式 15：自非……率（1 例）

（133）山中杂木，自非七月、四月两时杀者，率多生虫，无山南山北之异。（《齐民要术·卷五·伐木种地黄法附出》）

（四）和限定性逻辑算子连用

句式 16：自非……但（1 例）

（134）先是属城狱讼众猥，县不能决，多集治下；慈躬往省阅，料简轻重，自非殊死，但鞭杖遣之，一岁决刑曾不满十人。（《三国志·卷十六·魏书十六》）

将魏晋时期传世文献中"非"和"自非"所构成的句式用法整理，见表 3.1。

表 3.1　魏晋传世文献中"非"和"自非"类句式表排除义的用法整理列表

非	自非	可进入的相同句式
（一）和否定性逻辑算子连用：不（69）/莫（5）/无（4）/弗（1） （二）和疑问性逻辑算子连用：谁（3）/岂（3）/孰（3）/安（2）/乎（1）/何（1）/那（1）/如何（1）/胡（1） （三）和总括性逻辑算子连用：皆（2） （四）和关系性逻辑算子连用：则（1）	（一）和否定性逻辑算子连用：不（10）/莫（2）/未（2）/无（1） （二）和疑问性逻辑算子连用：孰（3）/安（2）/岂（2）/何（2）/胡（1）/曷（1）/谁（1） （三）和总括性逻辑算子连用：皆（1）/悉（1）/悉皆（1）/率（1） （四）和限定性逻辑算子连用：但（1）	（一）和否定性逻辑算子连用 句式 1：自非/非……不 句式 2：自非/非……莫 句式 3：自非/非……无 （二）和疑问性逻辑算子连用 句式 4：自非/非……安 句式 5：自非/非……岂 句式 6：自非/非……谁 句式 7：自非/非……何 句式 8：自非/非……孰 句式 9：自非/非……胡 （三）和总括性逻辑算子连用 句式 10：自非/非……皆

从上面的列表可以看出：

1. "非"和"自非"在表示排除义时，其所连用的逻辑算子类型是基本一致的，都可以和否定性、疑问性、总括性和关系性的逻辑算子相连构成句式，而且所连用的具体的逻辑算子也有一半是一致的，可见"自非"受到"非"的影响之大。

2. "自非"是魏晋时期新产生的虚词，而且一经产生便迅速发展起来，成为魏晋时期主流的直接排除范畴表达形式之一。其所连用的逻辑算子非常多样,由其构成的句式达 16 种之多,其中一半以上的用法和"非"构成的句式用法相似,与"非"并驾齐驱。另外,"自非"单用也可表示排除性假设,而"非"几乎没有此用法。

3. 对"非"和"自非"来说,在所连用的逻辑算子类型中,疑问性逻辑算子不论在种类还是用例的数量上都占绝对优势,其次是否定性逻辑算子,其中以算子"不"为主,"莫、无、弗、未"次之。

4. "非"和"自非"虽然都可以和总括性逻辑算子连用,但是"自非"除了继承了"非……皆"的句式用法,还大大发展出与其他算子连用的句式,如"悉","悉皆"、"率"等。

5. "非"与关系性逻辑算子"则"连用的句式"非 A 则 B",表面上看是"除了 A 就是 B",即"选择 A 或选择 B"的一种选择关系,其实在深层语义上是将"A"和"B"看作可被选择的一个整体,从而将它们从其他不可能被选择的可能性中排除出来,即"除了 A 和 B,其他都不可能"。

6. 在句式表达的语法功能方面,"非"和"自非"的句式都表示"排除特殊,强调一致"的排除功能。

7. 虽然"自非"在句式的类型上大有取代"非"的势头,不过很多句式都出现频率很低,大多都只有孤例。当"非"和"自非"与同一逻辑算子连用时,"非"的使用数量相对较高,特别是和否定词"不"、"无"的句式中,"非"在使用数量和频率上仍占绝对优势。从这个角度上看,"非"并不会被"自非"完全取代。而且"非"与"自非"并存表示间接排除范畴的状态一直持续到后代。

3.2.2.3　脱非

"脱"字是魏晋南北朝时期新生的假设连词[①],意为"如果、假如",运用非常广泛,如:

(135) 脱有伤挫,为损不少。(《宋书・沈庆之传》)

(136) 袁史则故御史珍之孙,何为苛诃? 脱有奄忽,如何?(《北

---

① 柳士镇:《魏晋南北朝历史语法》,南京:南京出版社,1992,第 254 页。

堂书钞》)①

"脱"有时和"非"连用表示"如果不是"的否定假设义,我们在所调查的语料中仅找到1例"脱非……谁"的用例,即:

(137) 游河北,至比干墓,作《吊比干文》云:"脱非武发,封墓谁因?呜呼介士,胡不我臣!"(《南齐书·卷五十七·列传第三十八·魏虏》)

3.3 佛典文献中排除范畴表达形式

3.3.1 佛典文献中的直接排除范畴表达形式

3.3.1.1 "除"类

3.3.1.1.1 除

(一)动词性"除"

表示"从某个范围中排除掉"、"除去",用例较多,共11例,如:

(138) 凡五千九百二字。除后六行八十字不在计中。(《出三藏记集序·卷十》)

(139) 三分除二得此百卷。(《出三藏记集·大智释论序第十九》)

(140) 除繁弃末慕存归本造述明论厥号成实。(《出三藏记集·诃梨跋摩传序第八》)

(141) 十方佛土中,唯有一乘法,无二亦无三。除佛方便说,但以假名字,引导于众生,说佛智慧故。(《妙法莲华经·方便品第二》)

(142) 大智诸佛教诸外道,除其常见,一切诸法念念生灭,何有一识常恒不变。(《百喻经·病人食雉肉喻》)

(二)和总括性逻辑算子连用

句式1:除……,皆(1例)

(143) 时大迦叶选取千人。除其阿难,皆阿罗汉。(《出三藏记集·卷一》)

---

① 引自解惠全、崔永琳、郑天一等:《古书虚词通释》,北京:中华书局,2009。

句式 2：除……，皆悉(1 例)

(144) 时,王右顾视王子,白上座曰:"除我库藏之物,余一切物,阎浮提夫人、婇女、诸臣、眷属,及我拘那罗子,皆悉布施贤圣众僧。"(《杂阿含经·卷二十三》)

3.3.1.1.2 除……以外

由于在魏晋传世文献中,"以外"已经是一个较普遍的表示排除义的词,因此相同的语义基础使得"除"和"以外"容易相连形成框架结构"除……以外"。此结构一般和否定性逻辑算子"无"连用,如:

句式 3：除……以外,无(1 例)

在传世文献中,"以外"已经在单用和与逻辑算子连用时具有了排除语义,不过我们并没有发现"除"与"以外"连用的例子。但是我们在佛典文献中找到了 1 例"除……以外"的例子,与否定逻辑算子"无"连用,如:

(145) 时王答言:"此梦甚恶,但恐大祸殃及我身,除我以外,余无所惜,请为我说所须之物。"(《杂宝藏经·卷九·迦栴延为恶生王解八梦缘》)

3.3.1.2 "外"类

在佛典文献中,"外"类成员中使用较多的是类似固定搭配的短语,如"出此以外"、"自是以外"、"自此已外"等。它们一般与否定性逻辑算子连用,表示凸显排除对象的特殊性。

3.3.1.2.1 出此以外

"出"在上古作为动词与"除"有类似的用法,比如其"清除、扫除"之义,如"出粪"(清除粪秽以肥田)和"除粪"同,其"舍掉、除去"之义,如"出命"(舍弃生命)"出洁"(清洁)等也类似"除"的动词性用法。由于二者的语义和语音的接近,在"除……以外"的基础上便产生了"出此以外"的用法,和否定性逻辑算子连用后凸显排除对象的特殊性,如:

句式：出此以外……不(1 例)

(146) 许其五失胡本,出此以外毫不可差。(《出三藏记集·僧伽

罗刹集经后记第七》)

3.3.1.2.2 自是以外

"自是以外"也和否定性逻辑算子连用,如:

句式:自是以外非(1例)

(147) 大家先付门驴及索,自是以外非奴所知。(《百喻经·奴守门喻》)

3.3.1.2.3 自此已外

"自此已外"也和否定性逻辑算子连用,如:

句式:自此已外,无(1例)

(148) 长者白王:初无奸杂而与往返,唯一婆罗门,长共出入,清身洁己,不犯世物,草叶着衣,犹还其主,自此已外,更无异人。(《杂宝藏经·卷十·老婆罗门问诐伪缘》)

3.3.1.3 "余"类

"余"类的代表为"其余",在所调查的佛典文献中用例较传世文献中少很多,共8例,除了少数与逻辑算子连用的用例外,大多都单用,如:

(一) 和否定性逻辑算子连用

句式1:其余……,无(1例)

(149) 即时两手按乳,一乳之中,有五百岐,入千子口中,其余军众,无有得者。(《杂宝藏经·卷一·鹿女夫人缘》)

(二) 和总括性逻辑算子连用

句式2:其余……,皆(1例)

(150) 说是经时,十六菩萨沙弥皆悉信受,声闻众中亦有信解,其余众生千万亿种,皆生疑惑。(《妙法莲华经·化城喻品第七》)

(三) 单用(6例)

1. 作定语(4例)

(151) 妇即答言:"我自少来,唯近己夫,不曾捉他其余男子,云何卒欲令我捉此男子小儿?"(《杂宝藏经·卷第十·老婆罗门问诐伪缘》)

（152）其余三部并阙。（《出三藏记集·新集异出经录第二》）

（153）击天鼓，其余诸天作天伎乐，满十小劫，至于灭度，亦复如是。（《妙法莲华经·卷三·化城喻品第七》）

（154）其余声闻，信佛语故，随顺此经，非己智分也。（《妙法莲华经·卷二·譬喻品第三》）

2. 作宾语（1 例）

（155）咎过在我，原赦其余。（《六度集经》）

3. 作主语（1 例）

（156）遣三人诣所依僧，承受界分齐耳。其余如僧法（此与尼戒违将是不知也）比丘尼当三受戒五百戒。（《出三藏记集·杂事共卷前中后三记第十三》）

3.3.2　佛典文献中的间接排除范畴表达形式

3.3.2.1　非

（一）单用

"非"在传世文献中单用表示排除义，非常少见，不过我们在佛典文献中找到了 1 例，如：

（157）非第一第二第九，此章最多，近三四百言许。（《出三藏记集·渐备经十住胡名并书叙第三》）

这个例句表示："除了第一、第二、第九章，这章最多，接近三四百字。"

（二）和否定性逻辑算子连用

句式 1：非……不（20 例）

在所调查的佛典语料中，《大明度无极经六卷》1 例，《六度集经》7 例，《出三藏记集》13 例，《佛说首楞严三昧经卷》1 例，如：

（158）王曰："太子履操，非佛志不念。"（《六度集经·卷第四》）

（159）非法不视，非时不餐。（《出三藏记集·序卷第十一·菩萨波罗提木叉后记第九》）

句式 2：非……无（6 例）

（160）非名无以领数，非数无以拟宗。（《出三藏记集·序卷第十一·中论序第二》）

（161）彼诸菩萨无量无边不可思议，算数譬喻所不能及，非佛智力无能知者。（《妙法莲华经·譬喻品第三》）

句式 3：非……莫（3 例）

（162）非赡智宏才，莫能毕综。（《出三藏记集·序卷第十·阿毗昙心序第十一》）

（163）然群生长寝非言莫晓。（《出三藏记集·序卷第八·维摩诘经序第十二》）

（164）而开物导俗非言莫津。（《出三藏记集·序》）

句式 4：非 A 非 B，罔（1 例）

"罔"在上古时期就是一个表示否定的副词，如《尔雅·释言》："罔，无也。"在魏晋时期的传世文献中渐已消亡，不过在佛典文献中还继续使用。句式"非 A 非 B，罔……"是一个非常特别的有意思的句式，其中"非 A 非 B"并列，将 A 和 B 两种情况都进行了否定和排除，与"罔"相连表示"除了 A 和 B 这两种情况，其他的都不具有这种特征"，如：

（165）是故众经相待乃备，非彦非圣，罔能综练。（《出三藏记集·序卷第六·阴持入经序第五》）

（三）和疑问性逻辑算子连用

句式 5：非……谁（1 例）

（166）四时顺谷丰穰，非戒之德，其谁致之乎？（《六度集经·卷五》）

句式 6：非……孰（15 例）

此句式全出自《出三藏记集》，共 15 例，如：

（167）非夫神契实津道参冲旨，孰能荡定群异令废我求通者哉？（《出三藏记集·序卷第十一·诃梨跋摩传序第八》）

（168）非二匠其孰与正之？（《出三藏记集·序卷第十·大智释

论序第十九》)

(169) 非人中之至恬,其孰能与于此也?(《出三藏记集·序卷第十·阿毗昙序第九》)

句式 7:非……何(2 例)

(170) 苟曰非极复何常之有耶?(《出三藏记集·序卷第十一·中论序第二》)

(171) 雄鸽不信,嗔恚而言:"非汝独食,何由减少?"(《百喻经·二鸽喻》)

(四) 和关系性逻辑算子连用

句式 8:非……则(1 例)

(172) 此三不除,倾败之期,非旦则夕。(《杂宝藏经·卷八》)

3.3.2.2　自非

(一) 单用(2 例)

(173) 然斯经幽奥厥趣难明,自非达学,鲜得其归,故叙夫体统,辨其深致。(《出三藏记集·序卷第十·大智论抄序第二十一》)

(174) 自非达识传之,罕有得其门者。(《出三藏记集·序卷第八·法华经后序第九》)

(二) 与疑问性逻辑算子连用

我们在佛典文献所调查的语料中,找到的都是"自非"与疑问性逻辑算子连用的情况,如:

句式 1:自非……孰(6 例)

(175) 自非道起群方智鉴玄中,孰能立无言之辩于灵沼之渊?(《出三藏记集·序卷第九·修行地不净观经序第十六》)

(176) 自非至感先期,孰有若兹之遇哉?(《出三藏记集·序卷第八·大涅槃经序第十六》)

(177) 自非至精,孰其明矣?(《出三藏记集·序卷第八·大小品对比要抄序第五》)

(178) 自非三达,胡能一一得本缘故乎?(《出三藏记集·序卷第

七·道行经序第一》)

(179) 经藏虽存渊言难测,自非至精,孰达其微?(《出三藏记集·序卷第六·十二门经序第八》)

(180) 自非知机,其孰能与于此乎?(《出三藏记集·序卷第六·阴持入经序第五》)

句式2:自非……胡(2例)

(181) 其指微而婉,其辞博而晦,自非笔受胡可胜哉?(《出三藏记集·序卷第八·毗摩罗诘堤经义疏序第十四》)

(182) 自非奇致超玄,胡可以应乎?(《出三藏记集·序卷第七·首楞严三昧经注序第九》)

句式3:自非……焉(1例)

(183) 自非般若朗其闻慧,总持铭其思府,焉能使机过而不遗?(《出三藏记集·序卷第八·毗摩罗诘堤经义疏序第十四》)

句式4:自非……岂(1例)

(184) 自非领略玄宗深致奇趣,岂云究之哉?(《出三藏记集·首楞严三昧经注序第九》)

句式5:自非……何(3例)

(185) 我今为王,王于天下,一切人民,靡不敬伏,自非有大德者,何能堪任受我供养?(《杂宝藏经·卷七》)

(186) 时月氏王,深生惭愧,我向者窃生微念,以知我心,自非神德,何能尔也?(《杂宝藏经·卷七》)

(187) 于尊者所,重生恭敬时王答言:"今我父头,死来多日,颜色不变,自非得道,何由有是?"(《杂宝藏经·卷十》)

3.4 本章小结

3.4.1 列表

魏晋时期传世文献和佛典文献中直接排除范畴和间接排除范畴

的表达形式见表 3.2。

表 3.2 魏晋时期排除范畴表达形式总结

		传 世 文 献		佛 典 文 献
直接排除范畴表达形式	除 (6 例)	(一)动词性(1) (二)和总括性逻辑算子连用:皆 (2) (三)和递进性逻辑算子连用:尚 (1)/且(1) (四)和否定性逻辑算子连用: 不(1)	除 (13 例)	1. 除 (一)单用(10) (二)和总括性逻辑算子连用: 皆(1)/皆悉(1) 2. 除……以外 和否定性逻辑算子连用:无(1)
	舍(2 例)	舍……谁(2)		
	外(1 例)	单用(1)		
	之外 (8 例)	1. 之外 (一)单用(3) (二)和限定性逻辑算子连用:唯 (1) (三)和递进性逻辑算子连用:更 (1) (四)和总括性逻辑算子连用:皆 (1)/一概(1) 2. 于……之外(1)		
	此外 (2 例)	(一)和否定性逻辑算子连用: 无(1) (二)和总括性逻辑算子连用: 悉(1)		
	以外 (2 例)	1. 以外(1) 2. 在……以外,一无(1)		
	已外 (2 例)	(一)和总括性、否定性逻辑算子 连用:一不(1) (二)和递进性逻辑算子连用: 复(1)		
	自此以 外(2 例)	单用(2)	自此已外 (1 例)	句式:自此以外……无(1)
	自此以 还/自此 已还 (2 例)	(一)和否定性逻辑算子连用: 无(1) (二)和总括性逻辑算子连用: 皆(1)	自是以外 (1 例)	句式:自是以外……非(1)
			出此以外 (1 例)	句式:出此已外……无(1)

		传 世 文 献		佛 典 文 献
直接排除范畴表达形式	自余（9例）	（一）单用(1) （二）和总括性逻辑算子连用：悉(2)/皆(2)/一(1) （三）和否定性逻辑算子连用：不(2)/莫(1) （四）和分指性逻辑算子连用：各(1)		
	其余（24例）	（一）和总括性逻辑算子连用：皆(12)/尽(3)/悉(2)/咸(1) （二）和递进性逻辑算子连用：亦(2) （三）和否定性逻辑算子连用：莫(1) （四）与总括性、否定性逻辑算子并用：一无(2) （五）和分指性逻辑算子连用：各(1) （六）单用	其余（8例）	（一）和否定性逻辑算子连用：无(1) （二）和总括性逻辑算子连用：皆(1) （三）单用(6)
	其他	作定语(2例)，作宾语(2例)	其他	
	其它	作定语(2例)，作宾语(2例)		
间接排除范畴表达形式	非（95例）	（一）和否定性逻辑算子连用：不(58)/不可(7)/莫(5)/无(4)/弗(1) （二）和疑问性逻辑算子连用：岂(3)/谁(3)/孰(3)/安(1)/何(1)/那(1) （三）和总括性逻辑算子连用：皆(2) （四）和关系性逻辑算子连用：则(1)	非（50例）	1. 单用(1) 2. 句式 　（一）和否定性逻辑算子连用：不(20)/无(6)/莫(3)/罔(1) 　（二）和疑问性逻辑算子连用：孰(15)/何(2)/谁(1) 　（三）和关系性逻辑算子连用：则(1)
	自非（33例）	（一）和否定性逻辑算子连用：不(10)/不可(1)/莫(2)/未(2)/无(1) （二）和疑问性逻辑算子连用：孰(3)/安(2)/岂(2)/何(2)/谁(1)/曷(1)/胡(1) （三）和总括性逻辑算子连用：皆(1)/悉(1)/悉皆(1)/率(1) （四）和限定性逻辑算子连用：但(1)	自非（15例）	1. 单用(2) 2. 句式 　与疑问性逻辑算子连用：孰(6)/何(3)/胡(2)/岂(1)/焉(1)
	脱非(1例)	和疑问性逻辑算子连用：谁(1)		

3.4.2　总结

3.4.2.1　直接排除范畴表达形式方面

　　中古魏晋南北朝时期,主要的直接排除范畴表达形式为"除"类、"外"类和"余"类,上古时期的"舍"在传世文献中已不多见,只有句式"舍……谁"还偶尔使用。

　　其中"除"类句式较上古时期有了较大发展,不仅可以单用,更多的是和总括性(如"皆")、否定性(如"不")的逻辑算子连用,表达"排除特殊,强调一致"的排除功能;并在递进性逻辑算子(如"尚"、"且")的影响下萌发了"排除已知,补充未知"的追加功能。"除"在佛典文献中的动词性排除义的用例更多,也和总括性逻辑算子(如"皆"、"皆悉")的连用表达排除功能,但用例数量远低于其动词性排除义的用例。在佛典文献中,还形成了"除……以外"的构式,与否定性逻辑算子"无"连用表示排除功能。

　　"外"在这一时期由方位域后置词虚化为范围域后置词,萌发了"排除"语义,在此基础上,"外"类词大量发展,产生了如"此外"、"以外"、"已外"、"自此以外"("自此以还")、"出此以外"等类似固定短语的结构。这是"容器隐喻"和"同义类推"共同作用的结果。不过在佛典文献中,除了"出此以外"、"自是以外"、"自此以外"等固定短语的少数用例外,"外"和其他"X外"类词表排除的用例不多,这与这段时期"外"自身虚化程度较低有关。

　　关于"X外"类词中的"此外"和"已外",它们多和逻辑算子形成句式,"之外"、"以外"既可以单用,也可以和逻辑算子形成句式。在表达功能上看,"此外"、"以外"在这一时期只表达排除功能,而"之外"、"已外"则萌发了追加功能。

　　"余"类词在魏晋南北朝时期也是比较活跃的直接排除表达形式,其中"自余"既可以单用,也可以和总括性逻辑算子"悉"、"皆"、"一",否定性逻辑算子"未"、"不",分指性逻辑算子"各"连用构成句式。在语法功能上都表达了"排除特殊,强调一致"的排除功能。"其余"的用法也比较灵活,在句中可以作主语、宾语或定语,并可以和否定性、总括性、递进性等逻辑算子连用。

3.4.2.2 间接排除范畴表达形式方面

无论是传世文献还是佛典文献,"非"类构式仍然是中古时期最重要的简介排除范畴表达形式,不仅继承了上古汉语中的句式种类,还有了较大发展,句式达 13 种之多,主要与否定性逻辑算子(如"不/不可/莫/无/弗/罔")、疑问性逻辑算子(如"岂/谁/孰/安/何/那")、总括性逻辑算子(如"皆")、关系性逻辑算子(如"则")等连用,共同表示排除功能。

而由假设词"自"与否定词"非"组成的"自非"是这一时期的"非"类词的一大特色。"自非"萌芽并发展于魏晋,虽然在总体用例的数量上略逊于"非"的用例,但是发展迅猛。第一,"自非"和"非"一样,可以与否定性、疑问性、总括性逻辑算子连用,形成构式共同表示排除功能,还可以和限定性逻辑算子"但"连用,凸显"排除特殊、强调一致"的排除功能;第二,能和"非"连用的逻辑算子中,可以和"自非"连用的占到 4/5,这说明在大多数情况下,"自非"和"非"的语义、语法功能、语法位置一致,大有取代之势。不过在调查语料中,"非"的用例仍占绝对优势,而"自非"的很多句式用例较少,不很稳定,因此"非"作为最主要的间接排除范畴的表达形式,其地位不容取代。

"脱非"也是魏晋时期新产生的一种间接排除范畴表达形式,但是用例不多,后来很快消亡了。

3.4.2.3 小结

魏晋南北朝时期是汉语排除范畴由萌芽到发展的重要转折时期,因为从这时期开始,排除范畴中的直接排除范畴由于有了直接排除范畴标记"除"、"外"的出现和使用而发展起来,这也说明中国人在心理的排除认知上从上古时期的反面间接排除过渡到正面的直接排除方式。这不仅是排除范畴在语义和表达方式上的一个进步,也是中国人在逻辑思维和表达习惯上趋于完整和进步的表现。

第 4 章
近代汉语排除范畴表达形式的研究

4.1　晚唐五代时期

4.1.1　所用语料

史书、游记、笔记及传奇小说：《晋书》,《初学记》,《续玄怪录》,《史通》,《旧唐书》,《唐五代笔记小说》[①],《通典》。

口语俗文学、敦煌、禅宗文献：《入唐求法巡礼行记》,《敦煌变文集新书》,《祖堂集》。

4.1.2　史书、游记、笔记及传奇小说中的情况考察

4.1.2.1　直接排除范畴的表达形式

4.1.2.1.1　"除"类

4.1.2.1.1.1　除

一、除

（一）动词性"除"（15 例）

这里的"除"在语义上表示"从一个整体中去掉一部分"，大部分

---

① 包括《东城老父传》、《书断列传》、《五代新说》、《兼明书》、《北里志》、《南岳小录》、《历代崇道记》、《周秦行记》、《唐国史补》、《唐摭言》、《唐阙史》、《因话录》、《大业拾遗记》、《大唐传载》、《大唐创业起居注》、《大唐新语》、《奉天录》、《定命录》、《宣室志》、《封氏闻见记》、《广异记》、《开天传信记》、《明皇杂录》、《朝野金载》、《桂苑丛谈》、《次柳氏旧闻》、《河东记》、《独异志》、《玄怪录》、《鉴诫录》、《晚唐嘉话》、《魏郑公谏录》。

也可以理解为介词性"除了",可看作是动词向介词的过渡形式,如:

(1)《刘向别录》曰:所校《仇中易传》,淮南九师《道训》,除复重定著十二篇。(《初学记·卷二十一·文部》)

(2)何乃应取而不取,宜除而不除乎?(《史通·外篇·卷十七》)

(3)除平蜀所得,当时魏氏唯有户六十六万三千四百二十三,口有四百四十三万二千八百八十一。(《通典·卷七·食货七》)

(4)每年除六月七月停作,余十月作十番。(《通典·卷九·食货九》)

(5)除马军八十队,其步军有二百队。(《通典·卷一百五十七·兵十》)

(二)和否定性逻辑算子连用

句式1:除……,未(1例)

(6)卢释曰:除黄帝已前,未可备闻。(《初学记·卷八·州郡部》)

(三)和总括性逻辑算子连用

句式2:除……,皆(4例)

(7)除太子舍人,转尚书郎、太傅参军,皆不起。(《晋书·卷四十七·列传十七》)

(8)顺帝又增甲乙科员十人,除郡国耆儒,皆补郎、舍人。(《通典·卷十三·选举一》)

(9)除吏赤画杠,其余皆青。(《通典·卷六十五·礼二十五》)

(10)馬融曰:"除嫡子一人,其余皆庶子也。"(《通典·卷九十二·礼五十二》)

句式3:除……,凡(1例)

《说文》:"凡,最括而言也。"总括包举之词,常用作副词。先秦已有用例,后来一直沿用至今。当"凡"用于名词或名词性短语前,表示概括所述人、事、物的全部,可译为"所有、总共"。如:

(11)凡而器用财贿,无置于许。(《春秋左氏传·隐公十一年》)

句式"除……,凡"表示"除了某一部分外,剩下的部分总共……",如:

(12) 除所阙篇,凡八万三千三百五十二字,注五千四百九十八字。(《史通·原序》)

句式 4:除……,并(1 例)

"并",《说文》:"从二立。"本义是"并行、并列"的意思。如:

(13) 并立则乐。(《礼记·儒行》)

(14) 且夫尧、舜、桀、纣千世而一出,是比肩并踵而生也。(《韩非子·难势》)

另外,"并(並)"也有动词性"兼并、合并"之义,由此引申出范围副词,强调范围所指的人或事物的全部、总括,如:

(15) 使苏秦、张仪与仆并生于今之世,曾不得掌故,安敢望常侍郎乎?(《汉书·东方朔传》)

因此,总括性逻辑算子"并"与"除"连用,表示将特殊对象排除出论域范围后,剩余对象在总体上具有某种一致性特征,如:

(16) 俄又宣敕,除铁锡、铜沙、穿穴、古文,余并依旧行用,久之乃定。(《通典·卷九·食货九》)

(四)和递进性逻辑算子连用

句式 5:除……,别(1 例)

"别"的本义是"分解",在先秦主要表示"区别"之义。据邓军(2006)考察,"在东汉译经中'别'已经出现了用作旁指的用法,充当定语,犹言'另外的'。"[①]当"别"置于谓词前时便充当副词,表示"另外、其他"。如:

(17) 向若除此数文,别存他说,则宋年美事,遗略盖寡。(《史通·外篇·卷十七》)

在这个例子中,"若"和"则"组成"假设性条件+结果"的句式,在

---

① 邓军:《魏晋南北朝代词研究》,四川大学博士后学位论文,2004(6),第 239 页。

前一分句中,"除"引导已知的排除对象"此数文","别"补充其他的对象"存他说",二者连用表示"排除已知,补充未知"的追加功能。

（五）和限定性逻辑算子连用

句式6：除……,唯(1 例)

(18) 今除迎州等八座,唯祭皇地祇及神州,以正祀典。(《通典·卷四十五》)

二、除……外

由于"外"的排除语义和"除"虚化出的排除语义具有共同的语义基础,因此"除"和"外"连用形成"除……外"结构,或单用或与逻辑算子连用共同表示排除语义。

（一）单用(18 例)

"除……外"单用,在调查的语料中,多出自《旧唐书》和《通典》,如：

(19) 诸道除正敕率税外,诸色榷税并宜禁断;除上供外,不得别有进奉。(《旧唐书·卷十四·本纪第十四》)

(20) 诏除河北三镇外,诸州府不得以试衔奏官。(《旧唐书·卷十七下·本纪第十七下》)

(21) 今后除两税外,辄率一钱,以枉法论。(《旧唐书·卷十二·本纪第十二》)

(22) 除诸军将士外,应食粮人诸色用度,本司本使长官商量减罢,以救凶荒。(《旧唐书·卷十二·本纪第十二》)

(23) 辛亥,盐铁使王播奏元和六年卖盐铁,除峡内井盐外,计收六百八十五万九千二百贯。(《旧唐书·卷十五·本纪第十五》)

(24) 百司职田,多少不均,为弊日久,宜令逐司各收职田草粟都数,自长官以下,除留阙官物外分给。(《旧唐书·卷十五·本纪第十五》)

(25) 诸营除六驮外,火遣买驴一头,有病疹,拟用搬运。(《通典·卷一百四十九·兵二》)

（26）管高品官白身,都四千六百一十八人,除官员一千六百九十六人外,其余单贫,无屋室。(《旧唐书·卷十六·本纪第十六》)

（27）然仆又自思关东一男子耳,除读书属文外,其他懵然无知,乃至书画棋博,可以接群居之欢者,一无通晓,即其愚拙可知矣!(《旧唐书·卷一百六十六·列传第一百一十六》)

（28）除留守、副元帅、都统、节度使、观察使、都团练、都防御使并大都督大都护持节兼外,余应带武职事者,位在西班,仍各以本官品第为班序。(《通典·卷三十五·礼七十五》)

（二）和否定性逻辑算子连用

句式 7:除……外,无(6 例)

（29）臣伏以天子之尊,除祭天地宗庙之外,无合称臣者。(《旧唐书·卷一百六十九·列传第一百一十九》)

（30）百姓除租庸外,无得横赋,人不益税而上用以饶。(《旧唐书·卷一百二十三·列传第七十三》)

（31）国朝故事,供奉官街中,除宰相外,无所回避。(《旧唐书·卷一百六十五·列传第一百一十五》)

（32）窃知今者京城除大内正衙外,别无殿宇。(《旧唐书·卷一百六十五·列传第一百一十五》)

（33）今京城除充大内及正衙外,别无殿宇。(《旧唐书·卷二十五·志第五》)

（34）除役功三十六日外,更无租税。(《通典·卷七·食货七》)

句式 8:除……外,不(10 例)

（35）一切但依此法,除虫灾外,小小旱,不至全损。(《齐民要术·杂说》)①

---

① 《齐民要术》虽为北魏时期的著作,但《杂说》部分已被多名学者证明是后人的补作。汪维辉(2006):“从柳文和本文所考察的近 20 个词语来看,《杂说》的语言带有明显的唐代汉语的特点,据此大致可以推测《杂说》的写作不会早于唐。”(汪维辉:《齐民要术》卷前“杂说”非贾氏所作补正,《古汉语研究》,2006(2)。

（36）今后公主除缘征封外，不得令邑司行文书牒府县，如缘公事，令邑司申宗正寺，与酌事体施行。（《旧唐书·卷十八下·本纪第十八下》）

（37）此后除二社外，不得聚集，有司严加禁止。（《旧唐书·卷五·本纪第五》）

（38）除门下外，诸使诸州不得给往还券，至所诣州府纳之，别给俾还朝。（《旧唐书·卷十三·本纪第十三》）

（39）天下有铜山，任人采取，其铜官买，除铸镜外，不得铸造。（《旧唐书·卷十三·本纪第十三》）

（40）除上供外，不得别有进奉。（《旧唐书·卷十四·本纪第十四》）

（41）今后两京、关内、河南、河东、河北、淮南、山南东西道州府，除大辟罪外，轻犯不得配流天德五城。（《旧唐书·卷十五·本纪第十五》）

（42）奏："应管煎盐户及盐商，并诸盐院停场官吏所由等，前后制敕，除两税外，不许差役追扰。"（《旧唐书·卷四十八·志第二十八》）

（43）大和七年，御史台奏："伏准大和三年十一月十八日敕文，天下除两税外，不得妄有科配，其擅加杂榷率，一切宜停，令御史台严加察访者。"（《旧唐书·卷四十九·志第二十九》）

（44）诸道除药物、口味、茶果外，不得进献。（《旧唐书·卷一百七十二·列传第一百二十二》）

（三）和总括性逻辑算子连用

句式9：除……外，一切（5例）

"一切"是表示"总括"的指示代词①，具有"无一例外"的意思，在晚唐五代时期起到代称的作用，主要指代人或事物。与"除……外"

---

① 陈学忠：《现代汉语语法》，武汉：华中科技大学出版社，2006，第31页。我们将其归入"总括性逻辑算子"的范围中。

连用,强调把某部分特殊的人或事物排除在外,剩下的人或事物无一例外地都具有某种共同特性,是典型的"排除特殊,强调一致"的句式用法。

（45）以括率商户,人情不安,癸巳,诏除已收纳入库外,一切停,已贮纳者仍明置簿历,各给文牒,后准元数却还。(《旧唐书·卷十二·本纪第十二》)

（46）伏请准从前敕文,除铸镜外,一切禁断。(《旧唐书·卷四十八·志第二十八》)

（47）天宝十三载三月十四日,敕太史监官除朔望朝外,非别有公事,一切不须入朝。(《旧唐书·卷三十六·志第十六》)

（48）榷酒钱除出正酒户外,一切随两税青苗,据贯均率。(《旧唐书·卷四十九·志第二十九》)

（49）应与宗闵、德裕或亲或故及门生旧吏等,除今日已前黜远之外,一切不问。(《旧唐书·卷一百七十六·列传第一百二十六》)

句式 10:除……外,并(10 例)

总括性逻辑算子"并"与"除……外"连用,也表示将特殊对象排除出论域范围后,剩余对象在总体上具有某种一致性特征,如:

（50）吏部选人粟错及除驳放者,除身名渝滥欠考外,并以比远残阙收注。(《旧唐书·卷二十二·本纪第十九》)

（51）天下死罪囚,除官典犯赃、故意杀人外,并降从流,流巳下递降一等。(《旧唐书·卷十七·本纪第十七》)

（52）除公廨田园外,并官收,给还逃户及贫下户欠丁田。(《旧唐书·卷八·本纪第八》)

（53）除泚外,并从原宥。(《旧唐书·卷十二·本纪第十二》)

（54）其鹰犬之类,除备蒐狩外,并令解放。(《旧唐书·卷一十六·本纪第十六》)

（55）除折冲别将外,并请停。(《旧唐书·卷十七·本纪第十七》)

（56）其九州镇山，除入诸岳外，并宜封公。（《通典·卷四十六·礼六》）

（四）和递进性逻辑算子连用

句式 11：除……外，更（2 例）

《说文》："更，改也。"其本义为"更改"。既然是"更改"，就一定要将以前的替换掉，所以"更"引申出"替换"的语义。而"替换"又会演变出"连续替换"的情况，因此"更"便具有了"重复"性，即表示"动作、行为、状态的第二次或多次替换"，由此逐渐引申出副词性"又、再"的语义。据高育花（2007）考察，"更"表示动作行为或情况反复进行或出现，相当于"再，又"，"这种用法上古汉语中已经出现，中古时期继续流行"。和"除……外"连用后，表示除去排除对象后，对剩余对象进行补充说明，二者连用表达追加的功能。如：

（57）百姓除随贯出榷酒钱外，更置官酤，一两重纳榷，获利至厚。（《旧唐书·卷一百七十四·本纪第一百二十四》）

（58）得户部牒称，所收管除陌钱绢外，更有诸杂物货，延资库征收不便，请起今年合纳延资库钱绢一时便足。（《旧唐书·卷十九·本纪第十九》）

句式 12：除……外，别（2 例）

（59）丙寅，诏："诸道节度、都团练、防御、经等使所管支郡，除本军州外，别置镇遏、守捉、兵马者，并合属刺史。"（《旧唐书·卷十五·本纪第十五》）

（60）忠武帅杜忭、天平帅王源中奏：当道常平义仓斛斗，除元额外，请别置十万石。（《旧唐书·卷十七·本纪第十七》）

句式 13：除……外，仍（1 例）

（61）桥陵除此日外，仍每日进半口羊食。（《通典·卷一百八·礼六十八》）

三、除……之外

"之外"在中古时期就已从范围义虚化出排除义，与同表排除语义的"除"有共同的语义基础,而且此时已有"除……外"的结构,因此在类推原理下,"除……之外"就自然产生了。

朱峰(2006)提出,"除……之外"是在宋代第一次出现的,如:

(62) 除此之外亦无别事。(《古尊宿语录·卷三十一》)

但是经过调查,我们发现此句式在唐五代时期就已出现,不仅有"除此之外"的固定结构,还有很多相关的句式。

(一) 和否定性逻辑算子连用

句式 14:除……之外,不(1 例)

(63) 而云班《汉》皇后除王、吕之外,不为作传,并编叙行事,寄出《外戚》篇。(《史通·外篇·卷十七》)

句式 15:除……之外,无(1 例)

(64) 谨按上自殷、周,傍稽故实,除因迁都之外,无别立庙之文。(《旧唐书·卷三十·志第六》)

(二) 和总括性逻辑算子连用

句式 16:除……之外,皆(4 例)

"皆"是初唐到晚唐五代时期用得最多的总括副词,是穷尽式总括的典型代表,表示总括的对象全部具有谓项所指的行为、状态或属性,总括的对象通常出现在"皆"前面,如:

(65) 其令百僚各上封事,解西山之禁,蒲苇鱼盐除岁供之外,皆无所固。(《晋书·卷一百六·载记第六》)

(66) 又奏曰:天宝已前,中书除机密迁授之外,其他政事皆与中书舍人同商量。(《旧唐书·卷十八·本纪第十八》)

(67) 若《汉书》之立表志,班传除沿袭《史记》二、三篇外,皆无越限,故单言表志。(《史通·内篇·卷四》)

(68) 城内老小丁女,除营食之外,皆令膺役城上,分为八队,使识文者点检常旗,备拟物为八部。(《通典·卷一百五十二·兵五》)

句式 17:除……之外,积(1 例)

《说文》:"积,聚也。按,禾谷之聚曰积。"所以"积"的本义是动词

"积聚谷物",后也可活用为名词"积聚的谷物",如:"士卒死伤如积。"(《报任安书》)从此引申出名词"积聚的东西、财物等",如:"公私之积,犹可哀痛。"(《论积贮疏》)。另外,当"积"与表示数量的结构连用时,便从其动词性的"积聚"义引申出"累计、总共"义。和"除……之外"连用后,表示"排除掉特殊对象后,剩余对象在整体上累计……"。如:

(69) 遂案旧籍,计除六年之外,积征其家三十年租庸。(《旧唐书·卷一百一十八·列传第六十八》)

此句表示:"除去六年之外,累积总共征收了三十年的租用。"

句式18:除……之外,稍稍(1例)

"稍"是一个含有对立语义的词,既可以表示"逐渐"、"稍微",如:

(70) 自缪公以来,稍蚕食诸侯,竟成始皇。(《史记·秦始皇本纪》)

(71) 稍近,益狎,荡倚冲冒,驴不胜怒,蹄之。(柳宗元《黔之驴》)

又可以表示范围之广,解为"尽、全都"等[①],如:

(72) 与子雅邑,辞多受少。与子尾邑,受而稍致之,公以为忠,故有宠。(《左传·襄公二十八年》)

(73) 吴王之弃其军亡也,军遂溃,往往稍降太尉、梁军。(《史记·吴王濞列传》)

"稍稍"是后起的词,自汉以后逐渐增多。其语义与"稍"相近,既可表示"稍微"、"逐渐",又可以表示"全、都、纷纷",只是语气有所加重。如:

(74) 同辈行稍稍进显,益独不调,郁郁去。(《新唐书·文艺传下·李益》)

我们在此时期的语料中找到了"稍稍"和"除"连用的例句,其中"稍稍"表示"全、都",和排除性介词"除"连用时,表示"除了……,都",如:

---

① 何乐士:说"稍"和"稍稍",《语文知识》,1985(1),第28页。

（75）其余江、淮、陇、蜀、三河诸处,除大府之外,稍稍非才。(《通典·卷第十七》)

句式 19：除此之外(3 例)

"除此之外"其实是"除……之外"的一个扩展形式,只是用指代词"此"来代指前面所提到的排除对象,可以单用,如:

（76）除此之外,更相褒赏,明敕慰劳,以起兵募之心。(《旧唐书·卷八十四·列传第三十四》)

（77）除此之外,使其耕桑,任其商贾,何为引令入仕,废其本业。(《通典·卷四十·职官二十二》)

也可以和否定逻辑算子连用为"除此之外,不",如:

（78）中书门下御史台,不须引牒。其有告谋大逆者,任自封进。除此之外,不得为进。(《唐会要·卷二十六》)

四、除……以外

结构"除……以外"在中古时期的佛典文献中就已出现,和否定性逻辑算子"无"连用,在唐五代时期除与否定性逻辑算子"不"连用外,还单用或者和分指性逻辑算子"分"连用。不过与结构"除……外"和"除……之外"相比,用例不多。

（一）单用(1 例)

（79）天下所检责客户,除两州计会归本贯以外,便令所在编附。(《通典·卷七·食货七》)

（二）和分指性逻辑算子连用

句式 20：除……以外,分(1 例)

（80）曰:昔两汉以郡国理人,除郡以外,分立诸子。(《旧唐书·卷八十·列传第七十》)

（三）和否定性逻辑算子连用

句式 21：除……以外,不(1 例)

（81）其姜师度除蒲州盐池以外,自余处更不须巡检。(《旧唐书·卷四十八·志第二十八》)

4.1.2.1.1.2　除非

　　汉语史中对"除非"作探源研究的学者历来很多,胡适先生作为第一人①,他发现的最早例证出自明代的《水浒》;后来黄诚一先生②发现"除非"始见于"宋人语录和词",最早的例证出自北宋晏几道词《长相思》;胡竹安先生③发现"除非"一词早在变文中就有,将"除非"的产生年代提到了晚唐五代时期。1986年秦礼君《古代关联词语手册》提到,"除非"产生的时间大概是中唐白居易(772－846)时期④,而据太田辰夫考证,介词"除非"在唐代上官昭容(664－710)的唐诗里即有用例⑤,时间略早于白居易时期。而曹翔(2011)⑥在《大唐卫公李靖兵法》(作者为李靖:571－649)中找到了更早的例证,认为"除非"一词的产生年代不晚于649年,即7世纪中期。从我们调查的语料中,还没有发现早于此例的其他例证。

　　"除非"既有介词又有连词的功能,作介词相当于"除"、"除了",作连词相当于"只有",下面分别介绍。

　　一、除非(8例)

　　A. 作排除性介词

　　(一)和否定性逻辑算子连用

　　句式1:除非……无(1例)

---

　　①　胡适曾在《中学国文的教学》中首次谈到"除非"的误用问题,载《晨报副刊》(1922年8月27日);后又发表了《"除非"的用法》和《除非》两篇文章,继续探讨,分别载于《晨报副刊》(1922年9月29日)和《努力周刊》(1922年第24期)。

　　②　载于《中国语文》,1957年第1期。例证为:"若问相思甚了期? 除非相见时。"

　　③　胡竹安:《敦煌变文中的双音连词》,《中国语文》,1961年第10、11期合刊本。例证为:"除非听受法花经,如此灾殃方得出。"(《妙法莲花经讲经文》)

　　④　秦礼君:《古代关联词语手册》,北京:中国展望出版社,1986年。例证为:"除非一杯酒,何物更关身?"(白居易《感春》)

　　⑤　太田辰夫:《中国语历史文法》,北京:北京大学出版社,1987年。例证为:"除非物外者,谁就此经过?"(上官昭容《游长宁公主流杯池》)

　　⑥　曹翔:从文献材料看"除非"的产生年代,《古汉语研究》,2011年第2期。例证为:"队马当直(值),拟防机急,官人以下,不得乘骑。其杂畜,除非警急,兵士不得辄骑。"(邓泽宗《李靖兵法辑本注释》)

"除非"作为一个跨层凝结而成的复合虚词,和否定性逻辑算子"无"连用表示"排除",其形成受到了语义基础和组合位置的共同作用。句式"除非……无"本应是"除"+"非……无"的结构,因为"非……无"自古就可以表示"排除",而据我们考察,"除"在中古时期已成为表示"排除"的介词,因此相同的语义基础和组合位置使得二者的结合更为密切,逐渐成为"除非+无"的结构,表"排除"的语义更强烈。而且在"除"作为"排除性介词"的类推下,"非"的词义逐渐弱化,逐渐虚化为一个构词音节,因此"除非"成为排除性介词。如:

(82) 除非入海无由住,纵使逢滩未拟休。(《全唐诗·元稹·相忆泪》)

其中的"除非入海无由住"表示"除了流入大海外没有去的地方"。

句式 2:除非……,不(2 例)

此句式的形成路径跟"除非……无"一致,类似于上古汉语的"非……不"句式和中古汉语的"除……不"句式,如:

(83) 除非净晴日,不见苍崖巅。(《全唐诗·陆龟蒙·饮泉诗》)

这个例子表示"除了净晴日以外,都看不到苍崖巅",也就是"只有净晴日的时候才能看到苍崖巅"。

再如:

(84) 其杂畜,除非警急,兵士不得辄骑。(《通典·卷一百四十九·兵二》)

(二) 和疑问性逻辑算子连用

句式 3:除非……,谁(1 例)

上古的常用句式"非……谁"和中古的"除……谁"句式在结构和语义上都相似,因此容易融合成"除非……谁"的句式。其中疑问代词"谁"也不表示疑问,而是表示排除了特殊的人之后的任何人,如:

(85) 除非物外者,谁就此经过。(《全唐诗·上官昭容·游长宁公主流杯池二十五首》)

句式 4:除非……,何(1 例)

这个句式也类似于上古汉语中"非……何"句式,疑问代词"何"在反诘句中不表疑问,而是表排除了特殊事物、事情之后的任何事物或事情,如:

(86) 除非一杯酒,何物更关身。(《全唐诗·白居易·感春》)

(三) 和排除性逻辑算子连用

句式5:除非……,此外(1例)

"此外"本身就是一个直接排除范畴表达形式,表示"除此以外",指示代词"此"指代前面"除非"所排除掉的特殊对象,"除非"和"此外"前后连用并呼应,进一步强调"排除特殊,强调一致"的排除功能,其中"除非"表示"除了",如:

(87) 除非奉朝谒,此外无别牵。(《全唐诗·白居易·朝归书寄元八》)

(四) 和关系性逻辑算子连用

句式6:除非……即是(1例)

"除非……即是"是现代汉语"除了……就是"句式的最早来源,是"除……即是"和"非……即是"两个句式的合并,表示在一定范围内,排除掉其中一部分后,可选择的只能是范围内的另一部分,别无其他选择。如:

(88) 除非紫水脉,即是金沙源。(《全唐诗·陆龟蒙·奉和袭美太湖诗二十首以毛公泉献大谏清河公》)

从以上的六个句式来看,"除非"作排除性介词时,语义相当于"除、除了"。它所构成的句式要么是"非"类句式的变体,如"除非……,谁"、"除非……,无"、"除非……,何"、"除非……,不";要么是"除"类句式和"非"类句式的合并,如"除非……以外,不"、"除非……即是";要么是和同义副词的连用,如"除非……,此外"。"除非"后所搭配的多是名词,如"至亲"、"紫水脉"、"物外者"、"一杯酒"、"净晴日",偶尔也会搭配谓词,如"奉朝谒"、"入海"等。

B. 作条件性连词

句式 7：要……，除非（1 例）

"当'除非'不再和名词性成分搭配而是和谓词性的成分连接，而连接的成分表达的又是句中假设实现的充分必要条件时，'除非'便开始从介词虚化成连词。"①我们在唐代已可以找到"除非"作为连词的用例，其引导的分句一般为后一个分句，其句式一般为"要……，除非"，形式为"结果在前，必要条件在后"，如：

（89）要觅长生路，除非认本元。（《全唐诗•吕岩•五言》）

在句式"要……，除非"中，"除非"虽然可以理解为连词"只有"，引导充分必要条件，但在深层语义上与介词性"除了"联系非常紧密。例句（89）可以理解为：如果要得到结果"觅长生路"，除了"认本元"这一种必要条件外没有其他的条件可以实现这个结果。也就是说，后一分句的"除非认本元"其实是句式"除非认本元不可"的紧缩式，表示"无其他条件或可能性"。排除性"除非"的排除否定性和否定逻辑算子"不可"的进一步否定性，促使介词性"除非"完成向连词性"只有"引导充分必要条件的转化。可见，虽然语法功能不同，但是深层语义是相通的，连词性的"只有"功能是以介词性的"排除"功能为前提条件的。

二、除非……以外（1 例）

因为"除非"逐渐具有了排除语义，因此在"除……以外"框式结构的类推下形成了"除非……以外"的框式结构。它与否定性算子"不"连用形成句式"除非……以外，不"，如：

（90）自今已后，诸王、公主、驸马、外戚家，除非至亲以外，不得出入门庭，妄说言语。（《旧唐书•卷八•本纪第八》）

句式"除非……以外，不"将动作行为所涉及的对象中属于例外

---

① 雷冬平：《近代汉语常用虚词演变研究及认知分析》，北京：中国社会科学出版社，2008，第 222 页。

的情况排除出去,即把可以"出入门庭"的"至亲"以外的人排除出去,意义相当于"除、除了"。

4.1.2.1.1.3　除却

"除却"是一个并列式合成动词虚化而来的排除性介词。"除"表示"除掉、去掉"之义,"却"在《说文》中释为"节欲也",本义为"节制、退却"。唐以前,"却"常带有"去除"、"消失"的意思,因此"除却"本身是一个同义复合动词,最早产生于南北朝时期,表示"消除"义,如:

（91）以闻如是诸经名故,除却千劫极重恶业。（《观无量寿佛经》）

"除却"在唐初仍表示"消除、除去"义。如:

（92）若只百物不思,念尽除却,一念绝即死,别处受生,是为大错。（《六祖坛经·定慧品第四》）

（93）自归依者,除却自性中不善心、嫉妒心、馅曲心、吾我心、证妄心、轻人心、慢他心、邪见心、贡高心,及一切时中不善之行。（《六祖坛经·忏悔品第六》）

不过,在唐代及以后,"却"不再单独作动词使用,而是附在动词之后形成"V却"结构,如"杀却"、"吃却"、"放却",表达动作的完成和实现。而且关键的是,处在"却"之前的动词并不限于可以造成"去除"、"消失"义结果的动词了,其他动词如"关"、"并"、"缆"等也可以置于"却"前,因此"却"已由具体地表"去除、消失"的语义虚化为表"完成"的动态助词,从一个表达具体语义的实词逐渐变成一个表达抽象语义的虚词(参考刘红蕾,2007①)。正如《近代汉语虚词研究》所说的:"助词'却'的产生,是汉语发展史上的一个重要变化,它改变了过去汉语仅以结果补语或表示完成义的动词来表达动态、事态完成的方法,产生了一个新的词类和一个新的语法格式。"

另一方面,框式结构"除却……外"的广泛应用,以及"除却"与否

---

① 刘红蕾:《"却"发展演化过程研究》,吉林大学硕士学位论文,2007(4)。

定逻辑算子"不/无/莫/未"、疑问逻辑算子"何"、"谁"等的连用,使得"除却"逐渐由一个动词性"排除、去除"义演变成为具有"排除"义的介词,表示"将某种情况排除掉、不计在内"。

一、除却

A. 作排除性介词性

(一) 单用(1 例)

(94) 除却须衣食,平生百事休。(《全唐诗·白居易·答卜者》)

(二) 和否定性逻辑算子连用

句式 1:除却……,不(2 例)

(95) 曾经沧海难为水,除却巫山不是云。(《全唐诗·元稹·离思》)

(96) 除却解禅心不动,算应狂杀五陵儿。(《全唐诗·归仁·牡丹》)

句式 2:除却……,无(2 例)

(97) 除却念无生,人间无药治。(《全唐诗·白居易·白发》)

(98) 白头岁暮苦相思,除却悲吟无可为。(《全唐诗·白居易·岁暮寄微之三首》)

句式 3:除却……,莫(1 例)

(99) 坐中若打占相令,除却尚书莫点头。(《全唐诗·洛中举子·又赠》)

句式 4:除却……,未(2 例)

(100) 除却髭须白一色,其余未伏少年郎。(《全唐诗·白居易·酬微之》)

(101) 旋翻新谱声初足,除却梨园未教人。(《全唐诗·王建·霓裳辞十首》)

句式 5:除却……没(1 例)

"除却……没"是唐代新产生的句式。"没"是较晚使用的否定词,本来表示"沉没、淹没"义,到唐代才用作否定词,这是"沉没、淹

没"义的引申。"没"作为否定词,最初只用于否定名词,如:

(102) 谁道小郎抛小妇,船头一去没回期。(《全唐诗·白居易·浪淘沙》)

(103) 教遍宫娥唱遍词,暗中头白没人知。(《全唐诗·王建·宫词一百首》)

因此否定词"没"和"除却"连用,表示"除了……以外,没有人"。

(104) 除却天边月,没人知。(《全唐诗·韦庄·女冠子》)

(三)和疑问性逻辑算子连用

句式6:除却……何(8例)

(105) 世间除却病,何者不营营。(《全唐诗·元稹·病减逢春,期白二十二、辛大不至十韵》)

(106) 除却悠悠白少傅,何人解入此中来。(《全唐诗·白居易·题龙门堰西涧》)

句式7:除却……谁(6例)

(107) 曾游仙迹见丰碑,除却麻姑更有谁。(《全唐诗·刘禹锡·麻姑山》)

(108) 除却吟诗两闲客,此中情状更谁知。(《全唐诗·白居易·奉和思黯自题南庄见示兼呈梦得》)

(109) 除却栖禅客,谁非南陌人。(《全唐诗·李频·友情话别》)

(四)和关系性逻辑算子连用

句式8:除却……,便是(1例)

"便"用在判断句中,强调所肯定的事情,相当于"就是"、"正是",在中古时期就已应用广泛,如:

(110) 鬼神古今圣贤所共传,君何得独言无。即仆便是鬼。(《搜神记》)

(111) 后有一田父耕于野,得周时玉尺,便是天下正尺。(《世说新语·术解第二十》)

在晚唐五代时期,"除却"和"便是"相连,表示"将某部分排除掉

后,剩下的就是……",如:

(112) 除却青衫在,其余便是僧。(《全唐诗·白居易·山居》)

句式 9:除却……即(1 例)

(113) 高才直气平生志,除却徒知即不知。(《全唐诗·齐己·寄湘幕王重书记》)

(五) 和总括性逻辑算子连用

句式 10:除却……尽(1 例)

(114) 知君暗数江南郡,除却余杭尽不如。(《全唐诗·白居易·答微之夸越州州宅》)

B. 作条件性连词

(一) 单用(2 例)

(115) 笑动上林中,除却司晨鸟。(《大业拾遗记》)

(116) 除却思量太平在,肯抛疏散换公侯。(《全唐诗·罗隐·村桥》)

(二) 和条件性逻辑算子连用

句式 11:除却……,若(1 例)

(117) 除却天上化下来,若向人间实难得。(《全唐诗·顾况·李供奉弹箜篌歌》)

句式 12:若……,除却(1 例)

(118) 若教为女嫁东风,除却黄莺难匹配。(《全唐诗·庾传素·木兰花》)

在这儿,"除却黄莺难匹配"表示"除了黄莺以外,其他的动物都很难与之匹配",即"只有黄莺(婉转的啼叫声)才能与之相匹配"。

二、除却……外

(一) 单用(1 例)

(119) 除却闲吟外,人间事事慵。(《全唐诗·李山甫·菊》)

(二) 和否定性逻辑算子连用

句式 13:除却……外,不(8 例)

句式"除却……外"用例较多,仅举2例,如:

(120) 除却数般伤痛外,不知何事及王孙。(《全唐诗·陆龟蒙·徐方平后闻赦因寄袭美》)

(121) 除却同倾百壶外,不愁谁奈两魂销。(《全唐诗·杨凭·湘江泛舟》)

(三) 和疑问性逻辑算子连用:

句式14:除却……外,何(2例)

(122) 除却祖师心法外,浮生何处不堪愁。(《全唐诗·韩偓·游江南水陆院》)

(123) 除却伴谈秋水外,野鸥何处更忘机。(《全唐诗·陆龟蒙·甫里集》)

(四) 和递进性逻辑算子连用

句式15:除却……外,又(1例)

(124) 除却今年仙侣外,堂堂又见两三春。(《全唐诗·赵嘏·成名年献座主仆射兼呈同年》)

小结:

第一,排除性介词"除却"多和名词性成分搭配,如"麻姑"、"巫山"、"数般伤痛"、"天边月"、"司晨鸟"、"黄莺"等,偶与谓词性成分搭配,如"慵馋"、"闲吟"、"悲吟"、"伴谈秋水"等。

第二,排除性介词"除却"既可以单用,也可以和疑问逻辑算子"何/谁"、否定性逻辑算子"不/无/莫/未/没"、关系性逻辑算子"即/便"、总括性逻辑算子"尽"等连用构成句式,也和"外"组成句式"除却……外",共同表示排除义。由于否定词"没"的产生,"除却……没"是唐代新产生的构式。

第三,排除性介词"除却"一方面具有"排除特殊,凸显一致"的功能,如"除却念无生,人间无药治"、"除却数般伤痛外,不知何事及王孙";另一方面由于和递进性逻辑算子"更"的连用,使得"除却"也具有"排除已知,追加说明"的功能,如"曾游仙迹见丰碑,除却麻姑更有谁"、"除却洛阳才子后,更谁封恨吊怀沙"等。

第四,除了排除性介词的用法外,由于和条件性逻辑算子"若"的连用,"除却"也萌发了连词的用法。如"除却天上化下来,若向人间实难得。""若教为女嫁东风,除却黄莺难匹配。"

4.1.2.1.1.4　除去

"除"和"去"在上古都表示"除去、除掉"之义,如:

(125)除秽去累,莫若未始出其宗,乃为大通。(《淮南子·卷七·精神训》)

(126)人之言:醰去烟,鸱羽去眯,慈石取铁,颈金取火,蚕珥丝于室,而弦绝于堂,禾实于野,而粟缺于仓。(《春秋繁露·郊语·第六十五》)

因为"除"和"去"在语义上同义,所以二者常连用成"除去"共同表示"除去、除掉"之义,如:

(127)臣请诸有文学《诗》、《书》百家语者,蠲除去之。(《史记·李斯列传》)

(128)尽除去先帝之故臣,更置陛下之所亲信者近之。(《史记·李斯列传》)

(129)已祭之后,心快意喜,谓鬼神解谢,殃祸除去。(《论衡·卷第二十五》)

上古时期的"除去"多为动词,主要是一个自动词,后面带支配的对象,如例(127)、(128),也可以是一个他动词,如例(129)。无论是自动词还是他动词,无论是处于"除去"后面的支配对象还是处于前面的主语,都发生了一个"从有到无"或改变状态的过程。而"当'除去'位于'除去 NP,分句'的语境中,NP 不受'除去'改变状态,而是通过'除去'排除在分句动作支配之外,这时,'除去'为排除介词。"①在

---

①　雷冬平:《近代汉语常用双音虚词演变研究及认知分析》,北京:中国社会科学出版社,2008,第 180 页。

唐代,"除去"仍以表示动词性的"去掉"义为主,但当它与凸显剩余部分的词(如"其余")连用时,可以理解为排除语义,可看作是"除去"从动词向介词的过渡形式,如:

(130) 臣便据所通,悉与除去逃户荒地及河侵沙掩等地,其余见定倾亩,然取两税元额地数。(《全唐文·卷六百五十一·同州奏均田状》)

4.1.2.1.1.5　除是

语法界关于"除是"的研究较少。张相在《诗词曲语辞汇释》中谈到:"除非是,假设一例外以见其只有此也。""省去是字,则曰除非;省去非字,则曰除是。省去非是字,则只曰除。"①我们同意雷冬平(2008)对于此论述的质疑,即"除非"在唐代已有用例,而"除"和"除是"的用例更早,所以这种"省略说"从词汇发展的时间顺序上就很难解释得通。据雷冬平(2008)的考察,"除是"作为介词最早出现在唐五代,即:

(131) 除是沉沉烂醉,忘惊悸,又忘乘坠。(《唐五代词·望梅花》)

这一例句中,"除是"相当于"除了……以外",是一个排除性介词。例句可以理解为,"除了沈沈烂醉,又忘了惊悸,又忘了乘坠。"其中的"除"相当于"除了",而"是"相当于"除非"中的"非",具有表示强调语气的功能。

不过据胡敕瑞(2008)考证,早在东汉汉译佛经中就已经有"除是"作排除性介词的例证了,如:

(132) 除是阎浮利地上,满其中怛萨阿竭舍利正使天中天三千大国土满其中舍利为一分。般若波罗蜜经为二分。我从二分中取般若波罗蜜。(《支谶·道行般若经》)

这应该是"除是"的较早用例,不过在东汉译经中使用频率很低,

---

① 张相:《诗词曲语辞汇释》,北京:中华书局,1977,第547页。

它的发展期大概仍是在晚唐五代时期。

除了介词性功能外,"除是"在晚唐五代时期也开始萌发了连词功能,主要有"若……,除是……"的句式,如:

(133) 县诉曰:"此并犯禁之具,若不毁,除是诱人于陷阱也。"(《全唐文·卷九百七十六·对覆车置罘判》)

4.1.2.1.2 "外"类

4.1.2.1.2.1　外

一、外

(一)单用(1例)

(134) 开元七年八月初,敕中书门下厨杂料破用外,余有宜分取。(《通典·卷二十一·职官三》)

(二)和分指性逻辑算子连用

句式 1:……外,各(1例)

(135) 右军孙智永师自临八百本,散与人外,江南诸寺各留一本。(《书断列传·卷二》)

(三)和递进性逻辑算子连用

句式 2:……外,别(1例)

(136) 又检太史圜丘图,昊天上帝座外,别有北辰座,与郑义不同。(《通典·卷四十三》)

二、凡……外,不(1例)

(137) 凡荫除解褐官外,不在用限。(《通典·卷十七·选举五》)

三、唯……外,尽(1例)

(138) 度乃约法,唯盗贼、斗杀外,余尽除之,其往来者,不复以昼夜为限。(《旧唐书·卷一百七十》)

4.1.2.1.2.2　之外

一、之外

(一)单用(7例)

(139) 供奉官正员之外置里行、拾遗、补阙、御史等,至有车载斗

量之咏。(《大唐新语·卷十三·谐谑第二十八》)

(140) 然而感恩之外,窃所忧惕者,未知相国之旨何哉?(《宣室志》)

(141) 至于本事之外,时寄抑扬,此乃得失禀于片言,是非由于一句,谈何容易,可不慎欤!(《史通·内篇·浮词第二十一》)

(142) 按礼自有限禁,之外,本自礼所不责。(《通典·卷六十·礼二十》)

(143) 行事之外,习六乐之道,学五礼之仪。(《通典·卷一百四十七·乐七》)

(144) 经费之外,常积羡余。(《通典·卷十二·食货十二》)

(145) 孤寒中惟程晏、黄滔擅场之外,其余以呈试考之,滥得亦不少矣。(《唐摭言·卷六》)

(146) 兵杀之外,余有九亿人,皆欲诛戮,无遗噍类。(《大唐西域记·卷四》)

(二) 和否定性逻辑算子连用

句式1:……之外,不(1 例)

(147) 至于宫人,供养之外,不合参承。(《大唐新语·卷一·规谏第二》)

句式2:……之外,无(5 例)

(148) 若唯祭斯五者,则都邑之土,人不赖之乎且邑外之土,分为五事,之外无余地也,何必历举其名乎以此推之,知社神,所在土地之名也。(《兼明书·卷一·社神》)

(149) 数百之外,无所用之。(《大唐创业起居注·卷一》)

(150) 太仓之外,他无所干。(《大唐创业起居注》)

(151) 壬午,帝引霍邑城内老生文武长幼见而劳之曰:"老生之外,孤无所咎。"(《大唐创业起居注》)

(152) 平章录纪,事讫即除,籍书之外,无久掌文案。(《通典·卷一百九十一·边防七》)

句式 3：……之外，莫（1 例）

（153）且陛下东封，万国咸集，要荒之外，莫不奔走，自今伊洛，洎于海岱，灌莽巨泽，茫茫千里，人烟断绝，鸡犬不闻，道路萧条，进退艰阻。（《大唐新语·卷十三·郊禅第三十》）

（三）和总括性逻辑算子连用

句式 4：……之外，悉（4 例）

（154）各命守宰，依险自固，校其资储之外，余悉焚荡，芟除粟苗，使敌无所资。（《晋书·卷一百二十八·载记第二十八》）

（155）常假郡符于端州，直处官清苦，不蓄美财，给家之外，悉拯亲故。（《河东记》）

（156）于是择癸丑日，艮宫直音，空其室，陈设焚香之外，悉无外物。（《玄怪录》）

（157）各命守宰，依险自固，校其资储之外，余悉焚荡，芟除粟苗，使敌无所资。（《通典·卷一百五十九·兵十二》）

句式 5：之外……，率皆（1 例）

《集释》：率，犹皆也。《释略》：都凡之辞。因此"率"也是表示总括的副词。在魏晋时期，同表总括义的副词"率"和"皆"就可以并用，共同表示"总括"义。在晚唐五代时期与"之外"连用，表示排除掉某个特殊对象后，剩余的对象具有某种一致性，如：

（158）复大会以饯之，筐篚之外，率皆资以桂玉。（《唐摭言·卷二》）

（四）和递进性逻辑算子连用

句式 6：……之外，又（3 例）

（159）过此之外，又何求哉！（《大唐新语·卷三·极谏第三》）

（160）国朝于常举取人之外，又有制科、搜扬、拔擢，名目甚众。（《封氏闻见记》）

（161）后周置六卿之外，又改三师官谓之三公，兼置三孤以贰之。（《通典·卷二十·职官二》）

句式7：……之外，亦（2例）

"亦"是一个类同副词，功能表示乙事与甲事类同，通常用于后一分句，和"……之外"连用，表示"排除已知，补充其他"的功能，如：

（162）有唐贞元已前，两监之外，亦颇重郡府学生，然其时亦由乡里所升，直补监生而已。（《唐摭言·卷一》）

（163）正郎感激之外，亦比比乖事大之礼，公优容之如不及。（《唐阙史·裴晋公大度皇甫郎中犏直附》）

句式8：……之外，尤（1例）

《说文》："尤，异也。"朱骏声曰："此字当之犹之古文，犬子也。""尤"作副词表示"尤其、更加"之义，和排除义"之外"连用，表示在已知对象的基础上，进一步补充说明，具有追加的功能，如：

（164）幼而聪悟，文学之外，尤善谈笑，常体江谢赋事，名振江左。（《唐摭言·卷十》）

句式9：……之外，复（1例）

"复"在上古就是一个表示"又、再"的副词，和"之外"连用也表追加的功能。如：

（165）淄川有女曰颜文姜，事姑孝谨，樵薪之外，复汲山泉以供姑饮。（《独异志·卷中》）

句式10：……之外，别（3例）

副词"别"表示"另外的"，和排除性"之外"连用，表示"在一定范围内，除了已知的某个对象外，还有别的对象"，具有"排除已知，补充未知"的语法功能，如：

（166）刘、杨二人，词翰之外，别精篇什。（《因话录·卷三·商部下》）

（167）太宗令御史萧翼密购得之，爵赏之外，别费亿万。（《独异志·卷中》）

（168）此谓永业、口分之外，别能垦起公私荒田者。（《通典·卷十五》）

句式 11：……之外，更（1 例）

（169）四岳之外，更有百揆之官者，但尧初天官为稷，至尧，试舜天官之任，谓之百揆，舜又命禹为百揆，皆天官也。（《通典·卷十九·职官一》）

（五）和关系性逻辑算子连用

句式 12：……之外，便（1 例）

（170）遽除之外，便以亲土。（《晋书·卷五十一·列传第二十一》）

二、于……之外

根据我们在第 3 章的考察，框式结构"于……之外"在魏晋南北朝时期已经有了表示排除用法的迹象。此结构虽在宋代有所发展，兼表排除功能和追加功能，但用例仍不多。

（一）和总括性逻辑算子连用

句式 13：于……之外，凡（1 例）

和总括性逻辑算子"凡"连用，表示"除了……以外，一共……"，表达排除功能，如：

（171）至是备其班品，叙于百官之外，凡一百二十五将军。（《通典·卷二十八·职官十》）

（二）和递进性逻辑算子连用

句式 14：于……之外，加（1 例）

句式"于……之外，加"表示"除了……以外，再加上……"，表达"排除未知，补充已知"的追加功能，如：

（172）更于正经之外，加入子、史、释、道诸书，撰成三百六十卷。（《封氏闻见记》）

三、自……之外（1 例）

处所介词"自"在上古时期，多介引处所词、方位词等。当"自"和"外"连用时，"外"表示的是方位词或名词性"外面"，如：

（173）讲于梁氏，女公子观之，围人荦自墙外与之戏。（《春秋左

氏传·庄公三十二年》)

随着"之外"在魏晋时期萌芽出排除语义,以及"之外"相关构式的排除用法,"自外"在晚唐五代虚化成排除性介词,框式结构"自……之外"在"于……之外"的类推下,也虚化出了排除语义,由表示"在某个范围的界限之外"逐渐获得了"把某个对象排除在某个范围界限之外"的语义。如:

(174) 开元中,定天下州府,自京都及都督、都护府之外,以近畿之州为四辅。(《通典·卷三十三·职官十五》)

四、在……之外,悉(1例)

(175) 诸在议请之外,可悉依常法。(《通典·卷一百六十七·刑法五》)

4.1.2.1.2.3　以外

一、以外

相比中古时期,"以外"增加了和逻辑算子连用的构式。

(一) 和递进性逻辑算子连用

句式1:……以外,犹(1例)

(176) 今九人以外,犹宜增四。(《晋书·卷七十五·列传第四十五》)

(二) 和分指性逻辑算子连用

句式2:……以外,各(1例)

(177) 北齐二人,分掌左右厢,所主朱华阁以外,各武卫将军二人贰之。(《通典·卷二十八·职官十》)

二、自此以外

(一) 单用

(178) 愚谓相去百步内赴告不时者,一岁刑。自此以外,差不及咎。(《通典·卷一百六十七·刑法五》)

(二) 和总括性逻辑算子连用

句式3:自此以外……悉(1例)

（179）宋史,元嘉中,著作郎何承天草创纪传。自此以外,悉委奉朝请山谦之补承天残缺。(《史通·外篇·古今正史第二》)

句式 4:自此以外……皆(1 例)

（180）公邑谓六遂余地,天子使大夫治之,自此以外皆然。(《通典·卷一·食货一》)

4.1.2.1.2.4　已外

（181）宜量军国所须,置其员数,已外归之于农,教之战法,学者三年无成,亦宜还之于农,不可徒充大员,以塞聪俊之路。(《晋书·卷一百九·载记第九》)

4.1.2.1.2.5　此外

（一）单用(4 例)

（182）书中与思谦求巍峨,锴曰:"状元已有人,此外可副军容意旨。"(《唐摭言·卷九》)

（183）斯志不果,此外任诸公从民所欲。(《大唐创业起居注·卷二》)

（184）若方州列郡,自可内除。此外付选曹铨叙者,既非机事,何足可密?(《通典·卷十六·选举四》)

（185）每年诸色举人,主司简择,常以五百人为大限,此外任收杂色。(《通典·卷十七·选举五》)

（二）和否定性逻辑算子连用

句式 1:此外无(2 例)

（186）松,舒州人也,学贾司仓为诗,此外无他能;时号松启事为送羊脚状。(《唐摭言·卷八》)

（187）放生魂去,此外无计。(《续玄怪录》)

句式 2:此外未(1 例)

（188）鸿以锥刀,暇日往往反资于肃,此外未尝以所须为意。(《唐摭言·卷三》)

（三）和总括性逻辑算子连用

句式 3:此外皆(1 例)

（189）俄睹幕帝茵毯，华焕无比，此外松竹、花卉皆称是，钧之酿率毕至。（《唐摭言·卷三》）

句式4：此外尽（1例）

（190）使者固邀，不得已而下床随行，不觉过子城，出开远门二百步，正北行，有路阔二尺已来，此外尽目深泥。（《玄怪录·卷三》）

句式5：此外……并（1例）

（191）次令仆子起家著作佐郎，亦为版行参军。此外有扬州主簿、太学博士、国常侍、奉朝请、嗣王行参军，并起家官，未合发诏。（《通典·卷三十一·职官十三》）

（四）和递进性逻辑算子连用

句式6：此外……，更（1例）

（192）牖而窥其厢，独床上有褐衾，床北有被笼，此外空然，更无他有。（《续玄怪录》）

4.1.2.1.2.6　余外

"余外"是代词"剩余的、余下的东西"的"余"与表"在……以外"义的"外"连用而成的，产生于唐代，如：

（193）性情渐浩浩，谐笑方云云，此诚得酒意，余外徒缤纷。（《全唐诗·韩愈·醉赠张秘书》）

4.1.2.1.2.7　自外

我们在魏晋部分曾经论述过，"自"在上古时期就是一个介引处所、时间的副词，"外"表示处所名词"外面"，因此"自外"在语义上"犹在外"。如：

（194）栾氏自外，子在位，其利多矣。（《春秋左氏传·襄公二十三年》）

由于"外"在魏晋时期开始虚化，并产生出"之外"，因此"自外"可以理解为"在某个事物之外"、"置于某物之外"，如：

（195）为此径须沽酒饮，自外天地弃不疑。（《韩愈·感春》）

又由于"之外"渐渐由"在某个事物之外"虚化出"排除在某事

物之外"的排除义,因此"自外"也具有了"此外、除此以外"的语义。

（一）单用（5例）

（196）自外同署,将加鞭挞,赵彦深执谏获免。（《北齐书·卷三十九·列传第三十一》）

（197）由是景安独赐姓高氏,自外听从本姓。（《北齐书·卷四十一·列传第三十三》）

（198）且男清女贞,足以相冠,自外多可称也。（《北齐书·卷四十三·列传第三十五》）

（199）自外有可录者,存之篇末。（《北齐书·卷四十五·列传第三十七》）

（200）此等与中国法数稍殊,自外梗概相似也。（《旧唐书·卷三十三·志第十三》）

（二）和否定性逻辑算子连用

句式1：自外……不（7例）

（201）据此诸文,明堂正礼,唯祀五帝,配以祖宗及五帝、五官神等,自外余神,并不合预。（《旧唐书·卷二十二·志第十二》）

（202）自外征夫,不可胜纪。（《旧唐书·卷五十三·列传第三》）

（203）自外杀生予夺不可尽言。（《北齐书·卷五十·列传第四十二》）

句式2：自外……莫（1例）

（204）胄子以通经仕者唯博陵崔子发、广平宋游卿而已,自外莫见其人。（《北齐书·卷四十四·列传第三十六》）

句式3：自外……无（2例）

（205）以此言之,自外疏者,窃谓无罪。（《旧唐书·卷七十五·列传第二十五》）

（206）自外及民任杂掌无官。（《旧唐书·卷四十五·志第二十五》）

（三）和分指性逻辑算子连用

句式4：自外……各（3例）

（207）自外，各以气下消息数，息减消加其恒气小余，满若不足，进退其日。（《旧唐书·卷三十三·志第十三》）

（208）自外各以资次迁授。（《旧唐书·卷四十二·志第二十二》）

（209）正衣本服，自外各从职事服。（《旧唐书·卷四十五·志第二十五》）

（四）和总括性逻辑算子连用

句式5：自外……皆（2例）

（210）自外品子任杂掌者，皆平巾帻，绯衫，大口袴。（《旧唐书·卷四十五·志第二十五》）

（211）自外同闻语者数人，皆流配远方。（《北齐书·卷四十一·列传第三十三》）

句式6：自外……咸（1例）

（212）且明怀恩反者，独辛云京、李抱玉、骆奉先、鱼朝恩四人耳，自外朝臣，咸言其枉。（《旧唐书·卷一百二十一·列传第七十一》）

句式7：自外悉（1例）

（213）其年七月敕，珠玉锦绣，既令禁断，准式，三品以上饰以玉，四品以上饰以金，五品以上饰以银者，宜于腰带及马镫、酒杯杓依式，自外悉禁断。（《通典·卷六十三·礼四十三》）

（五）和递进性逻辑算子连用

句式8：自外又（1例）

（214）自外又置才人、彩女，以为散号。（《初学记·卷十·中宫部》）

4.1.2.1.3　"余"类

4.1.2.1.3.1　其余

指代词"其余"在晚唐时期使用频率较高，主要作定语，共8例，如：

（215）其余源休、蒋镇之辈，敬忠、日月之徒，盖屑屑者，何足道哉！（《奉天录》）

（216）其余文士，皆吾机中之肉，可以宰割矣。（《玄怪录·卷一·曹惠》）

（217）其余逆漏之徒，寻令搜捉并尽。（《鉴诫录》）

也可以作主语，共 5 例，如：

（218）凡来书所谓数者，似言之未称，思之或过；其余则皆善矣。（《唐摭言·卷五》）

（219）其余四面搜罗，皆有久居艺行之士，繁于简牍，不敢具载。（《唐摭言·卷十三》）

（220）孤寒中惟程晏、黄滔擅场之外，其余以呈试考之，滥得亦不少矣。（《唐摭言·卷七》）

还可以作宾语，共 4 例，如：

（221）又恐为他人所得，因剪弃其余，遂绝。（《晚唐嘉话》）

（222）僧曰："第一宝亡矣，其余何爱？"乃以如意击石，折而弃之。（《书断列传》）

（223）他日宰相入对，上问："马燧之将孰贤？"宰相愕然，不能知其余，亦皆以自良对之。（《河东记》）

（224）求恩请见其余，吏固不许，即被引出。（《河东记》）

无论"其余"的语法位置和语法功能是什么，都可以和某些逻辑算子连用，如：

（一）和疑问性逻辑算子连用

句式 1：其余……，孰（1 例）

（225）以玄龄张亮之徒，犹不得申其枉曲，其余疏贱之类，孰能免其欺罔伏愿陛下留神再思。（《魏郑公谏录》）

句式 2：其余……何（1 例）

（226）僧曰："第一宝亡矣，其余何爱？"乃以如意击石，折而弃之。（《书断列传》）

（二）和否定性逻辑算子连用

句式 3：其余……，无不（1 例）

(227) 其余吉礼,无不毕备。(《玄怪录·卷一·袁洪儿夸郎》)

这个句式中两个否定性逻辑算子"无"和"不"的连用表示"没有不",即表示肯定性的"所有都",和"其余"连用表示"除了排除对象后的其他吉礼,都准备好了。"

(三)和总括性逻辑算子连用

句式4:其余……,皆(5例)

(228) 其余四面搜罗,皆有久居艺行之士,繁于简牍,不敢具载。(《唐摭言·卷十三》)

(229) 其余文士,皆吾机中之肉,可以宰割矣。(《玄怪录·卷一·曹惠》)

(230) 凡来书所谓数者,似言之未称,思之或过;其余则皆善矣。(《唐摭言·卷五》)

(231) 杨知至,会昌五年王仆射重奏五人:源重、杨和至、杨严、郑朴、窦缄,奉敕特放杨严,其余四人皆落。(《唐摭言·卷十一》)

(232) 其余四面搜罗,皆有久居艺行之士,繁于简牍,不敢具载。(《唐摭言·卷十三》)

句式5:其余……,都(1例)

《说文》:"都,有先君之旧宗庙曰都,从邑者声,周礼距国五百里为都。"可见,"都"的本义是"有宗庙的城市"。因为供奉宗庙的城市往往是国都,所以"都"可以引申为"国都"。如:

(233) 凡邑,有宗庙先君之主曰都,无曰邑。(《春秋左氏传·庄公二十八年》)

名词"都"又很容易活用为动词"建都",如:

(234) 项王自立为西楚霸王,王九郡,都彭城。(《史记·项羽本纪》)

因为建都的过程会使很多人聚集到一起,因此"都"很容易引申出动词义"聚集、汇集",如:

（235）都，聚也。（《广雅疏证·释诂》）

"聚集、汇集"就意味着"把……总起来"，因此"都"由"聚集"义引申出"总共、总"的动词义，如：

（236）都护之起，自吉置矣。（《汉书·西域传》）

这类表示"总共、总括"义的动词往往和动词相连，位于动词前面，这种语法位置使得"都"很容易由动词虚化为副词。如：

（237）然则凤凰、麒麟都与鸟兽同一类，体色诡耳，安得异种？（《论衡·讲瑞》）

这种表示总括义的范围副词"都"其实在东汉时期就已出现，并出现了"都悉"、"都皆"并用的例子。

我们在晚唐五代时期找到的"其余……，都"的例子为：

（238）其余各依方面，并高一丈四尺，受一千二百石，都用铜五十六万七百一十二斤。（《封氏闻见记》）

4.1.2.1.3.2　自余

在所调查的语料中，《晋书》18 例，《大唐创业起居注》2 例，《封氏闻见记》1 例，《朝野佥载》5 例，按用法描述如下：

（一）单用（6 例）

（239）自余诗赋数十篇。（《晋书·卷八十七·列传第五十七》）

（240）自余常事，请付司存。（《大唐创业起居注》）

（241）告者授五品，言者斩，自余知反不告，坐绞。（《朝野佥载》）

（242）二十余年，武后强盛，武三王梁、魏、定等并开府，自余郡王十余人，几迁鼎矣。（《朝野佥载》）

（二）和分指性逻辑算子连用

句式 1：自余……各（13 例）

这个句式全都出自《晋书》，形式和语义上都差不多，只举 1 例，如：

（243）冬十月丁亥，论淮肥之功，追封谢安庐陵郡公，封谢石南康公，谢玄康乐公，谢琰望蔡公，桓伊永修公，自余封拜各有差。（《晋

书·卷九·帝纪第九》)

（三）和总括性逻辑算子连用

句式 2：自余……，皆（2 例）

（244）高自标置，与张说、李邕并居第一，自余皆被排斥。（《封氏闻见记》）

（245）自余诸子，皆在戎间，率先士伍，臣总督大纲，毕在输力，临机制命，动靖续闻。（《晋书·卷八十七·列传第五十七》）

句式 3：自余……，咸（1 例）

"'咸'是一个古老的副词，在甲骨文中即已出现。"①《说文》："咸，皆也，悉也。"《广韵》："咸，皆也，同也，悉也。"

在《庄子·知北游》中有一句解释"咸"的意思的话②：

（246）周、遍、咸三者，异名同实，其指一也。（《庄子·知北游》）

我们在《晋书》中找到了 1 例"自余……，咸"的用例：

（247）王伟元之行己，许季义之立节，夏方、盛彦体至性以驰芬，庾衮、颜含笃友于而宣范，自余群士，咸标懿德。（《晋书·卷八十八·列传第五十八》）

（四）和疑问性逻辑算子连用

句式 4：自余……，焉（1 例）

（248）今所在可虑者，苻登、杨定、雷恶地耳，自余琐琐，焉足论哉！（《晋书·卷一一六·载记第十六》）

（五）和否定性逻辑算子连用

句式 5：自余……，不（2 例）

（249）自余妖怪，不可具言。（《朝野佥载》）

（250）自余鹰鹞不敢侮之。（《朝野佥载》）

---

① 赵诚：甲骨文虚词探索，中国古文字研究会、陕西省考古研究所、中华书局编辑部编：《古文字研究（第 15 辑）》，1986，第 282 页。

② 何乐士：《左传》的"咸"和"咸黜不端"，《古汉语语法研究论文集》，北京：商务印书馆，2000，第 352 页。

（六）和限定性逻辑算子连用

句式6：自余……，而已（1例）

"而已"是由连词"而"和动词"已"组成的虚词，用于陈述句的句末，表示限定性的语气，现代汉语书面语中仍在使用。在上古时期就已有用例，如：

（251）子产喜，以语大叔，且曰："他日吾见蔑之面而已，今吾见其心矣。"（《春秋左氏传·襄公二十五年》）

（252）此譬之犹自治鱼鳖者也，去其腥臊者而已。（《晏子春秋·内篇谏下》）

我们在晚唐时期找到"而已"与排除性"自余"连用的例子，表示"除去排除对象外，剩余对象只限定在某个特征内"，如：

（253）薛道衡、卢思道少解把笔，自余驴鸣犬吠，聒耳而已。（《朝野佥载》）

4.1.2.1.3.3　其他

（一）和否定性逻辑算子连用

句式1：其他……，无（1例）

（254）其他彩绘缛丽，制作神妙，一时无比也。（《开天传信记》）

句式2：其他……，不（1例）

（255）其他神效，不可具述。（《宣室志》）

句式3：其他……，莫（1例）

（256）其他宰臣，优宠莫及。（《次柳氏旧闻》）

（二）和总括性逻辑算子连用

句式4：其他……，皆（1例）

（257）州郡则废置无恒，名目则古今各异。而作者为人立传，指现在事。每云某所人也。其他皆取旧号，施之于今。（《史通·内篇·邑里第十九》）

（三）和递进性逻辑算子连用

句式5：其他……，亦（1例）

(258) 其词乃能如此,尝书其一章曰《获麟解》,其他亦可以类知也。(《唐摭言·卷五》)

4.1.2.2 间接排除范畴表达形式

4.1.2.2.1 非

（一）和否定性逻辑算子连用

句式1:非……不(82例)

1. 非 X 不 K(44例)

"非 X 不 K"在所调查的语料中,《晋书》22例,《史通》2例,《初学记》16例,《大唐新语》2例,《续玄怪录》2例,如:

(259) 亮每以粮少为恨,归必积谷,以吾料之,非三稔不能动矣。(《晋书·卷一·帝纪第一》)

(260) 诸国臣子,非卿不书,必以地来奔,则虽贱亦志。(《史通·外篇·惑经第四》)

(261) 有瑶者玉,连城是齐;有威者凤,非梧不栖。(《初学记·卷十二·职官部下》)

(262) 刘向《说苑》曰:腾蛇游于雾露,乘于风行,非千里不止。(《初学记·卷二·天部下》)

(263) 若大王守藩,无所用之,必欲经营四方,非此人不可。(《大唐新语·卷一·匡赞第一》)

2. 非……不……(26例)

"非(X),不 K"在所调查的语料中,《大唐西域记》1例,《晋书》中14例,《史通》2例,《初学记》6例,《大唐新语》1例,《续玄怪录》2例,如:

(264) 怀帝承乱得位,羁于强臣,愍帝奔播之后,徒厕其虚名,天下之政既去,非命世之雄才,不能取之矣!(《晋书·卷五·帝纪第五》)

(265) 及桥成,帝从百僚临会,举觞属预曰:"非君,此桥不立也。"(《晋书·卷三十四·列传第四》)

（266）轻千乘之国而重一言之信，非申叔时之忠，不能建其义。（《初学记·卷十七·人部上》）

（267）姚崇奏曰："臣昔年奉旨，王公驸马所有奏请，非降墨敕，不可商量。"（《大唐新语·卷四·持法第七》）

（268）噫！夫人未遇，其必然乎？非张相之忿悔，不足以戒天下之傲者。（《续玄怪录·卷二·韦令公皋》）

3. 非……不可（5 例）

（269）《物理论》曰：夫医者，非仁爱不可托也，非聪明理达不可任也，非廉洁淳良不可信也。（《初学记》）

（270）事下三公、廷尉议，以为隆刑峻法，非明王急务，不可开许。（《晋书·卷三·志第二》）

（271）姚崇奏曰："臣昔年奉旨，王公驸马所有奏请，非降墨敕，不可商量。（《大唐新语》）

（272）非其亲人，不可自诣，适已先归耳。（《续玄怪录》）

（273）若大王守藩，无所用之，必欲经营四方，非此人不可。（《大唐新语》）

在以上所查到的例句中，除了例（273）是凝固化格式外，其他的"非"和"不可"之间结构松散，"不可"的后面可以加上其他谓语，仍然是个无界化的格式。

4. 非……不可以（7 例）

这个时期还出现了"非"与"不可以"的常见连用句式，也是个无界化的格式，如：

（274）并圣不可以二君，非贤不可以无主，故世换五帝，鼎迁三代。（《晋书·卷九十九·列传第六十九》）

（275）侍郎山雄、兼侍郎著作陈寿以为："溥驳一与之齐，非大夫也，礼无二嫡，不可以并耳。"（《晋书·卷二十·志第十》）

（276）焦赣《易林》曰：武库军府，甲兵所聚，非邑非里，不可以处。（《初学记·卷二十四·库藏第九》）

（277）非礼之事，不可以训万国。（《晋书·卷六十四·列传第三十四》）

（278）《老》《庄》浮华，非先王之法言，不可行也。（《晋书·卷六十六·列传第三十六》）

（279）中山虽为皇太后所养，非陛下天属，不可以亲义期也。（《晋书·卷一百五·载记第五》）

（280）并圣不可以二君，非贤不可以无主，故世换五帝，鼎迁三代。（《晋书·卷九十九·列传第六十九》）

句式 2：非……无（13 例）

（281）先资福智，次体明哲，非福智无以享宝位，非明哲何以理机务？（《大唐西域记·卷十一》）

（282）羼夫与乌获讼力，非龙文赤鼎，无以明之。（《晋书·卷五十五·列传第二十五》）

（283）非礼无以事天地之神，辨君臣长幼之位，别男女父子之交。（《初学记·卷十三·礼部上》）

句式 3：非……莫（2 例）

（284）伯仁方入境，便为贼所破，不知那得刺史？贡对曰："鄙州方有事难，非陶龙骧莫可。"（《晋书·卷六十六》）

（285）太宗每与玄龄图事，则曰："非如晦莫能筹之。"（《大唐新语·卷一·匡赞第一》）

句式 4：非……勿（3 例）

（286）形胜之地，非亲勿居。（《晋书·卷五十五·列传第二十五》）

（287）门下，紫极八座，非德勿居；丹屏六曹，惟贤是择。（《初学记·卷十一·职官部上》）

（288）粤在古昔，分官厥初；刺邪矫枉，非贤忽居。（《初学记·卷十二·职官部下》）

句式 5：非……弗（1 例）

（289）王也！轻千乘之国而重一言之信，非申叔时之忠，不能建其义；非庄王之贤，弗能受其训。（《初学记·卷十七·人部上》）

（二）和疑问性逻辑算子连用

句式 6：非……岂（2 例）

（290）盖非道映鸡林，誉光鹫岳，岂能缅降神藻，以旌时秀？（《大唐西域记·叙》）

（291）今主上当阳，非成王之地，相王在位，岂得为周公乎！（《晋书·卷八十三·列传第五十三》）

句式 7：非……何（10 例）

（292）同文共轨至治神功。非载记无以赞大猷，非昭宣何以光盛业？（《大唐西域记·卷一》）

（293）芳对曰："北伐公孙，西距诸葛，非将种而何？"（《晋书·卷三十一·列传第一》）

（294）然非言何以释教？非俗何能表真？（《初学记·卷二十三·道释部》）

（295）夷、胜曰："君昼为布衣，夜会公族，苟非妖幻，何以致丽人？"（《续玄怪录》）

句式 8：非……乎（6 例）

（296）继母见违，弥增忿怒，候王闲隙，从容言曰："夫呾叉始罗，国之要领，非亲弟子，其可寄乎？"（《大唐西域记·卷三》）

（297）《管子》曰："盛魄重轮，六合俱照，非日月能乎？"（《初学记·卷一·天部上》）

句式 9：非……谁（18 例）

"非……谁"在所调查的语料中，《大唐西域记》2 例，《晋书》14 例，《初学记》2 例，其中"非……而谁"就有 11 例。如：

（298）论师既还本土，静而思曰："非慈氏成佛，谁决我疑？"（《大唐西域记·卷十》）

（299）公茂德昵属，宣隆东夏，恢融六合，非公而谁！（《晋书·卷

五·帝纪第五》)

（300）非伯玉，谁能暗行而不废礼？（《初学记·卷十七·人部上》)

句式 10：非……孰(16 例)

（301）景初元年，营洛阳南委粟山以为圆丘，祀之日以始祖帝舜配，房俎生鱼，陶樽玄酒，非搢绅为之纲纪，其孰能兴于此者哉！（《晋书·卷十九·志第九》)

（302）臣非至精，孰能与此！（《晋书·卷八十三·列传第五十三》)

（303）非王者其孰能若是乎？（《初学记·卷九·帝王部》)

（304）敬潜叹曰："非善政所致，孰能至此？"遂以闻，玺书旌赏。（《大唐新语·举贤第十三》)

句式 11：非……欤(1 例)

（305）而成王不遣嫌吝于怀，宣帝若负芒刺于背，非其然者欤？（《晋书·卷五十四·列传第二十四》)

句式 12：非……那(1 例)

（306）汝非皇太子，那得甘露浆？（《晋书·卷二十八·志第十八》)

句式 13：非……焉(1 例)

（307）故和璧之在荆山，隋珠之潜重川，非遇其人，焉有连城之价，照车之名乎！（《晋书·卷五十五·列传第二十五》)

句式 14：非……安(2 例)

（308）非二君，朕安闻此言乎！（《晋书·卷一百三·载记第三》)

（309）非夫为己者也，安可已乎！粤正月庚午，始创明堂之制焉。（《初学记·卷十三·礼部上》)

句式 15：非……庸(1 例)

（310）天鉴非远，庸可滥乎！（《晋书·卷一百二十二·载记第二

十二》)

　　句式 16：非……奈何(1 例)

　　(311) 公曰："靖俗客,非乘云俊者,奈何能行雨?"(《唐宋传奇·李卫公靖》)

　　(三) 和关系性逻辑算子连用

　　句式 17：非……则(16 例)

　　(312) 辰,缓则不出,急则不入,非时则占。(《晋书·卷十二·志第二》)

　　(313) 以晷度推之,非秦魏,则楚也。(《晋书·卷十三·志第三》)

　　(314) 祥之薨,奔赴者非朝廷之贤,则亲亲故吏而已,门无杂吊之宾。(《晋书·卷三十三·列传第三》)

　　(315) 明帝谓群臣曰："郎中上应列宿,非其人则民受其殃。"(《初学记·卷十一·职官部上》)

　　句式 18：非……乃(3 例)

　　(316) 占曰：忧在宫中,非贼乃盗也。(《晋书·卷十二·志第二》)

　　(317) 后使任嚣、赵他攻越,略取陆梁地,遂定南越,以为桂林、南海、象等三郡,非三十六郡之限,乃置南海尉以典之,所谓东南一尉也。(《晋书·卷十五·志第五》)

　　(318) 非必不能,乃事势不得,故知圣人不虚设不行之制。(《晋书·卷二十·志第十》)

　　(四) 和总括性逻辑算子连用

　　句式 19：非……皆(14 例)

　　"非……皆"在所调查的语料中,除了《初学记》1 例外,其他 13 例都出自《晋书》,如：

　　(319) 主者喻意,非大事皆使王官表上之。(《晋书·卷三·帝纪第三》)

（320）冬十月，听士卒遭父母丧者，非在疆场，皆得奔赴。（《晋书·卷三·帝纪第三》）

句式 20：非……悉（2 例）

（321）王云："与子偕行，犹恐不达神仙之境，非仆御所至，悉宜遣之。"（《广异记·王老》）

（322）唐开元中，代州都督以五台多客僧，恐妖伪事起，非有住持者悉逐之。客僧惧逐，多权窜山谷。（《广异记·秦时妇人》）

4.1.2.2.2　自非

（一）单用（8 例）

（323）《传》云：自非圣人，外宁必有内忧。（《晋书·卷八十·列传第五十》）

（324）陆亮忠心，裁居殿职，自非李重清识。（《初学记·卷十一·职官部上》）

（325）自非望允当时，誉宣庠塾；未有谬乘曲宠，空席兹荣。（《初学记·卷十一·职官部上》）

（二）与否定性逻辑算子连用

句式 1：自非……不（12 例）

（326）三祖典制，所宜遵奉；自非军事，不得妄有改革。（《晋书·卷二·帝纪第二》）

（327）诸如此类，自非至精不能极其理也。（《晋书·卷三十·志第三十》）

（328）自非重仇，不至此也。（《晋书·卷四十九·列传第十九》）

（329）刘敬叔《异苑》曰：会稽天台山路迢远，自非忘生忘形，不能跻也。（《初学记·卷五·地部上》）

句式 2：自非……无（8 例）

（330）惟方伯牧守，不睹大礼，自非酒牢贡羞，无以表其乃诚，故宜有上礼。（《晋书·卷二十一》）

（331）自非威望重臣有计略者，无以康西土也。（《晋书·卷四十五·列传第十五》）

（332）自非坦怀爱憎，无以定其得失。（《史通·内篇·称谓第十四》）

（333）自非此母，无可授后生。（《初学记·卷十八·人部中》）

（334）说对曰："侍郎自皇朝已来，为衣冠之华选，自非望实具美，无以居之。"（《大唐新语·卷十一》）

句式 3：自非……莫（1 例）

（335）及谢安薨，诏曰："新丧哲辅，华戎未一，自非明贤懋德，莫能绥御内外。"（《晋书·卷六十四·列传第三十四》）

（三）与总括性逻辑算子连用

句式 4：自非……皆（9 例）

（336）且强寇未殄，劳役未息，自非军国戎祀之要，其华饰烦费之用皆省之。（《晋书·卷九·帝纪第九》）

（337）然事患缓急，权计轻重，自非近如此类，准以为率，乃可兴为，其余皆务在静息。（《晋书·卷四十六·列传第十六》）

（338）自非大事，一皆抑遣。（《晋书·卷四十七·列传第十七》）

（339）凡诸役费，自非军国事要，皆宜停省，以周时务。（《晋书·卷九·帝纪第九》）

（340）自非巫咸采药，群帝上下者，皆敛意焉。（《初学记·卷二·天部下》）

句式 5：自非……率（1 例）

（341）自非势家之子，率多因资次而进也。（《晋书·卷四十一·列传第十一》）

句式 6：自非……悉（1 例）

（342）至于境内之政，官人用才，自非内史、国相命于天子，其余众职及死生之断、谷帛资实、庆赏刑威、非封爵者，悉得专之。（《晋书·卷四十六·列传第十六》）

（四）与疑问性逻辑算子连用

句式 7：自非……谁（1 例）

（343）自非三光,谁能不零。（《晋书·卷三十一·列传第一》）

句式 8：自非……何（6 例）

（344）人主自非尧舜,何能无失,人臣岂可得举兵以协主!（《晋书·卷六十九·列传第三十九》）

（345）自非博雅君子,何以补其遗逸者哉?（《史通·内篇·采撰第十五》）

（346）人世凡浊,苦海非浅,自非名系仙录,何路得来。（《续玄怪录》）

句式 9：自非……孰（4 例）

（347）时不我与,垂翼远逝,锋距靡加,六翮摧屈,自非知命,孰能不愤悒者哉!（《晋书·卷九十二·列传第六十二》）

（348）至若书功过,记善恶,文而不丽,质而非野,使人味其滋旨,怀其德音,三复忘疲,百遍无,自非作者曰圣,其孰能与于此乎?（《史通·内篇·叙事第二十二》）

（349）自非功侔造化,应同自然,孰能若此者哉?（《初学记·卷五·地部上》）

句式 10：自非……曷（2 例）

（350）行道之人自非性足体备、暗蹈而当者,亦曷能不栖情古烈,拟规前修。（《晋书·卷九十四·列传第六十四》）

（351）此数公者,或以雅望处台槐,或以高名居保傅,自非一时之秀,亦曷能至于斯。（《晋书·卷四十四·列传第十四》）

句式 11：自非……岂（1 例）

（352）自非克明克哲,允文允武,岂能荷神器之重,嗣龙图之尊。（《初学记·卷十·储宫部》）

4.1.2.2.3　匪

这个时期找到的"匪"的用法,估计是对上古用法的模拟,用例很少。

句式：匪……孰(1 例)

(353) 匪我二圣,孰弭斯患?(《晋书·卷五十五·列传第二十五》)

4.1.3　口语俗文学、敦煌、禅宗文献中的情况考察

4.1.3.1　口语俗文学、敦煌、禅宗文献的直接排除范畴表达形式

4.1.3.1.1　"除"类

4.1.3.1.1.1　除

一、除

A. 作排除性介词

(一)和否定性逻辑算子连用

句式 1：除……,无(1 例)

(354) 除佛一人,无由救得。(《敦煌变文集新书·卷四》)

(二)和递进性逻辑算子连用

句式 2：除……,更(1 例)

(355) 除此一格,别更有入处不?(《祖堂集·卷十八》)

B. 作条件性连词

句式 3：若要……,除(1 例)

(356) 若要不生、不老、不病、不死,除佛世尊,自余小圣,宁得免矣。(《敦煌变文集新书·卷四》)

二、除……外

(一)单用(2 例)

(357) 左街功德使奏：准敕条流僧尼,除年已衰老及戒行精确外,爱惜资财,自还俗尼,共一千二百卅二人。(《入唐求法巡礼行记·卷三》)

(358) 右街功德使奏：准敕条流僧尼,除年已衰老,及戒行精确外爱惜确外,爱惜资财,自原还俗僧尼共二千二百五十九人。(《入唐求法巡礼行记·卷三》)

（二）和递进性逻辑算子连用

句式 4：除……外，更（2 例）

（359）房内除四人外，更无客僧及沙弥俗客等。（《入唐求法巡礼行记·卷四》）

（360）右弟子僧惟晓房内，除缘身衣物外，更无钱物疋段斛斗等。（《入唐求法巡礼行记·卷四》）

句式 5：除此之外……何（1 例）

（361）经旬日却问："和尚前日岂不是？除此之外何者是心？"（《祖堂集·卷五》）

4.1.3.1.1.2　除非

A. 作排除性介词（3 例）

较多单用，如：

（362）不伤物命，不使心机，除非菩萨以能行，难可凡夫之去得。（《敦煌变文集新书·卷二》）

（363）虽是僧，性闲假（暇），唯有炎凉未免也，除非证果离胞胎，这回不向千门化。（《敦煌变文集新书·卷四》）

（364）进曰："除非师子，请和尚道一句。"（《祖堂集·卷十三》）

B. 作条件性连词

句式：除非……，方（2 例）

这个句式是晚唐五代新出现的，句式中的"除非"不是排除性介词，而是一个连词，引导一个必要性条件，表示"只有"，"方"是一个承接副词，引导在这种条件下产生的结果，表示"才"，即"只有……才"。"除非"之所以具有"只有"的意思，是因为"除非"是一个双重否定式，"非"表示"不是"，前面再用表示排除的"除"进行否定，双重否定便产生出肯定的"只有"义。如：

（365）免斯因缘，有何方术，除非听受法花经，如此灾殃方得出。（《敦煌变文集新书·卷二》）

从口语俗文学、敦煌、禅宗文献中调查到的"除非"的例子，我们可以看出,"除非"无论是介词还是连词,都更倾向于引导句中的前半个分句,句子语义即"唯一性条件在前,结果在后"。

4.1.3.1.1.3　除却

通过史书、游记、笔记及传奇小说文献中关于"除却"的论述可以知道,"除却"在唐代出现,并具有了排除性介词的用法。在唐五代时期,"除却"大量使用,特别是在口语俗文学、敦煌、禅宗文献中,如:

一、除却

(一)单用(9 例)

(366)玄晤大师曰:"除却两人,降此已下,任你大悟去,也须涛汰。"(《祖堂集·卷四》)

(367)自去二月十九日离赤山院,直至此间,行二千三百余里,除却虚日,在路行正得四十四日也。(《入唐求法巡礼行记·卷二》)

(368)佐理庙堂,日食万钱之禄;除却国主,第二之尊,国政之规,分寸亦同商议。(《敦煌变文集新书·卷三》)

(二)与否定性逻辑算子连用

句式 1:除却……,莫(1 例)

(369)除却路途分付弟,别人借问莫教知。(《敦煌变文集新书·卷二》)

(三)与疑问性逻辑算子连用

句式 2:除却……谁(1 例)

(370)除却王侯人多事非,除却小人君子是谁。(《敦煌变文集新书·卷七》)

(四)与总括性逻辑算子连用

句式 3:除却……一切(1 例)

(371)石头云:除却扬眉动目一切之事外直将心来。(《祖堂集·卷五》)

(五)与递进性逻辑算子连用

句式 4:除却……,更(6 例)

（372）道吾云："除却行住坐卧，更请一问。"（《祖堂集·卷十六》）

（373）师问大光："除却今时还更有异时也无?"（《祖堂集·卷六》）

（374）师在沩山时，雪下之日，仰山置问："除却这个色，还更有色也无?"（《祖堂集·卷十八》）

（375）沩山云："是也理长则就，除却这个色，还更有色也无?"仰山云："有。"（《祖堂集·卷十八》）

（376）普会又因疾垂语云："除却今日，别更有时也无?"（《祖堂集·卷九》）

（377）除却这里，别更有意旨不?（《祖堂集·卷十八》）

以上所举的后5例中其实是"除却……更"与"还（别）有…＋也无（不）"这个特殊疑问句式的组合。"还/还有……也无（不）"是《祖堂集》中典型的疑问句式。其中"还"可以省去，不改变句义，只是起一个加强疑问语气的作用。

二、除却……外，亦

"除却……外"与递进性逻辑算子"亦"连用，表示追加功能，如：

（378）却问：既今某甲除却扬眉目一切之事外，和尚亦须除之。（《祖堂集·卷五》）

可见，在禅宗文献中的"除却"的例子里，其中"除却"单用的9例、句式"除却……莫/谁"的2例和句式"除却……一切"的1例是表示"排除特殊，强调一致"的，其他的句式"除却……外，亦"、"除却……，更"7例都表示"排除已知，补充其他"的追加功能。

4.1.3.1.2 "外"类

4.1.3.1.2.1 外

（一）单用（1例）

（379）三无数劫外，于一百劫中修相好业。（《敦煌变文集新书·卷二》）

（二）和递进性逻辑算子连用

句式：……外，别（1 例）

（380）阿难问师："传佛金蝠外，别传个什摩？"（《祖堂集·卷一》）

4.1.3.1.2.2　之外

一、之外

（一）单用（1 例）

（381）自登位已后，好出驾幸，四时八节之外，隔一二日便出，每行送，爷诸寺营办床席、毡毯、花幕结楼，铺设碗又叠台盘椅子等，一度行送，每寺破除四五百贯钱不了。（《入唐求法巡礼行记·卷四》）

（二）与否定性逻辑算子"无"连用

句式 1：……之外，无（1 例）

（382）修心之外，无别行门。（《祖堂集·卷六》）

（三）和疑问性逻辑算子连用

句式 2：……之外，那（1 例）

（383）佛身之外，那得更有无情而得授记也？（《祖堂集·卷三》）

二、离……之外（1 例）

（384）离此之外，为老僧说。（《祖堂集·卷十四》）

4.1.3.1.2.3　自外

在禅宗文献中，"自外"主要跟否定性逻辑算子连用，如：

句式 1：自外未（1 例）

（385）自外未究终始矣。（《祖堂集·卷十六》）

句式 2：自外……，不（2 例）

（386）自外未睹行录，不决化缘终始。（《祖堂集·卷十七》）

（387）自外枢要不一，故不尽彰。（《祖堂集·卷十九》）

句式 3：自外……，无（1 例）

（388）昆仑共母作计，其房自外，更无牢处。（《敦煌变文集新书·卷八》）

4.1.3.1.2.4　此外

（389）只须受戒闻经，此外难申孝义。（《敦煌变文集新书·卷三》）

（390）师云："固守动用，三世佛怨。此外别求，即同魔作。"（《祖堂集·卷十四》）

4.1.3.1.3　"余"类

4.1.3.1.3.1　自余

（一）单用（1例）

（391）如有汉贼渡河来走，一任诸军随时（扑）扫，自余家口，向北远行。（《敦煌变文集新书·卷五》）

（二）和排除性逻辑算子连用

句式1：除……，自余（1例）

（392）若要不生、不老、不病、不死，除佛世尊，自余小圣，宁得免矣。（《敦煌变文集新书·卷四》）

（三）和分指性、总括性逻辑算子连用

句式2：自余……，各悉（1例）

（393）中有先锋猛将，赏绯各赐金鱼；执毒（蠹）猄兵，皆占班位；自余战卒，各悉酬柱国之勋。（《敦煌变文集新书·卷五》）

4.1.3.1.3.2　其余（馀）

（394）太子忽闻，遂奏大王：若与儿取期（其）新妇，令巧匠造一金指镮，手上带之，说此只是父王夫人及太子三人同知，其余诸众并不知委。（《敦煌变文集新书·卷三》）

4.1.3.1.3.3　其他

（395）酌量才辩，须是文殊，其他小小之徒，实且故非难往，失来妙德，亦是不堪。（《敦煌变文集新书·卷三》）

4.1.3.1.4　"离"类①

4.1.3.1.4.1　离

一、离（2例）

"离"在上古汉语中多表示"离开、离别、分离、背离"之义，如：

---

① 主要参考李福堂：《〈祖堂集〉介词研究》，上海师范大学硕士论文，2005(5)。

（396）正大夫离居，莫知我。（《诗经·小雅·雨无正》）

（397）离臣虏之劳。（《韩非子·五蠹》）

（398）远人不服而不能来也，邦分崩离析而不能守也。（《论语·季氏》）

"离"在晚唐五代中还产生了"距离"的介词用法，如：

（399）垂丝千丈，意在深潭，浮定有无，离钩三寸。（《祖堂集·卷五》）

在晚唐五代时期，"离"从其动词"背离"义中虚化出一种表"排除"义的介词用法，主要应用于《祖堂集》中，如：

（一）单用（1 例）

（400）问："疑则途中作，不疑则坐家儿。离此二途，乞师方便。"（《祖堂集·卷十三》）

（二）和疑问性逻辑算子连用

句式 1：离……，如何（1 例）

（401）僧曰："离此二途，如何是学人本体？"（《祖堂集·卷九》）

二、离……外（1 例）

（402）不得道一长，不得道二短，离此四句外，请师答某甲。（《祖堂集·卷十四》）

三、离……之外（1 例）

（403）若言经不是佛说，即为谤经。离此之外，为老僧说。（《祖堂集·卷十四》）

4.1.3.1.4.2　离却

"离"和"却"都有"去掉、排除"之义，因此二者相结合可共同表示"除去"的排除义，但是其虚化程度不高，既可以理解为动词性的"离开"，又可以看作介词性的"除了"，我们找到的较早例证是与疑问性逻辑算子连用的，如：

句式 2：离却……，何（1 例）

（404）师初问石头："离却智慧，何法示人？"（《祖堂集·卷四》）

这个例句表示"除了/离开智慧，用什么法来让人明白呢？"

4.1.3.2 口语俗文学、敦煌、禅宗文献中的间接排除范畴表达形式

4.1.3.2.1 非

晚唐五代口语俗文学、敦煌、禅宗文献中,主要由"非"的句式来表达间接排除范畴,如:

(一)和否定性逻辑算子连用

句式1:非……不(7例)

(405)微(尘)从世界而起,世是微尘所成,非烦恼不显法身,非尘埃不显世也。(《敦煌变文集新书·卷二》)

(406)非有此理,故不可呵。(《敦煌变文集新书·卷二》)

(407)且夫人生在世,父母为亲,非母不生,非母不育,是以目连报其恩德。(《敦煌变文集新书·卷三》)

(408)非外道不能出矫诈之言,非天魔不能思害之意。(《敦煌变文集新书·卷三》)

(409)此罪劫移仍未出,非佛凡夫不可知。(《敦煌变文集新书·卷四》)

句式2:非……无(1例)

(410)自尔之后,兀兀延时,依依放旷,非其道友,无得交言。(《祖堂集·卷八》)

(二)和疑问性逻辑算子连用

句式3:非……谁(7例)

(411)至提迦国,而有一人名伏驮密多,而问师曰:"父母非我亲,谁为最亲者?诸佛非我道,谁为最道者?"(《祖堂集·卷一》)

(412)师曰:"非风铜铃,我心谁耶也?"(《祖堂集·卷二》)

(413)风飘铎韵,非我是谁?(《祖堂集·卷二》)

(414)师云:"汝若信古人,叉手申问,非佛而谁?"(《祖堂集·卷十二》)

(415)"如何是佛?"师曰:"清潭对面,非佛而谁?"(《祖堂集·卷十四》)

(416)大师犹若摭石间之美玉,拾蚌中之真珠,谓曰:"诚可以传

法,非斯人而谁?"(《祖堂集·卷十七》)

(417) 众曰:"非其长圣,谁能辩耶?"(《祖堂集·卷二十》)

句式 4:非……岂(2 例)

(418) 是知如来妙行,国主能修,非小圣之测量,岂凡夫之参类。(《敦煌变文集新书·卷二》)

(419) 蒙示非从耳,云得岂关闻。(《祖堂集·卷十》)

句式 5:非……乎(1 例)

(420) 非彼黄花翠竹,而有般若法身乎?(《祖堂集·卷十四》)

句式 6:非……何(1 例)

(421) 师云:"见性非眼,眼病何害?"(《祖堂集·卷十五》)

(三)和总括性逻辑算子连用

句式 7:非……都(1 例)

(422) 非关竹刺藏深术,都是牛王具大悲。(《敦煌变文集新书·卷二》)

句式 8:非……皆(3 例)

(423) 非是业力受此鸟身,皆是量寿佛宣流变,欲令发音念佛念僧之声。(《敦煌变文集新书·卷二》)

(424) 我非是今生修种,悟解累劫之中,厌幻此身,曾于三界上下,六道循寰,生死往来,不得出离者,皆因贪财爱色之所拘系。(《敦煌变文集新书·卷二》)

(425) 舍利弗见邪徒折伏,悦畅心神:"非是我身健力能,皆是如来加被。"(《敦煌变文集新书·卷三》)

(四)和关系性逻辑算子连用

句式 9:非……即(1 例)

(426) 晨昏早遣儿妻起,酒食先教父母尝。共住不遥远有别,相看非久即无常。(《敦煌变文集新书·卷一》)

4.1.3.2.2　自非

"自非"在晚唐五代的口语俗文学、敦煌、禅宗文献中运用较少,

我们只找到1例,如:

(427) 今令凡夫但悟自心,便名佛之知见,自非上根,未免疑谤。
(《六祖坛经·机缘品第七》)

4.1.4　本节小结

4.1.4.1　列表

把晚唐五代史书、游记、笔记及传奇小说文献和口语俗文学、敦煌、禅宗文献中排除范畴的表达形式进行整理,见表4.1:

表 4.1　晚唐五代排除范畴表达形式总结

			史书、游记、笔记及传奇小说文献	口语俗文学、敦煌、禅宗文献文献
直接排除范畴表达形式	除 (92例)	1. 除 　(一) 动词性(15) 　(二) 和否定性逻辑算子连用: 　　未(1) 　(三) 和总括性逻辑算子连用: 　　皆(4)/凡(1)/并(1) 　(三) 和递进性逻辑算子连用: 　　别(1) 　(四) 和限定性逻辑算子连用: 　　唯(1) 2. 除……外 　(一) 单用(18) 　(二) 和否定性逻辑算子连用: 　　不(10)/无(6) 　(三) 和总括性逻辑算子连用: 　　一切(5)/并(10) 　(四) 和递进性逻辑算子连用: 　　更(2)/别(2)/仍(1) 3. 除……之外 　(一) 和否定性逻辑算子连用: 　　不(1)/无(1) 　(二) 和总括性逻辑算子连用: 　　皆(4)/积(1)/稍稍(1) 　(三) 固定搭配: 除此之外(3) 4. 除……以外 　(一) 单用(1) 　(二) 和分指性逻辑算子连用: 　　分(1) 　(二) 和否定性逻辑算子连用: 　　不(1)	除 (8例)	1. 除 　1) 介词 　(一) 和否定性逻辑算子连用: 　　无(1) 　(二) 和递进性逻辑算子连用: 　　更(1) 　2) 连词 　句式 3: 若要……除(1) 2. 除……外 　(一) 单用(2) 　(二) 和递进性逻辑算子连用: 　　更(1) 3. 除此之外……何(1)

	史书、游记、笔记及传奇小说文献		口语俗文学、敦煌、禅宗文献文献	
直接排除范畴表达形式	除非 (9 例)	1. 除非 　1) 作排除性介词 　（一）和否定性逻辑算子连用： 　　　无(1)/不(2) 　（二）和疑问性逻辑算子连用： 　　　谁(1)/何(1) 　（三）和排除性逻辑算子连用： 　　　此外(1) 　（四）和关系性逻辑算子连用： 　　　即是(1) 　2) 作条件性连词 　　要……，除非(1) 2. 除非……以外 　和否定性逻辑算子连用：不(1)	除非 (5 例)	1. 作排除性介词(3) 2. 作条件性连词 　句式：除非……，方(2)
	除却 (42 例)	1. 除却 　1) 作介词： 　（一）单用(1) 　（二）和否定性逻辑算子连用： 　　　不(2)/无(2)/未(2)/莫(1)/ 　　　没(1) 　（三）和疑问性逻辑算子连用： 　　　何(8)/谁(6) 　（四）和关系性逻辑算子连用： 　　　便是(1)/即(1) 　（五）和总括性逻辑算子连用： 　　　尽(1) 　2) 作连词： 　（一）单用(2) 　（二）句式：除却……，若(1) 　（三）句式：若……，除却(1) 2. 除却……外 　（一）单用(1) 　（二）和否定性逻辑算子连用： 　　　不(8) 　（三）和疑问性逻辑算子连用： 　　　何(2) 　（四）和递进性逻辑算子连用： 　　　又(1)	除却 (19 例)	1. 除却 　（一）单用(9) 　（二）与否定性逻辑算子连用： 　　　莫(1) 　（三）与疑问性逻辑算子连用： 　　　谁(1) 　（四）与总括性逻辑算子连用： 　　　一切(1) 　（五）与递进性逻辑算子连用： 　　　更(6) 2. 除却……外，亦(1)
	除去 (1 例)	与排除性逻辑算子连用： 句式：除去……其余(1)		

		史书、游记、笔记及传奇小说文献	口语俗文学、敦煌、禅宗文献文献	
直接排除范畴表达形式	除是（2例）	1）作介词： 句式1：除是……，又（1） 2）作连词： 句式2：若……，除是……（1）		
	外（6例）	1. 外 （一）单用（1） （二）和分指性逻辑算子连用： 各（1） （三）和排除性逻辑算子连用： 余（1） （四）和递进性逻辑算子连用： 别（1） 2. 凡……外，不（1） 3. 唯……外，尽（1）	外（2例）	（一）单用（1） （二）和递进性逻辑算子连用： 别（1）
	之外（43例）	1. 之外 单用（7） （二）和否定性逻辑算子连用： 无（5）/不（1）/莫（1） （三）和总括性逻辑算子连用： 悉（4）率皆（1） （四）和递进性逻辑算子连用： 又（3）/亦（2）/别（3）/尤 （1）/复（1）/更（1） （五）和关系性逻辑算子连用： 便（1） 2. 除……之外（8） 3. 于……之外 （一）和总括性逻辑算子连用： 凡（1） （二）和递进性逻辑算子连用： 加（1） 4. 自……之外（1） 5. 在……之外，悉（1）	之外（4例）	1. 之外 单用（1） （二）与否定性逻辑算子连用： 无（1） （三）和疑问性逻辑算子连用： 那（1） 2. 离……之外（1）
	自此以外（3例）	（一）单用（1） （二）和总括性逻辑算子连用：悉 （1）/皆（1）		
	以外（2例）	（一）和递进性逻辑算子连用：犹 （1） （二）和分指性逻辑算子连用：各（1）		
	已外（1例）	单用（1）		

		史书、游记、笔记及传奇小说文献		口语俗文学、敦煌、禅宗文献文献	
直接排除范畴表达形式	此外 (11 例)	（一）单用(4) （二）和否定性逻辑算子连用：无 (2)/未(1) （三）和总括性逻辑算子连用：皆 (1)/尽(1)/并(1) （四）和递进性逻辑算子连用：更(1)	此外 (2 例)	单用(2)	
	余外 (1)	和限定性逻辑算子连用：徒(1)			
	自外 (23 例)	单用：(5) （二）和否定性逻辑算子连用：不 (7)/莫(1)/无(2) （三）和分指性逻辑算子连用：各 (3) （四）和总括性逻辑算子连用：皆 (2)/咸(1)/悉(1) （五）和递进性逻辑算子连用：又 (1)	自外 (4 例)	主要跟否定性逻辑算子连用：未 (1)/不(2)/无(1)	
	其余 (9 例)	（一）和疑问性逻辑算子连用：孰 (1)/何(1) （二）和否定性逻辑算子连用：无 不(1) （三）和总括性逻辑算子连用：皆 (5)/都(1)	其余 (1 例)	单用(1)	
	其他 (5 例)	（一）和否定性逻辑算子连用：无 (1)/不(1)/莫(1) （二）和总括性逻辑算子连用：皆 (1) （三）和递进性逻辑算子连用：亦 (1)	其他 (1 例)	单用(1)	
	自余 (26 例)	（一）单用(6) （二）和分指性逻辑算子连用：各 (13) （三）和总括性逻辑算子连用：皆 (2)/咸(1) （四）和疑问性逻辑算子连用：焉 (1) （五）和否定性逻辑算子连用：不 (2) 和限定性逻辑算子连用：而已(1)	自余 (3 例)	（一）单用(1) （二）和排除性逻辑算子连用：除 (1) （三）和分指性、总括性逻辑算子 并用：各悉(1)	

续　表

史书、游记、笔记及传奇小说文献		口语俗文学、敦煌、禅宗文献文献	
		离 (4例)	1. 离 (一) 单用(1) (二) 和疑问性逻辑算子连用：如 　　何(1) 2. 离……外(1) 3. 离……之外(1)
		离却 (1例)	离却……，何(1)
间接排除范畴表达形式	非 (203例)	(一) 和否定性逻辑算子连用：不 　　(82)/无(13)/勿(3)/莫(2)/ 　　弗(1) (二) 和疑问性逻辑算子连用：谁 　　(18)/孰(16)/何(10)/乎 　　(6)/安(2)/岂(2)/轶(1)/那 　　(1)/焉(1)/庸(1)/奈何(1) (三) 和关系性逻辑算子连用：则 　　(16)/乃(3) (四) 和总括性逻辑算子连用：皆 　　(14)/悉(2)	非 (24例)	(一) 和否定性逻辑算子连用：不 　　(7)/无(1) (二) 和疑问性逻辑算子连用：谁 　　(7)/岂(2)/乎(1)/何(1) (三) 和总括性逻辑算子连用：皆 　　(3)/都(1) (四) 和关系性逻辑算子连用：即 　　(1)
	自非 (53例)	(一) 单用(8) (二) 与否定性逻辑算子连用：不 　　(12)/无(8)/莫(1) (三) 与总括性逻辑算子连用：皆 　　(9)/率(1)/悉(1) (四) 与疑问性逻辑算子连用：何 　　(6)/孰(4)/谁(1)/曷(1)/岂(1)	自非 (1例)	和否定性逻辑算子连用：未(1)
	匪 (1例)	和疑问性逻辑算子连用：孰(1)		

4.1.4.2　小结

4.1.4.2.1　直接排除范畴表达形式

晚唐五代时期的直接排除范畴表达形式仍以"除"类、"外"类和"余"类为主，并在禅宗文献中出现了"离"类词。其中"除"类包括"除"、"除非"、"除却"、"除是"和"除去"；"外"类包括"外"、"之外"、"以外(已外)"、"此外"、"余外"、"自外"、"自此以外"等；"余"类包括"其余"、"自余"、"其他"等。"离"类包括"离"和"离却"，用例不多。无论是史书、游记、笔记及传奇文献，还是口语俗文学、敦煌、禅宗文献,直接排除范畴的表达形式都比魏晋南北朝时期更丰富。只是前者在具体的表达形式和用例数量上要多于后者(这可能与后者的语料少于前者文献有关),而且我们在后者文献中找到了使用"离"类词表示排除功能的用例。

1. "除"类词

晚唐五代时期,"除"类词的介词性排除用法较魏晋时期更加丰富。由于魏晋时期已虚化出"外"、"之外"、"以外"的排除性用法,因此从初唐开始,共同的语义基础和类推原理促进了"除⋯⋯外"、"除⋯⋯之外"和"除⋯⋯以外"三大结构的形成,并一直沿用到现代汉语中。这三大结构不仅可以单独使用表示排除语义,还和否定性、总括性、递进性等逻辑算子连用表示排除功能和递进功能,我们认为"除"与"外"的结合模式在晚唐五代时期已经形成。

"除非"是晚唐五代时期的一个复合虚词,在史书、游记、笔记及传奇文献中主要作排除性介词,和否定性(如"无/不")、疑问性(如"谁/何")、关系性(如"即是")、排除性(如"此外")等逻辑算子连用表示排除,但也和表示假设关系的"要"连用,从而萌发了作条件性连词的用法,表示"如果要⋯⋯,只有⋯⋯才能实现",是一种"假设＋条件"的结构。在口语俗文学、敦煌、禅宗文献中,"除非"也同时具有排除性介词和条件性连词这两种用法,但其排除性介词的用例不多,条件性连词性质用构式"除非⋯⋯,方"来表示,是一种"条件＋假设"的结构。

随着"却"由具体的"去除、消失"语义虚化为"完成"语义,从一个表达具体语义的实词虚化为一个表达抽象语义的介词,"除却"也由一个表"去掉、消除"义的并列式合成动词虚化为"排除"语义的介词。在史书、游记、笔记及传奇文献中,"除却"和否定性(如"不/无/莫/未/没")、疑问性(如"何/谁")、关系性(如"便是/即")、总括性(如"尽")等逻辑算子连用,并在结构"除⋯⋯外"的类推下出现了"除却⋯⋯外"的结构,或单用或和否定性(如"不")、疑问性(如"何")逻辑算子表示"排除特殊,强调一致"的排除功能,还和递进性逻辑算子"又"连用表示"排除已知,补充未知"的追加功能。在口语俗文学、敦煌、禅宗文献中,"除却"表示排除功能的用例不多,表示追加功能的用例则大大增加。

"除是"和"除去"不是主要的"除"类词。"除是"表示排除的用例不多,但也与假设性"若"连用萌发了连词功能。而"除去"在这一时期仍以动词性"去掉"义为主,仅与凸显排除义的"其余"连用时可看作是向介词性过渡的形式。

"除非"、"除却"和"除是"都在晚唐五代时期虚化出排除语义,以排除性介词为主,同时也都发展出条件性连词的用法。不过,"除非"的介词用法以排除功能为主,这大概是因为它是跨层凝结而成的复合虚词,在语义和语法功能上受到"非"类词表达排除功能的限制和影响。"除却"的介词用法以排除功能为主,兼具追加功能,而且在佛典文献中其追加功能的用法多于排除功能;而"除是"的连词用法多于其排除义的介词用法。

2. "外"类词

这一时期的"外"类词较魏晋时期大有发展。"外"不仅和分指性逻辑算子(如"各")、总括性逻辑算子(如"尽")连用,表达排除功能,还和总括性逻辑算子"凡"、限定性逻辑算子"唯"连用,组成句式"凡……外,不"、"唯……外,尽",在加强句式整体排除功能的同时,也加快了"外"的虚化。"之外"和"此外"的用法更加丰富,另外还新增了"自外"和"余外"。

"之外"较魏晋时期句式类型更加丰富,在史书、游记、笔记及传奇文献中既可单用,又和否定性(如"不/无/莫")、总括性(如"悉/率/皆/皆")、递进性(如"又/亦/尤/复/别")、关系性(如"便")等逻辑算子连用,既表达排除功能,也表达追加功能,还和此时期主要的排除标记词"除"连用成为"除……之外"的结构。另外,句式"于……之外"也和总括性逻辑算子(如"凡")连用表示排除功能,和递进性逻辑算子(如"加")连用表示追加功能;框架"自……之外"和"在……之外"用例不多,但主要表示排除功能;在口语俗文学、敦煌、禅宗文献中,"之外"则多和否定性(如"无")、疑问性(如"那")、排除性(如"离")等逻辑算子连用表达排除功能,未见表达追加功能的句式用法。这些框架结构的应用都说明"之外"在此时期加快了虚化为排除标记的进程。

"此外"继承了魏晋时期的用法,用例稍微增多,在史书、游记、笔记及传奇文献中,除单用外,多和否定性(如"无/未")、总括性(如"尽/皆/并")逻辑算子连用表达排除功能,也和递进性(如"更")逻辑算子连用表达追加功能;在我们调查的口语俗文学、敦煌、禅宗文献中,用例不多,都是单用表达排除功能。

"自外"在晚唐时期由范围义虚化出排除义。既可以单用表示"把某个事物排除在某个范围之外",又可以和其他逻辑算子构成句式共同表达。在史书、游记、笔记及传奇文献中,多和否定性(如"不/莫/无")、分指性(如"各")、总括性(如"皆/咸")逻辑算子连用,表达排除功能,又和递进性逻辑算子(如"又")连用表达追加功能;在我们调查的口语俗文学、敦煌、禅宗文献中,则主要和否定性逻辑算子(如"不"、"无"、"未")连用表达排除功能,未见追加功能的用例。

3. "余"类词

"其余"在晚唐五代时期使用频率较高,基本继承了中古时期的特征。除继续以定语、主语、宾语的角色来凸显排除功能外,还与双重否定性逻辑算子(如"无不")、疑问性逻辑算子(如"孰/何")、总括性逻辑算子(如"皆/都")等连用,主要表达排除功能。在"其余"的基础上新产生了"其他",用例虽然少于"其余",但句式类型也较丰富,如和否定性(如"无/不/莫")、总括性(如"皆")、递进性(如"亦")等逻辑算子连用构成句式,不仅主要表达排除功能,还具有了追加功能。在口语俗文学、敦煌、禅宗文献中虽然也有"其余"和"其他",但用例都很少。

"自余"在晚唐五代时期不仅继承了魏晋时期的用法,而且有了发展。不仅和总括性（如"悉/咸"）、分指性（如"各"）、否定性（如"不"）逻辑算子连用，而且增加了和疑问性（如"焉"）、限定性（如"而已"）等逻辑算子的连用形式，主要表达排除功能。在口语俗文学、敦煌、禅宗文献中，还出现了和分指性逻辑算子（如"各"）、总括性逻辑算子（如"悉"）并用的形式"自余……，各悉"，凸显"排除特殊、强调一致"的排除功能。

4. "离"类词

"离"类词可能是口语俗文学、敦煌、禅宗文献中特有的直接排除范畴表达形式。在晚唐五代时期，"离"从其动词"背离、脱离"义中虚化出排除语义，主要见于《祖堂集》中。除了单用外，也和疑问性逻辑算子（如"何/如何"）构成句式共同表示排除功能，并在"除……外"、"除……之外"的类推下组成较固定的框式结构"离……外"、"离……之外"表达排除功能。

在"离"虚化出排除语义、"却"虚化出"完成"义以及"除却"义的类推作用下，"离却"虚化出"排除"义也从其并列式动词中有所萌芽，不过它的虚化程度不高，我们只找到了"离却"和疑问性逻辑算子"何"连用共同表示排除的孤例，这可能因为"离"的动词性仍比较强势，其自身的排除义没有"除"那么明显。

4.1.4.2.2　间接排除范畴表达形式

根据我们所调查的语料，晚唐五代时期的间接排除范畴表达形式仍以"非"类词为主。史书、游记、笔记及传奇文献中主要有"非"、"自非"和"匪"，其中以"非"和"自非"为主，"匪"仅有"匪……孰"一个孤例，可能是对上古时期用法进行复古模拟的结果。

由"非"所构成的句式种类较魏晋时期更加丰富，可以连用的逻辑算子也更加多样，如在史书、游记、笔记及传奇文献中，和否定性（如"不/未/莫/勿/弗"）、疑问性（如"岂/何/乎/谁/孰/钦/那/焉/安/庸/奈何"）、关系性（如"则/乃"）、总括性（如"皆/悉"）等逻辑算子连用表达排除功能；在口语俗文学、敦煌、禅宗文献中，虽然也和这六类逻辑算子连用,但所连用的逻辑算子没有史书、游记、笔记及传奇文献中那么丰富,如和否定性(如"不/无")、疑问性(如"谁/岂/乎/何")、总括性(如"都/皆")、关系性(如"即")等逻辑算子连用表达排除功能。

"自非"在晚唐五代时期的句式和用例数量较魏晋南北朝时期有所减少,但总体上继承了魏晋时期的用法,如在史书、游记、笔记及传奇文献中,除单用外,还和否定性(如"不/无/莫")、疑问性(如"谁/何/孰/曷/岂")、总括性(如"皆/悉/率")等逻辑算子连用表达排除功能。但"自非"在我们调查的口语俗文学、敦煌、禅宗文献中用例很少,我们仅找到了 1 例。可见,"自非"虽然在魏晋时期发展势头很猛,大有赶超"非"之势,但是发展到晚唐五代时期,这种发展势头大大减慢,"非"的构式仍然是间接排除范畴的最典型代表。

4.2　宋　　代

4.2.1　所用语料

笔记体、语录及戏曲平话文献:《老学庵笔记》,《南北朝杂记),《梦溪笔谈》,《靖康纪闻》;《朱子语类》,《林间录》;《张协状元》,《新编五代史平话》。

禅宗文献:《碧岩录》,《五灯会元》,《古尊宿语录》。

4.2.2　笔记体、语录及戏曲平话文献中的情况考察

4.2.2.1　直接排除范畴的表达形式

4.2.2.1.1　"除"类

4.2.2.1.1.1　除

一、除

(一) 单用(1 例)

(428) 国马高八尺,除衔颈则如马之高。(《梦溪笔谈·补笔谈·卷二》)

这个例子表示,如果"国马"不将"衡颈"计在内的话,和"马"一样高。

（二）和总括性逻辑算子连用

句式1：除……,都(1例)

(429) 若作尽人道说,除管仲是个人,他人便都不是人! 包管仲也未尽得人道在,"夺伯氏骈邑",正谓夺为己有。(《朱子语类·卷四十四》)

这是我们找到的"除……,都"的较早用例,在宋代。

二、除……外

（一）单用(9例)

"除……外"单用时,一般表示"除……外"引导的部分和后面的分句指代的部分,二者相加构成一个整体,如：

(430) 客茶交引钱,嘉祐三年,除元本及杂费外,得净利五十四万二千一百一十一贯五百二十四。(《梦溪笔谈·卷十二》)

这句中"元本及杂费"的钱数和后面分句中的"五十四万二千一百一十一贯五百二十四"相加构成所得的总钱数。

(431) 初十日,有诏,大金军登城不下,人复更生,已受天赐,但军暴露劳苦,除府库所有尽充犒军外,切忧数少,支散不敷应。(《靖康纪闻》)

(432) 但大金尚在城上,若更坚守,别有施行,则汝之忠勤,反为宗社之祸,不如早与烧毁楼橹,开门出降抚定,除本土人民外,原系河南百姓、官兵、客旅,元许放还,则公私各得其所。(《靖康纪闻》)

（二）和否定性逻辑算子连用

句式2：除……外,不(1例)

(433) 时有令云："除守楼使臣军兵外,余人并不许上。"(《靖康纪闻》)

句式3：除……外,无(1例)

(434) 离不得委官亲到地头,集邻验视顾驴儿尸首,除太阳穴一痕致命外,余无痕伤。(《新编五代史平话·周史平话卷上》)

（三）和限定性逻辑算子连用

句式 4：除……外，只有（1 例）

"只有"是由限定副词"只"和存在动词"有"构成的偏正词组。"有"后面是体词性的宾语，"只"在句法上限定动词"有"，在语义上限定"有"的宾语的范围，如：

（435）孔门除曾子外，只有子夏守得规矩定，故教门人皆先"洒扫应对进退"，所以孟子说："孟施舍似曾子，北宫黝似子夏。"（《朱子语类·卷四十九》）

在这句话中，"有"的宾语是"子夏"，"只"限定了"有"的宾语，表示没有其他人，以照应"除了"所引导的对象"曾子"外，没有其他人了，只有"子夏"。

（四）和递进性逻辑算子连用

句式 5：除……外，更（1 例）

副词"更"表示"愈加、再"，和"除……外"相连，表示进一步补充说明，具有"排除已知，补充其他"的功能，如：

（436）又云：看集义聚许多说话，除程先生外，更要拣几句在集注里，都拈不起。（《朱子语类·卷四十一》）

（五）和总括性逻辑算子连用

句式 6：除……外，悉（1 例）

（437）除苦竹外，悉谓之淡竹，不应别有一品谓之淡竹。（《梦溪笔谈·卷二十六》）

句式 7：除……外，都（1 例）

"都"和"除"连用后，也开始和"除……外"连用，如：

（438）除此外，都是后来人推说出来底。（《朱子语类·卷六十六》）

句式 8：除……外，凡（1 例）

我们找到了在晚唐五代"除……，凡"的用例，我们又找到了在宋代"除……外，凡"的用例，如：

（439）十二律配燕乐二十八调,除无徵音外,凡杀声黄钟宫,今为正宫,用六字;黄钟商,今为越调,用六字。(《梦溪笔谈·补笔谈·卷一》)

（六）和疑问性逻辑算子连用

句式9:除……外,谁(1例)

（440）问:"诸家易除易传外,谁为最近?"(《朱子语类·卷六十六》)

三、除……之外(1例)

（441）草药上品,除五芝之外,赤箭为第一。(《梦溪笔谈·卷二十六》)

从以上的描述可以看出,在宋代时期,"除"除了可以单用以及与"余"、"都"、"甚"构成句式外,更多地是以"除……外"的形象出现,或单用,或与总括逻辑算子"悉、凡、都"相连,或与递进逻辑算子"更、甚"相连,"除……之外"用法不多。

4.2.2.1.1.2　除却

"除却"在宋代动词性用法和介词性用法并存,其中以动词性用法为主,介词性用法较晚唐五代时期减少。动词性用法如:

（442）若要除却这个道理,又空读书。(《朱子语类·卷三十四》)

（443）如不用浮屠,送葬不用乐,这也须除却。(《朱子语类·卷八十九》)

"除却"作为"排除"义介词在宋代主要有以下几种句式:

（一）和关系性逻辑算子连用

句式1:除却……,便是(1例)

（444）除却不弘,便是弘;除了不毅,便是毅。(《朱子语类·卷三十五》)

（二）和递进性逻辑算子连用

句式2:除却……,更(1例)

在句式"除却……,更"中,"更"引导的部分表示"除了某一对象

外"进行进一步补充和追加,如:

（445）除却此四者,更有何物须是仁?（《朱子语类·卷六十八》）

（三）和限定性逻辑算子连用

句式 3:除却……,只（1 例）

关于"只"的来源,太田辰夫（1958:264）说:"'只'成为像现代汉语那样表示单独的副词,是在南北朝。恐怕是古代汉语的'止'和'衹'写成了'只'。"杨荣祥（2005）对此产生了疑问:"'止'表限定义是由动词义'停止'引申来的,上古就已产生;'衹'在上古汉语中是'恰好、徒然'的意思（见《词诠》）,由此引申表限定义,大约始于六朝。'只'与'衹'上古中古皆同音,说'衹'写成了'只',似可信从。但还有个问题:'只'表限定读平声,为什么后来读成了上声?"①无论"只"的来源如何,限定性副词"只"都最早出现于魏晋时期,如:

（446）我只见汝送人作郡,何以不见人送汝作郡!（《晋阳秋·卷三》）

不过我们找到的"只"和排除义介词相连的最早例子是在宋代,如:

（447）伊川亦云:"除却身,只是理。"（《朱子语类·卷九十九》）

限定性副词"只"限定后面相连的成分的唯一性,表示"没有其他",和介词性"除却"连用,进一步强调"除了某一对象外,只有一种可能性,没有其他的可能性"。

4.2.2.1.1.3　除非

"除非"自唐代萌发了连词用法后,在宋代主要作为连词使用,一方面继承了晚唐五代禅宗文献中"除非……,方"的句式用法,另外还产生了新的句式"除非……便",如:

句式 1:除非……,方（4 例）

（448）只是他那工夫大段难做,除非百事弃下,办得那般工夫,方

---

① 杨荣祥:《近代汉语副词研究》,北京:商务印书馆,2005,第 107 页。

做得。(《朱子语类·卷四》)

(449) 如古人皆用竹简,除非大段有力底人方做得。(《朱子语类·卷十》)

(450) 盖古人无本,除非首尾熟背得方得。(《朱子语类·卷十》)

(451) 除非无了此气,只口不会说话,方可休也。(《朱子语类·卷八》)

句式2:除非……,便(1例)

"便"也可以引导结果从句,和"方"类似,如:

(452) 状元台旨:除非朝士官员,你便通报。(《张协状元·第三十五出》)

这句话是说"你通报"这一结果只能在"是朝士官员"这一唯一性条件下才会产生,除了这种唯一性条件以外的其他条件都不会引发"你通报"这个结果。

句式3:若要……,除非(1例)

(453) 若要做见几而谏,除非就本书添一两字始得。(《朱子语类·卷二十七》)

除了以上几种有明显逻辑算子连用的句式外,"除非"还可以单独引导一个唯一性条件,其中有两种情况:

第一种:"除非"引导条件句放在结果句之前,在所调查的语料中共有6例,如:

(454) 除非嫁个读书人,不问簪缨不问贫。(《张协状元·第十五出》)

(455) 除非上苑随趁,度芳菲欢会。(《张协状元·第十三出》)

(456) 心事,除非我自知,镇魆地泪垂。(《张协状元·第二十九出》)

以例(454)为例,"不问簪缨不问贫"这一结果是在"嫁个读书人"这一唯一性条件下产生的,也就是说,要想产生"不问簪缨不问贫"的结果,唯一的条件是"嫁个读书人",这样就把其他可能的条件排除掉了。

第二种："除非"引导的条件句放在结果句之后,在所调查的语料中只有 1 例,如:

(457) 兼自执卓做人,除非自苦怀抱。(《张协状元·第三出》)

在这句话中,"兼自执卓做人"是产生的结果,而且是假设性的未实际发生的结果,而要想实现这个结果,唯一的条件是"自苦怀抱"。所以这句话可以看作是"若要兼自执卓做人,除非自苦怀抱"的一个缩减形式。

4.2.2.1.1.4　除了

根据我们的考察,"除了"是宋代新产生的。在产生之初,"除了"是一个动词,是动词"除"和助词"了"的组合。助词"了"出现的时期大概在晚唐时期①,表示"完成"义,它是由古代汉语表示"完了"、"了结"、"终了"义的动词"了"虚化而来的,同时也是对动态助词"却"的更替。"了"在动词"除"之后表示动作完成,表示"除去"义,如:

(458) 如月影映在这盆水里,除了这盆水,这影便无了,岂是这影飞上天去归那月里去!(《朱子语类·卷六十三》)

(459) 说许多病痛,都在"诚意"章,一齐要除了。(《朱子语类·卷十六》)

(460) 须是除了自己所见,看他册子上古人意思如何。(《朱子语类·卷十一》)

动态助词"了"完成对"却"的替换后,"除却"也慢慢被"除了"所替代,并和介词"除"一样可以和很多逻辑算子构成句式,如:

一、除了

(一)和总括义逻辑算子连用

句式 1:除了……,皆(3 例)

(461) 恰似那藏相似,除了经函,里面点灯,四方八面皆如此光明

---

① 陈昌来:汉语介词的发展历程和虚化机制,《柳州职业技术学院学报》,2002(3)。

粲烂,但今人亦少能看得如此。(《朱子语类·卷五》)

(462) 但除了不是当闲底物事,皆当格也。(《朱子语类·卷十八》)

(463) 除了人姓,皆当音在增反。(《朱子语类·卷二十三》)

句式"除了……皆"和"除……皆"一样,都表示"排除特殊,强调一致"。

句式 2:除了……,统(1例)

(464) 大抵蒙卦除了初爻,统说治蒙底道理。(《朱子语类·卷七十》)

(二) 和关系义逻辑算子连用

句式 3:除了……,便(2例)

(465) 问:"前日承教云:'老阳少阴,少阳老阴,即除了本身一二三四,便是九八七六之数。'……"(《朱子语类·卷六十五》)

(466) 元来只是十数,太阳居一,除了本身便是九个;少阴居二,除了本身便是八个;少阳居三,除了本身便是七个;太阴居四,除了本身便是六个。(《朱子语类·卷七十五》)

句式"除了……便"和"除却……便"一样,通过从整体中排除出其他可能性来凸显这二者的特殊性,表示"不在二者之外"。

句式 4:除了……是(1例)

这一句式其实是"除了……,便是"省去"便"的简略形式,用例不多,如:

(467) 佛者曰:十二时中,除了着衣吃饭是别用心。(《朱子语类·卷一百二十一》)

(三) 和递进性逻辑算子连用

句式 5:除了……,亦(2例)

(468) 又,建康除了安抚,亦只是列郡,某都是使牒。(《朱子语类·卷一百六》)

(469) 贾谊新书除了汉书中所载,余亦难得粹者。(《朱子语类·

卷一百三十五》)

句式 6：除了……，犹(2 例)

副词"犹"表示"还是、仍然"之义，多用于书面语，和"除了"连用表示"将某一部分或对象不计算在范围之内后的其他部分"，如：

(470) 此事除了孔孟，犹是佛老见得些形象。(《朱子语类·卷三十六》)

(471) 及到得五十，即除了下面两字，犹今人不敢斥尊者呼为几丈之类。(《朱子语类·卷八十七》)

(四) 和限定性逻辑算子连用

句式 7：除了……，只(2 例)

(472) 如浙间除了和买丁钱，重处减些，使一家但纳百十钱，只依而今税赋放教宽，无大故害民处。(《朱子语类·卷八十六》)

(473) 南北史除了通鉴所取者，其余只是一部好笑底小说。(《朱子语类·卷一百三十四》)

二、除了……之外

(一) 和疑问性逻辑算子连用

句式 8：除了……之外，何(1 例)

(474) 且如干卦，如其说时，除了二与五之外，初何尝应四？三何尝应六？坤卦更都不见相应。(《朱子语类·卷六十七》)

(二) 和否定性逻辑算子连用

句式 9：除了……之外，无(1 例)

(475) 除了熟之外，无不可说者。(《朱子语类·卷一百一十七》)

三、除了……外

句式 10：除了……外(1 例)

(476) 除了初六是过于畏慎无咎外，九二虽无不利，然老夫得女妻，毕竟是不相当，所以象言"过以相与也"。(《朱子语类·卷七十一》)

4.2.2.1.1.5　只除

"只除"是在"除"的基础上加上"只"形成的，其中的"只"表示强

调的作用,在宋代不多用,如:

句式:只除……乃是(1 例)

(477)诸公议,恐事多易杂,若致缴驳,反伤老成道,只除平章军国重事,乃是为安潞公计耳。(《朱子语类·卷一百三十》)

4.2.2.1.1.6 只除了

"只除了"是在"除了"的基础上再加上"只"的结果,其中"只"表示强调。

句式 1:只除了……,便(是)(1 例)

(478)只除了不弘,便是弘;除了不毅,便是毅。(《朱子语类·卷三十五》)

句式 2:只除了……外(1 例)

(479)看得道理熟后,只除了这道理是真实法外,见世间万事,颠倒迷妄,耽嗜恋着,无一不是戏剧,真不堪着眼也。(《朱子语类·卷八》)

句式 3:只除了……之外,便(1 例)

(480)今观孔子诸弟子,只除了曾颜之外,其它说话便皆有病。(《朱子语类·卷九十三》)

4.2.2.1.1.7 除是

在宋代,"除是"继承了排除性介词的用法,如:

(481)看诸公说,除是上蔡说得犹似。(《朱子语类·卷四十一》)

例句中的后一分句"除是上蔡说得犹似",在深层语义结构上其实是句式"除是上蔡说得犹似,无人说得犹似"的一个紧缩式,表示"在诸公说"的范围里,除了"上蔡"没有人"说得犹似"。这种将例外排除出一定范围之外后,又否定其他一切可能性的用法其实是对例外的凸显、肯定和强调,由于直接性排除范畴"除了"义和间接性排除范畴"只有"义在深层语义上是相通的,二者的转化也是非常自然的,因此"除是"由介词性"排除"义虚化出连词性"只有"义也就是顺理成章的了。

所以上面的例句可以看作"除是"介词向连词虚化的中间状态。

　　雷冬平(2008)将"算此情、除是青禽,为我殷勤报"(《全宋词》)作为"除是"在宋代表介词的用例,我们认为并不妥当,这个句子中的"除是"和上面所举例句的"除是"一样,都不能完全理解为介词性"排除",而只能看作是兼有"除了"和"只有"义的中间态。

　　我们认为,"除是"在晚唐五代时期作为排除性介词的用例相当少,在宋代作为排除性介词也不多见,这大概是因为在宋代"除是"已经虚化出连词性"只有"义的用法,而同时期表示排除性介词的多由"除"、"除了"等词担当的缘故。因此我们主要看一下"除是"在宋代作为连词的用法。

　　句式 1:要/不……,除是(2 例)

　　这一句式中,表示结果的"要"分句在前,引导充分必要条件的"除是"分句在后,形式为"结果 + 条件",是晚唐五代时期"要……,除非"句式的一种变体,如:

　　(482) 人在世间,未有无事时节;要无事,除是死也。(《朱子语类·卷十二》)

　　(483) 伊川云:"要有此理,除是死也!"(《朱子语类·卷一百二十二》)

　　例(482)表示如果要产生"无事"这种结果,唯一性的条件是"死也",除了这个条件外,没有其他的任何条件可以实现"无事"这种结果。

　　句式 2:除是……,方(7 例)

　　句式"除是……方"其实是句式"除非……方"的一种变体,由"除是"引导的条件在前,"方"引导的结果在后,形式为"条件 + 结果",多出现于《朱子语类》中,如:

　　(484) 除是夫子"七十而从心所欲,不逾矩",方可说此。(《朱子语类·卷四十一》)

　　(485) 除是无此物,方无此理;既有此物,圣人无有不尽其理者。(《朱子语类·卷十八》)

（486）盖此何但是仁，除是圣人方做得。（《朱子语类·卷三十三》）

（487）此处除是颜子方见得。（《朱子语类·卷三十六》）

（488）曰："初学如何便得安？除是孔子方始'恭而安'。"（《朱子语类·卷一百二十》）

（489）除是执法者大段把得定，不轻放过一个半个，无一毫私，方执得住。（《朱子语类·卷一百二十八》）

（490）不仕于大夫，除是终身不出，如曾闵，方得。（《朱子语类·卷三十一》）

句式3：除是……，则（2例）

《说文》段玉裁注："则，假借之为语词。"在上古就有用例，所连接的前一部分表示原因，后一部分表示结果，或在事理上有相承关系，可译为"就、便"，如：

（491）恭而无礼则劳，慎而无礼则葸，勇而无礼则乱，直而无礼则绞。（《论语·泰伯》）

（492）人有祸，则心畏恐；心畏恐，则行端直；行端直，则思虑熟；思虑熟，则得事理。（《韩非子·解老》）

"则"和"除是"相连用，在形式上为"原因＋结果"，如：

（493）除是大无道残暴酷虐，则不知如何。（《朱子语类·卷一百三十三》）

（494）除是自近而推，渐渐看将去，则自然见得矣。（《朱子语类·卷四十九》）

4.2.2.1.1.8　除非是

"除非是"也是宋代新产生的复合虚词，是由"除非"和表示强调语气的"是"组合而成的。在语法功能上相当于"除非"。

A.作排除性介词

（一）和否定性逻辑算子连用

句式1：除非是……，不（1例）

（495）某所以都不敢信诸家解，除非是得孔子还魂亲说出，不知如何。（《朱子语类·卷八十三》）

这句话可以理解为："某所以都不敢信诸家解，除了孔子还魂亲自说出来以外，大家都不知如何。"

（二）和疑问性逻辑算子连用

句式 2：……谁，除非是（2 例）

这种句式中的"谁"都是反诘语气，其实是句式"除非是……，谁"的倒装式，表示"除了……以外，没有谁（人）可以……"，如：

（496）旧愁百种谁知，除非是见伊时。（《全宋词·吕本中·清平乐》）

（497）此情谁表。除非是，重相见了。（《全宋词·沈邈·剔银灯》）

例（496）可以理解为："除了见到你的时候以外，没有人知道我的百种旧愁。"例（497）理解为："除了重相见以外，这份感情没有人可以向她表达。"

B．作条件性连词

句式 3：要……，除非是（2 例）

（498）如今要见，除非是梦。（《全宋词·袁去华·宴清都》）

（499）念冰肤秀骨，人间要见，除非是、真仙子。（《全宋词·无名氏·鼓笛慢》）

句式 4：结果句＋条件句（6 例）

（500）半碍醉筇吟袂。除非是、莺身瘦小，暗中引雏穿去。（《全宋词·蒋捷·竹山词》）

（501）说后说应难尽，除非是、写成轴。（《全宋词·华岳·霜天晓角》）

（502）（外上唱）[行香子]欲改门闾，须教孩儿，除非是攻着诗。（《张协状元·第五出》）

（503）着个好姻缘，除非是状元。（《张协状元·第十五出》）

4.2.2.1.1.9　除去

"除去"在宋代虽然延续了萌发于唐代的排除性介词用法,但用例很少,仍以动词性"去掉、除去"义为主。在我们调查的语料中,"除去"的23例都来自《朱子语类》,其中21例是动词性的"去掉、除去"义,只有2例表现出介词性用法。

动词性的"除去"后面可以带宾语,也可以不带,后面还可以带助词"了",如:

(504) 若不除去,恐因此滋蔓,则病痛自若。(《朱子语类·卷十六》)

(505) 不先除去冷积,而但欲痛之自止,岂有此理!(《朱子语类·卷十六》)

(506) 通鉴削去前一节,温公之意谓鞔无那帝王底道理,遂除去了。(《朱子语类·卷一百三十四》)

表示排除性介词的"除去"主要有两个句式:

(一) 和限定性逻辑算子连用

句式1:除去……,只(1例)

这个句式和"除却……只"一样,限定性逻辑算子"只"限定了后面引导对象的唯一性,与排除性介词"除却"相连,进一步强调所谈论的内容不在"排除的对象"和"剩下的唯一对象"之外,如:

(507) 程易除去解易文义处,只单说道理处,则如此章说"天,专言之则道也",以下数句皆极精。(《朱子语类·卷六十七》)

(二) 和关系性逻辑算子连用

句式2:除去……,便是(1例)

句式"除去……,便是"也和句式"除却……,便"一样,强调所谈的内容不在"排除的对象"和"剩下的唯一对象"之外,如:

(508) 曰:"只是粗。除去粗,便是实。"(《朱子语类·卷一百二十》)

4.2.2.1.2　"外"类

4.2.2.1.2.1　外

在所调查的宋代语料中,我们只找到了1例"外"单用表示排除的

用例,如:

(509) 其法须测验每夜昏、晓、夜半月及五星所在度秒,置簿录之,满五年,其间剔去云阴及昼见日数外,可得三年实行,然后以算术缀之。(《梦溪笔谈·卷八》)

4.2.2.1.2.2　之外

一、之外

"之外"在宋代仍有表示"在某个范围的外边"的基本义用法,如:

(510) 余尝过无定河,度活沙,人马履之,百步之外皆动,澒澒然如人行幕上。(《梦溪笔谈·卷三》)

(511) 序之外谓之荣,荣,屋翼也,今之两徘徊,又谓之两厦。(《梦溪笔谈·补笔谈·卷一》)

不过,在所调查的语料中,"之外"这种基本义逐渐减少,其"排除"义的用法较晚唐五代时期更多样和丰富,如:

(一) 和递进性逻辑算子连用

句式 1:……之外,别(2 例)

句式"……之外,别"在宋代继承了晚唐五代时期的用法,不过用例仍然不多,如:

(512) 鞠真卿守润州,民有斗殴者,本罪之外,别令先殴者出钱以与后应者。(《梦溪笔谈·卷十一》)

(513) 持志却是养心,也不是持志之外别有个养心。(《朱子语类·卷五十二》)

句式 2:……之外,尚(1 例)

"尚"也属于递进性逻辑算子,表示"进一步补充说明,还有",如:

(514) 百官仪范,著令之外,诸家所记,尚有遗者。(《梦溪笔谈·卷二》)

例句表示"除了著令以外,还有遗漏的东西"。

句式 3:……之外,又(7 例)

"又"是递进性逻辑算子的典型代表,表示"进一步补充说明",此

句式用例较多,在所调查的语料中,《梦溪笔谈》2 例,《林间录》1 例,《朱子语类》4 例,如:

(515) 梵学则喉、牙、齿、舌、唇之外,又有折、摄二声。(《梦溪笔谈・卷十五》)

(516) 事理之外,宗门又有四藏锋之用,亲近以自治,藏锋之用以治物。(《林间录・卷一》)

(517) 如太祖祭,用簠筮豆之外,又设牙盘食用碗之类陈于床,这也有意思,到神宗时废了。(《朱子语类・卷八十八》)

句式 4:……之外,亦(2 例)

(518) 问:"学者讲明义理之外,亦须理会时政。"(《朱子语类・卷十三》)

(519) 郑诗自缁衣之外,亦皆鄙俚,如"采萧""采艾""青衿"之类是也。(《朱子语类・卷八十》)

句式 5:……之外,更(1 例)

(520) 推,只是推己之"推"否?"更无余法",是一理之外更无其它否?(《朱子语类・卷二十七》)

句式 6:……之外,犹(1 例)

(521) 未到那里,也须知说闻见之外,犹有我不闻不见底道理在。(《朱子语类・卷九十八》)

(二)和疑问性逻辑算子连用

疑问性逻辑算子"何、谁、乎"自上古时期就在反诘句中和排除范畴表达形式连用,共同表示"排除掉特例后,没有例外",非常普遍。在中古时期和晚唐五代时期,"之外"都没有和疑问性逻辑算子连用,但在宋代,"之外"开始与疑问性逻辑算子连用,共同表示排除功能。如:

句式 7:……之外,何(1 例)

(522) 人但知人境中事耳,人境之外,事有何限?(《梦溪笔谈・卷二十》)

句式 8：……之外,谁(1 例)

(523) 或问:"易解,伊川之外谁说可取?"(《朱子语类·卷六十六》)

句式 9：……之外,乎?(1 例)

(524) 日:"既言'以殷余民封康叔',岂非封武庚之外,将以封之乎?"(《朱子语类·卷七十八》)

(三) 和总括性逻辑算子连用

句式 10：……之外,一切(1 例)

(525) 顺初起,悉召乡里富人大姓,令具其家所有财粟,据其生齿足用之外,一切调发,大赈贫乏;录用材能,存抚良善;号令严明,所至一无所犯。(《梦溪笔谈·卷二十五》)

在这例中,总括性指代词"一切"对论域中的全体成员进行总括,和"之外"连用后表示"将生齿足用排除掉后剩下的所有财粟"都要毫无例外地"调发",强调了"剩下的所有财粟"的一致性,是典型的"排除特殊,强调一致"。

句式 11：……之外,皆(1 例)

"皆"是非常常用的总括性副词,和"之外"连用后总括"将特殊对象排除出范围之后的对象统一具有某种动作、状态或性质",也具有"排除特殊,强调一致"的功能。如:

(526) 某今看得郑诗自《叔于田》等诗之外,如《狡童》、《子衿》等篇,皆淫乱之诗,而说《诗》者误以为刺昭公,刺学校废耳。(《朱子语类·卷八十》)

(四) 和限定性逻辑算子连用

和"之外"连用的限定性副词有"惟、但",语义上表示"只、只有",限定后面引导成分的唯一性,如:

句式 12：……之外,惟(1 例)

(527) 先左丞平居,朝章之外,惟服衫帽。(《老学庵笔记·卷二》)

这句话表示："除了朝章以外,只穿衫帽,没有别的衣服。"

句式 13：……之外,但(1 例)

(528) 寝食之外,但治猎事,曰："此所以寓吾意也。"(《老学庵笔记·卷二》)

这句话表示："除了寝食以外,只治猎事,没有其他的事情。"

我们认为"之外"和限定性逻辑算子相连用时,限定性逻辑算子引导的成分实际上是对前面被排除出去的成分的一个补充,如"朝章之外,惟服衫帽"在深层语义上其实是"除了朝章和服衫帽以外,其他的都不穿"。"寝食之外,但治猎事"在深层语义上是："除了寝食和治猎事以外,其他的事情都不做。"所以我们认为,虽然在语法形式上"之外"只排除了分句的前半部分,实际上是将"之外"引导的成分和"惟、但"引导的成分作为一个整体,然后从一个更高的排除层次上将这一整体从所说的大范围"穿什么"和"做什么"排除出去,以突显其特殊性。

（五）和否定性逻辑算子连用

"无"、"不"仍是否定性逻辑算子的主要典型,如：

句式 14：……之外,无(3 例)

(529) 问："康节论六合之外,恐无外否?"(《朱子语类·卷第一》)

(530) 这须是见得天下之事实是己所当为,非吾性分之外所能有,然后为之,而无为人之弊耳。(《朱子语类·卷第十七》)

(531) 问："'仲尼不为已甚',此言本分之外无所增加尔。"(《朱子语类·卷第五十六》)

句式 15：……之外,不(1 例)

(532) "仲尼不为已甚",言圣人所为,本分之外不加毫末。(《朱子语类·卷第五十七》)

（六）和关系义逻辑算子连用

句式 16：……之外,即(1 例)

"即"和排除义"之外"连用,相当于"除了……,就是……",受到上古汉语"非……即"句式的同化。在"非……即"中,"即"表示一种任选关系,即把选择范围限定在"非"引导的成分和"即"引导的成分之内。"……之外,即"也表示这种"不在二者范围之外"的语用,如:

(533)"日月至焉",只就至焉时便为终始,至焉之外即间断而无诚,无诚即无物矣。(《朱子语类·卷第六十四》)

二、舍……之外(2 例)

"舍"在上古的很多句式中都具有"排除"义,和排除义的"之外"的语义基础相同,二者连用是对这种排除性作出的进一步强调,其中"舍"的动词性减弱,介词性增强,如:

(534)夫子舍二人之外,别不曾说,不似今人动便说一贯也。(《朱子语类·卷第二十七》)

(535)今日之来,若舍六经之外,求所谓玄妙之说,则无之。(《朱子语类·卷一百一十四》)

例(534)是说"除了这二人以外",例(535)是说"除了六经以外"。

三、自……之外(6 例)

框式结构"自……之外"的较早用例是在晚唐五代,在宋代有所发展。

一方面,在魏晋时期已有的"自此以外"、"自此已外"的格式类推下产生了固定的短语结构"自此之外",如:

(536)又问:"自此之外,更无余法,亦无待于推矣。"(《朱子语类·卷第二十七》)

(537)所以集注说"自此之外,固无余法",便是那竭尽无余之谓。(《朱子语类·卷第二十七》)

另一方面,它比"自此之外"这个短语结构更灵活,在"自"和"之外"中间可插入音节数较灵活的名词,如:

插入单音节名词,如:

(538)或问:"河图自五之外,如何一便成六七八九十?"(《朱子语类·卷第六十五》)

插入双音节名词,如:

（539）"自孝经之外，如论语，只取其面前明白者教之，何如？"曰："亦可。"（《朱子语类·卷第七》）

（540）是当时儒者专门名家，自一经之外，都不暇讲，况在上又无典礼乐之主。（《朱子语类·卷八十五》）

插入多音节名词，如：

（541）若论庙数，则自祧僖祖之外，由宣祖以至孝庙，方成九数，乃并宣祖而祧之！某尝闻某人云："快便难逢，不如祧了，且得一件事了。"（《朱子语类·卷第九十》）

（542）问："今之学校，自麻沙时文册子之外，其它未尝过而问焉。"（《朱子语类·卷第一百九》）

也有少数可以插入动词成分的例子，如：

（543）然人之一身，大伦之目，自为人谋、交朋友之外，得无犹在所省乎？（《朱子语类·卷第二十一》）

可见，"自……之外"在宋代已经成为一个较固定的表示排除义的框式结构了。

4.2.2.1.2.3　此外

"此外"萌芽于先秦至魏晋南北朝，发展于晚唐五代时期，到宋代时已经比较成熟，在所调查的语料中，《梦溪笔谈》4例，《林间录》1例，《朱子语类》11例。和其他逻辑算子构成较固定的句式，如：

（一）和否定性逻辑算子连用："此外无/非/未"（6例）

（544）此外无名可纪，但四十三次万倍乘之，即是都大数，零中数不与。（《梦溪笔谈·卷十八》）

（545）味道问："'过此，几非在我者'，疑横渠止谓始学之要，唯当知内外宾主之辨，此外非所当知。"（《朱子语类·卷三十一》）

（546）颜子"三月不违仁"，既有限，此外便未可知。（《朱子语类·卷四十五》）

（二）和递进性逻辑算子连用："复/更/又/亦/别"（8例）

（547）辎重三之一，止得驻战之卒七万人，已用三十万人运粮，此

外难复加矣。(《梦溪笔谈·卷十一》)

(548) 大抵易只是一个阴阳奇耦而已,此外更有何物? (《朱子语类·卷七十五》)

(549) 曰:"卿受田六十邑,乃当二百四十井,此外又有'圭田五十亩'也。"(《朱子语类·卷五十五》)

(550) 集注所录,都说得意思尽了,此外亦无可说。(《朱子语类·卷四十一》)

(551) 此外别有何法? 只是释氏没道理,自呀将去。(《朱子语类·卷一百二十六》)

(三)和总括性逻辑算子连用:"悉/皆"(2 例)

(552) 大率高下五等,通有百家,皆谓之士族,此外悉为庶姓,婚宦皆不敢与百家齿,陕西李氏乃皇族,亦自列在第三,其重族望如此。(《梦溪笔谈·卷二十四》)

(553) 此外八卦各有所主,皆是处忧患之道。(《朱子语类·卷七十六》)

4.2.2.2　间接排除范畴的表达形式

4.2.2.2.1　非

(一)和否定性逻辑算子连用

句式 1:非……不(47 例)

在句式"非……不"中,简缩式"非 X 不 K"仍占多数,共 35 例,如:

(554) 人之处事,于丛冗急遽之际而不错乱者,非安不能。(《朱子语类·卷十四》)

(555) 上蔡云:"安仁,非颜闵以上做不得。"(《朱子语类·卷二十六》)

另外,复杂式"非……不……"共 9 例,如:

(556) 非真中酒者,不能知此味也。(《老学庵笔记·卷五》)

(557) 非见道理之精密、透彻、纯熟者,不足以语权也。(《朱子语

类·卷三十七》)

　　除了这两种形式外,"非……不可"共有3例,如:

　　(558)谓政刑但使之远罪而已;若是格其非心,非德礼不可。(《朱子语类·卷二十二》)

　　(559)夫子许他南面,非如此不可。(《朱子语类·卷四十二》)

　　(560)然而天下之事,虽至纤悉,举不出于此理,非集义不可。(《朱子语类·卷六十一》)

　　句式2:非……无(5例)

　　句式"非……无"也是自先秦就使用的句式,在宋代继续沿用,如:

　　(561)盖学士院在禁中,非内臣宣召,无因得入,故院门别设复门,亦以其通禁庭也。(《梦溪笔谈·卷一》)

　　(562)至彼,须万计求见遇乞,非此人无以得其心腹。(《梦溪笔谈·补笔谈卷下·权智》)

　　(563)曰:"天命之性,非气质则无所寓。"(《朱子语类·卷四》)

　　(564)盖天非气,无以命于人;人非气,无以受天所命。(《朱子语类·卷四》)

　　(565)非元则无以生,非贞则无以终,非终则无以为始,不始则不能成终矣。(《朱子语类·卷六》)

　　句式3:非……莫(4例)

　　(566)尝自疏其义,其文简而肆,略诸师之详,而详诸师之略,非识妙者莫能窥也。(《林间录·卷下》)

　　(567)此法非情识所到,故三祖大师曰:"非思量处,识情莫测。"(《林间录·卷下》)

　　(568)要好空口休祷告,非酒非肉莫抛照。(《张协状元·第二十五出》)

　　(569)能于此而察之,非"知几"者莫能。(《朱子语类·卷七十六》)

句式 4：非……勿（17 例）

句式"非……勿"虽然用例较多，但都出现在《朱子语类》中，而且基本都是沿用上古时期的用例，如：

（570）如非礼勿视听言动，便是把定处；"一日克己复礼，天下归仁"，便是流行处。（《朱子语类·卷六》）

（571）缘能"非礼勿视，非礼勿听，非礼勿言，非礼勿动"，这四事做得实头工夫透，自然至此。（《朱子语类·卷三十一》）

（二）和疑问性逻辑算子连用

句式 5：非……岂（1 例）

（572）非天命改卜，岂有如是之甚哉？皇帝独以宽仁释其罪责，别立贤人而已，可谓吊民伐罪之大义矣。（《靖康纪闻》）

句式 6：非……何（16 例）

（573）非仁何以守位？非民何以守邦？坐观转壑之忧，不啻履冰之惧。（《靖康纪闻》）

（574）非仁爱，何以如此。（《朱子语类·卷十七》）

句式 7：非……孰（4 例）

（575）以此诗为非东坡作耶，气格如此，孰能办之？（《老学庵笔记·卷九》）

（576）盖远而易忘，人情所不追念者，而乃能感而通之，非仁孝诚敬之至，孰能与此！（《朱子语类·卷二十五》）

句式 8：非……乌（1 例）

《说文》："乌，孝鸟也"，虚词"乌"与本义无关，而是假借字。《说文通训定声》："乌，假借为'曷'。"《广雅》："乌，岂也。"《广韵》："乌，安也。"在先秦就有用例，用于动词前，表示反诘，可以译作"怎么"、"哪里"等。如：

（577）秦乌能与齐县衡韩、魏，支分方城膏腴之地以薄郑？（《战国策·卷五·秦策三》）

（578）故乱世之主，乌闻至乐？（《吕氏春秋·明理》）

不过,由"非"和"乌"组成的句式,我们只在宋代《朱子语类》中找到1例,如:

(579) 非践履到底,乌能言及此!(《朱子语类·卷二十七》)

句式9:非……安(3例)

(580) 伊川曰:"非有所得,安能乐之?"(《朱子语类·卷三十二》)

(581) 若"默而识之",乃不言而存诸心,非心与理契,安能如此!(《朱子语类·卷三十四》)

(582) 正颜色,非庄敬有素,安能便近信!(《朱子语类·卷三十五》)

句式10:非……焉(1例)

(583) 非孟子知德之奥,焉能语此!(《朱子语类·卷五十八》)

(三)和总括性逻辑算子连用

句式11:非……皆(3例)

(584) 旧制,馆职自校勘以上,非特除者,皆先试,唯检讨不试。(《梦溪笔谈·补笔谈·卷一》)

(585) 昔洞山悟本禅师立五位偏正以标准大法,约三种渗漏以辨衲子,非意断苟为,皆本佛之遗意。(《林间录·卷上》)

(586) 非如孔子之言,皆是循其理之当然,初无待乎有所惩创也。(《朱子语类·卷二十九》)

(四)和递进性逻辑算子连用

句式12:非是……之外,别/又别(2例)

这是个宋代新出现的句式,"非"和"之外"连用,双重强调将论域中的某个对象排除出去,然后用"别"或"又别"进行补充说明,具有"排除已知,补充未知"的追加功能,如:

(587) 克己便能复礼,步步皆合规矩准绳;非是克己之外,别有复礼工夫也。(《朱子语类·卷四十一》)

(588) 又曰:"优游餍饫,都只是深造后自如此,非是深造之外又别欲自得也。"(《朱子语类·卷五十七》)

（五）和关系性逻辑算子连用

句式 13：非……则（2 例）

（589）如"元亨利贞"，盖大亨之中，又须知利在正，非正则过矣。（《朱子语类·卷三十四》）

（590）曰："人之容貌，非暴则慢，得中者极难，须是远此，方可。"（《朱子语类·卷三十五》）

句式 14：非……即（2 例）

（591）阴爻亦如此：三爻，坤为老阴，两少一多，非巽即离，非离即兑。（《梦溪笔谈·补笔谈·卷二》）

（592）又《书评》云："汉、魏牌榜碑文，非篆即八分，未尝用隶书。"（《梦溪笔谈·补笔谈·卷二》）

（六）和条件性逻辑算子连用

句式 15：非……方（1 例）

这个句式类似于"除非……方"，"非"引导的是一个唯一性条件，而"方"引导的是在这种唯一性条件下产生的结果，表示"只有……才"，如：

（593）所谓"诚其意"，便是要"毋自欺"，非至诚其意了，方能不自欺也。（《朱子语类·卷十六》）

4.2.2.2.2　自非

"自非"在宋代的用例已大大减少，与之连用的逻辑算子相对晚唐五代时期也减少了，出现了萎靡的端倪，如：

（一）单用（3 例）

（594）谢氏曰："自非圣人，仁知必有所偏，故其趋向各异，则其成功亦不同也。"（《朱子语类·卷三十二》）

（595）自非大贤以上，自见得这道理合是恁地，了不得也。（《朱子语类·卷三十七》）

（596）今不必问其理，但看其言语，自非希夷作。（《朱子语类·卷六十七》）

（二）和否定性逻辑算子连用

句式1：自非……不（1例）

（597）若太远者，自非极其至诚不足以格之，所以难下语答他。（《朱子语类·卷二十五》）

句式2：自非……莫（1例）

（598）自非亲证，此道莫能辨也。（《林间录·卷上》）

句式3：自非……勿（1例）

（599）曰："自非礼勿视听言动，积习之久，自见这个意思。"（《朱子语类·卷二十九》）

句式4：自非……未（1例）

（600）又问："自非物欲昏蔽之极，未有不醒觉者。"（《朱子语类·卷十七》）

（三）和疑问性逻辑算子连用

句式5：自非……孰（1例）

（601）且如古人云："不废困穷，不虐无告"，自非大无道之君，孰肯废虐之者！（《朱子语类·卷二十七》）

句式6：自非……何（1例）

（602）此非常之命，自非勋德隆重，眷倚殊越，何以至此？（《梦溪笔谈·卷九》）

4.2.3　禅宗文献中的情况考察

4.2.3.1　直接排除范畴的表达形式

4.2.3.1.1　"除"类

4.2.3.1.1.1　除

一、除

（一）单用（2例）

（603）师云，除者两个，有百千万亿。（《古尊宿语录·卷十三》）

（604）又道：我在南方二十年，除粥饭二时是杂用心处。（《碧岩

录·卷八》）

在例(603)中,排除对象"两个"和剩余对象"百千万亿"构成论域的整体。在例(604)中,论域是"在南方二十年"的时间,排除对象是"粥饭二时是杂用心处",此句中省略了剩余对象,但语义上仍凸显了排除对象和剩余对象的不同,在语义上可以译为:"在南方二十年里,只有粥饭时是杂用心处,其他时间都不是。"

（二）和否定性逻辑算子连用(3 例)

句式 1：除……,不(1 例)

(605) 是三世诸佛慈悲喜舍之乐,除此三种乐,不为乐也。(《古尊宿语录·卷四十三》)

这一例是我们常看到的"除"和否定性逻辑算子"不"的连用,表示:"除了这三种乐,其他的不能算乐。"

句式 2：无……,除(1 例)

(606) 所以云,唯此一乘道,无二亦无三,除佛方便说。(《古尊宿语录·卷三》)

这是一个特殊的有意思的例子,语义为"只有这一种乘道,没有第二种,也没有第三种,除了佛的方便说",其语序可以转换为"除佛方便说,无二亦无三",只是把排除对象放在了句子后面,而把否定的剩余对象放在了句子前面而已,因此我们把它看作"除"和否定性逻辑算子"无"的特殊用法。

句式 3：除……,(余外)无(1 例)

(607) 老僧行脚时,除二时斋粥,是杂用心力处,余外更无别用心处也。(《古尊宿语录·卷十三》)

这个例子恰巧可以佐证我们对《碧岩录》中"又道:'我在南方二十年,除粥饭二时是杂用心处。'"的解释。只是在《古尊宿语录》中,例子通过后面的排除性逻辑算子"余外"和否定性逻辑算子"不"的连用,补足了剩余对象,将排除对象的特殊性更直观地凸显出来。

（三）和递进性逻辑算子连用

句式 4：除……，犹（1 例）

（608）上堂云，上上之机，人法俱遣。中下之机，但除其问，犹有法在。（《古尊宿语录·卷九》）

（四）和疑问性逻辑算子连用

句式 5：除……何（1 例）

（609）日入酉，除荒凉更何守。（《古尊宿语录·卷十四》）

二、除……外

（一）和否定性逻辑算子连用

句式 6：除……外，不（1 例）

（610）除赞药方外，不欲得露现两头丑陋。（《古尊宿语录·卷二》）

（二）和总括性逻辑算子连用

句式 7：除……外，尽（1 例）

（611）除鉴览外别有，尽是魔说。（《古尊宿语录·卷一》）

三、除此之外

在宋代佛典中，"除此之外"作为一个固定短语，也开始和其他逻辑算子，特别是递进性逻辑算子构成更丰富的句式，如：

句式 8：除此之外，也（1 例）

（612）除此之外，也少一拳不得。（《古尊宿语录·卷十六》）

句式 9：除此之外，亦（1 例）

（613）只要你悟得同报佛恩，除此之外亦无别事。（《古尊宿语录·卷三十》）

4.2.3.1.1.2　除非

1. 作介词

和否定性逻辑算子连用：

句式 1：除非……，莫（1 例）

（614）大不容易，除非知有，余莫能知。（《五灯会元·卷六》）

2. 作连词

句式 2：除非……，方（1 例）

（615）你诸人行住坐卧饥餐渴饮，怎生说个无事，除非见到底人，方解如是。（《古尊宿语录·卷三十二》）

句式 3：若……，除非（1 例）

（616）道本无瑕，拟心已差，才生眹兆，遍界空花。若欲全举，除非直与，不用增添，现成规矩田地生尘便扫除。（《古尊宿语录·卷三十》）

句式 4：除非……，便（1 例）

（617）除非自得自证，便乃敲唱双行。（《五灯会元·卷二十》）

4.2.3.1.1.3　除却

“除却”在我们调查的宋代禅宗文献中有 4 例表“除掉、除去”义的动词用法，如：

（618）僧便问：如何是一颗圆光明已久。师云：西天斩头截臂。又云：除却须弥山。拈却佛殿脊。（《古尊宿语录·卷十三》）

（619）只教你除却从来学心见心，除得尽即不堕戏论。亦云搬粪出。（《古尊宿语录·卷三》）

“除却”也和其他逻辑算子构成句式，如：

（一）和疑问性逻辑算子连用

句式 1：除却……，何（1 例）

（620）除却华山陈处士，何人不带是非行？（《五灯会元·卷十八》）

（二）和递进性逻辑算子连用

句式 2：除却……，更（3 例）

（621）汝但除却凡情圣境，心外更无别佛。（《古尊宿语录·卷第》）

（622）除却著衣吃饭屙屎送尿，更有什么事。（《古尊宿语录·卷十五》）

（623）不知除却王维手，更有何人画得成。（《古尊宿语录·卷四十六》）

（三）和总括性逻辑算子连用

句式 3：除却……总（1 例）

（624）曾经大海休夸水，除却须弥总是尘。（《古尊宿语录·卷三十一》）

4.2.3.1.1.4　除去

在我们所调查的语料中，"除去"的例子不多，仅有 3 例，且都是动词性的用法，如：

（625）所以旧时见解，总须舍却。净名云，除去所有。法华云，二十年中常令除粪，只是除去心中作见解处。（《古尊宿语录·卷三》）

（626）有一切见解总须舍却，所以除去所有，唯置一床寝疾而卧。（《古尊宿语录·卷三》）

（627）"一室且频扫"，方丈内皆除去所有，唯留一榻等文殊至请问不二法门也。（《碧岩录》）

综合笔记体、语录及戏曲平话文献和禅宗文献中"除去"的例子可以看出，"除去"在宋代的动词性很强，虽然略有介词性用法的痕迹，但仍不成气候。

4.2.3.1.2　"外"类

4.2.3.1.2.1　余外

"余外"表示"除此以外"较早出现于唐代，在宋代可以与"除"和递进性逻辑算子组成框式结构"除……，余外更"，如：

（628）老僧行脚时，除二时斋粥，是杂用心力处，余外更无别用心处也。若不如此，出家大远在。（《古尊宿语录·卷十三》）

也可以和总括性逻辑算子连用：

句式：余外……，都（1 例）

（629）只如今粗食助命，补破遮寒，渴则掬水吃。余外但是一切有无等法，都无纤毫系念。（《古尊宿语录·卷一》）

4.2.3.1.2.2　此外

（630）师云：固守动静，三世佛冤，此外别求，如同魔说。（《古尊宿语录·卷一》）

4.2.3.1.3　"离"类

"离"表示排除性介词在晚唐五代就已有所应用，特别是在《祖堂集》中，我们在宋代的《五灯会元》中发现了 14 例用例，多以"离……外"和"离……之外"两种句式为主，分别举例如下：

1. 离……外

（631）曰："不得道一画长、三画短，离此四字外，请和尚答。"（《五灯会元·卷二》）

（632）离身中妄想外，别认遍十方世界，含日月，包太虚，谓是本来真心，斯亦外道所计，非明心也。（《五灯会元·卷九》）

（633）曰：请和尚离声色外答。（《五灯会元·卷六》）

2. 离……之外

（634）离此之外，别有为人处也无？（《五灯会元·卷十三》）

（635）离此之外，毕竟如何？要会么？碍不碍，谁为对？大地山河，廓然粉碎。（《五灯会元·卷十六》）

4.2.3.2　间接排除范畴的表达形式

4.2.3.2.1　非

"非"在宋代禅宗文献中的句式和在本土文献中的无很多分别，简要描述如下：

（一）和否定性逻辑算子"无/不/莫/没"连用（25 例）

其中"非……无"有 4 例，"非……不"有 15 例，"非……莫"有 5 例，"非……没"有 1 例，如：

（636）却之后，才涉言句，非文字无以传，是又不可废者也。（《碧岩录》）

（637）非师相授与，我亦无所得。（《五灯会元·卷二》）

（638）非戒不禅，非禅不慧。（《五灯会元·卷二》）

（639）诸人行李处。非我君不能。（《古尊宿语录·卷三十》）

（640）嚬呻出三界，非祖莫能知。（《五灯会元·卷八》）

（641）师曰："非言语动用亦没交涉。"（《五灯会元·卷五》）

（二）和疑问性逻辑算子"谁/孰/何/岂/如何/安"连用（24例）

其中"非……谁"有6例，"非……孰"2例，"非……何"8例，"非……岂"5例，"非……如何"2例，"非……安"1例，如：

（642）祖曰："善哉！善哉！继吾道者，非子而谁？"即付法眼。（《五灯会元·卷一》）

（643）非尊者道力，孰能受之？（《五灯会元·卷一》）

（644）祖曰："非三昧者，何当名之？汝既不证，非证何证？"（《五灯会元·卷一》）

（645）观一日视公曰："非示现力，岂致尔哉？柰无个所入何！"（《五灯会元·卷十二》）

（646）问："诸佛非我道，如何是我道？"（《五灯会元·卷六》）

（647）修初疑禅语为虚诞，今日见此老机缘，所得所造，非悟明于心地，安能有。（《五灯会元·卷十二》）

（三）和关系性逻辑算子"则"连用（1例）

（648）古者名世之人，非千人之英，则万人之杰也，太阿之剑，天下之利剑也。（《碧岩录》）

4.2.3.2.2　自非

（一）和否定性逻辑算子"无/未"连用（2例）

（649）自非善巧师，无能决此理。（《五灯会元·卷二》）

（650）经云诸大声闻，乃至菩萨，皆尽思度量，尚不能测于佛智，今令凡夫但悟自心，便名佛之知见，自非上根，未免疑谤。（《五灯会元·卷二》）

（二）和疑问性逻辑算子"孰/何"连用（2例）

（651）今新罗国其本甚备，自非和尚慈力，其孰能致之乎？（《五灯会元·卷十》）

（652）自非大士慈悲，为血腥秽此山矣，念何以报斯恩。（《五灯会元·卷六》）

4.2.4　本节小结

4.2.4.1　列表

将宋代笔记体、语录及戏曲平话文献与禅宗文献中的排除范畴表达形式列表，见表4.2。

表 4.2　宋代排除范畴表达形式总结

	笔记体、语录及戏曲平话文献		禅宗文献	
	代　表	主　要　形　式	代　表	主　要　形　式
直接排除范畴的表达形式	除 （19例）	1. 除 　（一）单用(1) 　（二）和总括性逻辑算子连用： 　都(1) 2. 除……外 　（一）单用(9) 　（二）和否定性逻辑算子连用： 　不(1)/无(1) 　（三）和限定性逻辑算子连用： 　只(1) 　（四）和递进性逻辑算子连用： 　更(1) 　（五）和总括性逻辑算子连用： 　悉(1)/都(1)/凡(1) 　（六）和疑问性逻辑算子连用： 　谁(1) 3. 除……之外(1)	除 （13例）	1. 除 　（一）单用(3) 　（二）和否定性逻辑算子连用： 　不(1)/无(2) 　（三）和递进性逻辑算子：犹 　(1) 　（四）和疑问性逻辑算子：何 　(1) 2. 除……外 　（一）和否定性逻辑算子连用： 　不(1) 　（二）和总括性逻辑算子连：尽 　(1) 3. 除此之外 　和递进性逻辑算子连用：也 　(1)/亦(1)
	除却 （3例）	（一）和关系性逻辑算子连用：便(1) （二）和递进性逻辑算子连用： 　更(1) （三）和限定性逻辑算子连用： 　只(1)	除却 （9例）	1. 动词性(4) 2. 句式(5) 　（一）和疑问性逻辑算子连用：何(1) 　（二）和递进性逻辑算子连用：更(3) 　（三）和总括性逻辑算子连用：总(1)
	除非 （6例）	连词： 和结果性逻辑算子连用：方(4)/ 便(1)/若要(1)	除非 （5例）	1. 介词 　和否定性逻辑算子连用：莫(1) 2. 连词 　和条件性逻辑算子连用：方 　(1)/若(1)/便(1)

	笔记体、语录及戏曲平话文献		禅 宗 文 献	
	代 表	主 要 形 式	代 表	主 要 形 式
直接排除范畴的表达形式	除了 (17例)	1. 除了……(14) 　（一）和总括性逻辑算子连用： 　　皆(3)/统(1) 　（二）和关系性逻辑算子连用： 　　便(2)/是(1) 　（三）和递进性逻辑算子连用： 　　亦(2)/犹(2) 　（四）和限定性逻辑算子连用： 　　只(1) 2. 除了……之外(2) 　（一）和疑问性逻辑算子连用： 　　何(1) 　（二）和否定性逻辑算子连用： 　　无(1) 3. 除了……外(1)		
	只除 (1例)	句式：只除……乃是(1)		
	只除了 (3例)	句式1：只除了……，便(1) 句式2：只除了……外(1) 句式3：只除了……之外，便(1)		
	除是 (10例)	句式1：要/不……，除是(2) 句式2：除是……，方(7) 句式3：除是……，则(2)		
	除非是 (11例)	1. 作排除性介词 　（一）和否定性逻辑算子连用： 　　不(1) 　（二）和疑问性逻辑算子连用： 　　谁(2) 2. 作条件性连词 　句式1：要……除非是(2) 　句式2：结果句＋条件句(6)		
	除去 (2例)	（一）和限定性逻辑算子连用： 　只(1) （二）和关系性逻辑算子连用：便 　是(1)	除去 (2例)	均为动词(2)
	外 (1例)	单用		

笔记体、语录及戏曲平话文献		禅 宗 文 献	
代 表	主 要 形 式	代 表	主 要 形 式
直接排除范畴的表达形式			
之外 (38 例)	1. 之外 （一）和递进性逻辑算子连用： 　又(7)/别(2)/亦(2)/尚 　(1)/更(1)/犹(1) （二）和疑问性逻辑算子连用： 　何(1)/谁(1)/乎(1) （三）和总括性逻辑算子连用： 　一切(1)/皆(1) （四）和限定性逻辑算子连用： 　惟(1)/但(1) （五）和否定性逻辑算子连用： 　无(3)/不(4) （六）和关系逻辑算子连用：即 　(1) 2. 舍……之外(2) 3. 自……之外(6)		
此外 (16 例)	（一）和否定性逻辑算子连用：无 　(2)/非(2)/未(2) （二）和递进性逻辑算子连用：复 　(1)/更(4)/又(1)/亦(1)/别(1) （三）和总括性逻辑算子连用：悉/ 　皆(2)	此外 (1 例)	和递进性逻辑算子连用：别(1)
		离 (14 例)	1. 离……外 2. 离……之外
		余外 (3 例)	（一）单用(1) （二）和排除性逻辑算子、递进性 　逻辑算子并用：除……，余 　外更(1) （三）和总括性逻辑算子连用：都 　(1)
间接排除范畴的表达形式			
非 (106 例)	（一）和否定性逻辑算子连用：不 　(47)/勿(17)/无(4)/莫(4)/ 　没(1) （二）和疑问性逻辑算子连用：何 　(16)/孰(4)/安(3)/岂(1)/ 　乌(1)/焉(1) （三）和总括性逻辑算子连用：皆(3) （四）和关系性逻辑算子连用：则 　(2)/即(2) （五）和条件性逻辑算子连用：方(1)	非 (50 例)	（一）和否定性逻辑算子连用：不 　(15)/莫(5)/无(3) （二）和疑问性逻辑算子连用：何 　(8)/谁(6)/岂(5)/孰(2)/如 　何(2)/安(1) （三）和递进性逻辑算子连用：亦 　(2) （四）和关系性逻辑算子连用：则 　(1)

	笔记体、语录及戏曲平话文献		禅　宗　文　献	
间接排除范畴的表达形式	代　表	主　要　形　式	代　表	主　要　形　式
	自非 （9例）	（一）单用（3） （二）和否定性逻辑算子连用：不（1）/莫（1）/勿（1）/未（1） （三）和疑问性逻辑算子连用：孰（1）/何（1）	自非 （4例）	（一）和否定性逻辑算子连用：无（1）/未（1） （二）和疑问性逻辑算子连用：孰（1）/何（1）

4.2.4.2　本节小结

4.2.4.2.1　直接排除范畴表达形式

　　直接排除范畴表达形式的"除"类词在宋代又有了新的发展，除了继承晚唐五代时期的"除"、"除却"、"除非"、"除是"、"除去"外，还新发展出"除了"、"只除"、"只除了"和"除非是"等形式；"外"类词继承了宋代的"外"、"之外"和"此外"，禅宗文献中还继承了晚唐五代时期的"余外"和"离"类词。

　　1. "除"类词

　　就"除"而言，相同点：第一，无论是笔记体、语录及戏曲平话文献还是禅宗文献，都包括"除"、"除……外"、"除……之外"三种主要结构。第二，框架"除……外"的使用频率不仅高于晚唐五代时期的用例，而且高于同时期使用的"除"和框架"除……之外"。它不仅大量单用，而且和否定性逻辑算子（如"不/无"）、限定性逻辑算子（如"只有"）、总括性逻辑算子（如"悉/都/凡/尽"）、疑问性逻辑算子（如"谁"）连用表达排除功能，和递进性逻辑算子（如"更"）连用表达追加功能，这说明"外"在宋代的"排除性"进一步得到了虚化，框架"除……外"更加稳固。第三，这三个结构都以"排除特殊，强调一致"的排除功能为主，同时兼有表达"排除已知，补充未知"的追加功能。不同点：第一，在笔记体、语录及戏曲平话文献中，"除"和"除……外"都可以单用，而在禅宗文献中主要与逻辑算子连用共同表示排除功能。第二，在禅宗文献中与"除"、"除……外"、"除……之外"连用的逻辑算子在类型和数量上要低于笔记体、语录及戏曲平话文献中的用例。

宋代"除却"与晚唐五代相比有所衰退,在语法功能上未见其连词用法,而且作为排除性介词其使用频率也大大减少。在笔记体、语录及戏曲平话文献中,"除却"多和条件性逻辑算子"便"和限定性逻辑算子"只"连用,而在禅宗文献中主要同关系性逻辑算子(如"便")、限定性逻辑算子(如"只")连用表达排除功能,与递进性逻辑算子(如"更")连用表达追加功能。在禅宗文献中或以动词形式表达排除功能,或同疑问性逻辑算子(如"何")、总括性逻辑算子(如"总")连用表达排除功能,与递进性逻辑算子(如"更")连用表示追加功能。

宋代"除非"以晚唐五代时期发展出的连词用法为主,与条件性逻辑算子(如"方/便/若要")连用,在笔记体、语录及戏曲平话文献中几乎未见其介词性用法,在禅宗文献中存有的介词性用法大概是对晚唐五代时期"除非"介词性用法的继承或模拟。

宋代"除是"已完全继承了晚唐五代时期发展出的连词用法,与"要/不/方/则"等表结果的逻辑算子连用,而未见其介词用法。

"除去"表示排除功能的用例仍然不多,但在笔记体、语录及戏曲平话文献中已开始和限定性逻辑算子"只"、关系性逻辑算子"便是"连用组成句式,而在禅宗文献中仍以动词义为主,几乎没有句式的用法。这说明在笔记体、语录及戏曲平话文献中,"除去"已经有了由动词向介词虚化的萌芽,而禅宗文献中还没有受到这种萌芽的影响。

"除了"是宋代新产生的虚词,它是随着助词"了"的形成及对助词"却"的替代而逐渐形成的,所以它继承了"除却"作为排除性介词的大部分用法,如和总括性逻辑算子(如"皆/统")、关系性逻辑算子(如"便/是")、限定性逻辑算子(如"只")连用表达排除功能,与递进性逻辑算子(如"亦/犹")连用表达追加功能。而且也形成了框架"除了……之外"和"除了……外",但用例还不太多。

在此基础上,宋代还出现了"只除"、"只除了"两个新虚词,用例虽不多,但也形成了框架"只除了……外"和"只除了……之外"来表达排除功能。

在"除非"的基础上产生了"除非是"这个虚词,继承了"除非"的排除性介词用法和条件性连词用法,但跟此时期的"除非"一样,以条件性连词的用法居多。

可见,宋代的"除"类词丰富多样,继承下来的"除"类词以框架"除……外"为主,表达排除功能和追加功能,"除非"和"除是"虽使用频繁,但基本虚化为条件连词,其介词功能的衰弱可能是受到了同时期新表达形式(如"除了"、"只除了"、"只除"、"除非是")的影响。其中"除了"和"除非是"的用例居多,不过"除了"主要作为排除性介词使用,而"除非是"主要作为条件性连词使用。

2."外"类词

在宋代,"外"已基本虚化为框架结构中的构成成分,所以已基本不单用或者与其他逻辑算子连用,而主要以框架"除……外"的形式表示排除功能。"之外"和"此外"使用频率很高,是宋代"外"类词的主要代表。

其中"之外"除继承了"舍……之外"和"自……之外"的框架,还主要和逻辑算子连用。如和疑问性逻辑算子(如"何/谁/乎")、总括性逻辑算子(如"一切/皆")、限定性逻辑算子(如"惟/但")、否定性逻辑算子(如"无/不")、关系性逻辑算子(如"即")连用表达排除功能,还大量和递进性逻辑算子(如"又/别/亦/尚/更/犹")连用表示递进功能。

"此外"主要和否定性逻辑算子(如"无/非/未")、总括性逻辑算子(如"悉/皆")连用表示排除功能,大量和递进性逻辑算子(如"复/更/又/亦/别")连用表达追加功能。

"余外"在我们调查的本土文献中没有找到用例,但在禅宗文献中仍以单用或者和总括性逻辑算子(如"都")、递进性逻辑算子(如"更")连用的用例,但用例也不多。

3. "离"类词

我们在调查的本土文献中没发现"离"类词,在禅宗文献中则找到框架"离……外"和"离……之外"的用例,但这些用例都出现在《五灯会元》一书中,可以看作是此书的一个特色。

4.1.4.2.2　间接排除范畴表达形式

在我们调查的所有语料中,"非"的构式有 156 条例句,而"自非"的构式只有 13 条,可见"自非"在宋代更加衰落。

"非"跟前面的时期一样,仍主要和否定性逻辑算子(如"不/勿/无/没")、疑问性逻辑算子(如"何/孰/安/岂/乌/焉")、总括性逻辑算子(如"皆")、关系性逻辑算子(如"即/则")连用表示排除功能,但在宋代出现了一个新的构式"非……方",使得"非"有了条件性连词的功能,这可能是受到"除非……方"的影响,但用例不多。

4.3　元　明　时　期

4.3.1　所用语料

《新校刊元杂剧三十种》,元杂剧①,话本小说②,《鲁斋遗书》,《元朝秘史》,《全元散曲》,《老乞大》,《朴通事》,《三国演义》,《西游记》,《型世言》,《水浒传》,《金瓶梅》③,三言二拍④,明代笔记⑤。

----

①　所调查的元杂剧包括:《倩女离魂》、《牡丹亭》、《西厢杂剧》、《窦娥冤》。
②　所调查的话本小说包括:《三遂平妖传》、《封神演义》、《清平山堂话本》、《欹枕集》、《话本》、《雨窗集》。
③　所用的是《金瓶梅》(崇祯本),即《新刻绣像批评金瓶梅》。
④　包括《初刻拍案惊奇》、《二刻拍案惊奇》、《警世通言》、《醒世恒言》、《喻世明言》。
⑤　包括《北窗琐语》、《北平录》、《北使录》、《北巡私记》、《北征后录》、《北征录》、《大同纪事》、《东谷赘言》、《东征纪行录》、《都公谭纂》、《抚安东夷记》、《复辟录》、《复斋日记》、《更巳编》、《谷山笔麈》、《广志绎》、《皇明本纪》、《黄明纪略》、《会仙女志》、《继世纪闻》、《今言》、《旧京遗事》、《松窗梦语》等 63 篇。

4.3.2　直接排除范畴表达形式

4.3.2.1　"除"类

4.3.2.1.1　除

一、除

"除"在元明时期仍以"排除"义介词为主,但其连词的用法也开始萌芽。

A. 作为排除义介词

(一)单用(7例)

(653)除纸笔代喉舌,千种相思对谁说。(《西厢记·第四本》)

(654)好笑一个李实甫,亦一个豪门官族,除没女儿的罢了,有女儿的便差上两三岁,也都道好个公子,要与他结亲。(《型世言·第十八回》)

(655)六件中大夫费、尤二人,素有功而无过,何为谗佞,岂得便加诛戮?除此叁件,以下准行。(《封神演义·第二十七回》)

(二)和递进性逻辑算子连用

句式1:除……,又(1例)

(656)除琴剑又别无珍共宝,则一片至诚心要也不要?(《全元散曲·周文质·落梅风》)

句式2:除……,再(1例)

(657)你除刚硬,再有何技能?(《元朝秘史·卷十三》)

句式3:除……,倘(1例)

(658)众人无不悦服,除不去的,倘余七千多人;粮草计有叁万,俱打点停当,烧了牛皮宝帐。(《封神演义·第四十二回》)

(三)和否定性逻辑算子连用

句式4:除……无(3例)

(659)邓张二公笑道:"若要行偷礼,除大圣再无能者,想当年大闹天宫时,偷御酒,偷蟠桃,偷龙肝凤髓及老君之丹,那是何等手段!"

（《西游记·第五十一回》）

（660）支佩德自度不能，巫婆道："天下没有娘儿两个嫁爷儿两个事，你且思量，若要借，与你借，除此二人，别无人物。"（《型世言·第十九回》）

（661）除渔樵那两个，无灾祸。此一着谁参破？（《全元散曲·刘时中·殿前欢》）

句式5：除……没（1例）

（662）除这家再没相应亲事了。（《型世言·第十九回》）

（四）和总括性逻辑算子连用

句式6：除……尽（1例）

副词"尽"在先秦就已有所应用，是兼有代词性和表总括的范围副词。它不是代词，但由于它总表示宾语（或少数主语）为复数，所以说它具有代词性。作为范围副词，位于谓语前，表示动作行为无例外地遍及宾语或主语的全部，可译为"全部都"。"尽"虽然产生得很早，但我们并没有在中古找到"尽"和"除"搭配的句式，仅在明代找到了1例，如：

（663）便将所有田产，除可以资给老仆，余尽折价与人，得银五十余两，尽带了往滦州进发。（《型世言·第十四回》）

这例中的论域是"所有田产"，其中排除对象是"资给老仆的田产"，剩余对象是"从所有田产中排除掉资给老仆后剩下的田产"，搭配"尽"以后表示这些剩余的田产毫无例外地全部都"折价与人"，表达了"排除特殊，强调一致"的排除功能。

句式7：除……，都（4例）

此句式继承了宋代"除……都"的用法，用例较宋代有所增多，并多与"其余"、"这些"等代词连用，如：

（664）降者三万人，除那逃走脱的，其余都是十死九活，七损八伤，颠翻在地，被人马践踏，骨肉如泥的，不计其数。（《水浒传·第一百九回》）

（665）张招讨已传下军令,教把生擒到贼徒伪官等众,除留方腊另行解赴东京,其余从贼,都就睦州市曹,斩首施行。(《水浒传·第一百十九回》)

（666）生擒贼有千余,除将满四、马骧、南斗、火敬并罪大的,二百名囚车献俘京师,其余都斩首军门,又增设一千户所防守,捷奏。(《型世言·第十七回》)

（667）考功司办了事,送文选司题与冠带,这吏员官是个钱堆,除活切头,黑虎跳,飞过海,这些都是个白丁。(《型世言·第十六回》)

句式8：除……尽皆（6例）

"尽皆"是由近义的"尽"和"皆"并列构成的复合虚词,亦作"皆尽"。一般位于谓语的前面,表示总括陈述对象的全部,可译为"全部都"等。在先秦就有所应用,如：

（668）及其舍之也,四分公室季氏择二,二子各一。皆尽征之,而贡于公。(《春秋左氏传·昭公五年》)

（669）昔上古龙门未开,吕梁未发,河出孟门,大溢逆流,无有丘陵沃衍、平原高阜,尽皆灭之。(《吕氏春秋·爱类》)

在魏晋时期,多以"尽皆"的并用形式,如：

（670）里内之人,尽皆工巧。(《洛阳伽蓝记·法云寺》)

我们在明代找到了"尽皆"和"除"连用的用例,如：

（671）除华棣卿是他恩人,其余客商俗子尽皆谢绝。(《型世言·第七回》)

句式9：除……俱（1例）

副词"俱"用在动词谓语前,表示动作行为是由两个以上的对象共同发出的,有"一起都"的意思,在先秦时期已开始应用,如：

（672）使俱曰："狄之广莫,于晋为都。晋之启土,不亦宜乎?"(《春秋左氏传·庄公二十八年》)

在明代,我们找到了1例"除"与"俱"连用的例句：

（673）实甫年小,喜得聪明,可叫他读书,接我书香一脉,我在此,

原不妄要人一毫,除上司助丧水手,有例的可收他,其余乡绅、里递、衙役祭奠,俱不可收,玷我清名。(《型世言·第四十回》)

句式10:除……,积(1例)

(674)拖了三年,除还,积到本利八两。(《型世言·第十九回》)

(八)和限定性逻辑算子连用

句式11:除……,只有(1例)

(675)夏学道:这何难?在门学生,除学生贫寒,胡行古提不起个穷字,两姚虽是过得,啬客异常,只有富尔谷极甚挥洒,师母若说一声,必肯资助。(《型世言·第十三回》)

B.作为条件性连词

句式12:除……方(2例)

(676)云长曰:大丈夫既领重任,除死方休。(《三国演义·第六十三回》)

(677)先主大怒曰:杀吾弟之仇,不共戴天!欲朕罢兵,除死方休!(《三国演义·第八十二回》)

二、除……外

(一)单用(12)

(678)今邓九公奉诏征西,不但不能伐叛奏捷,反将己女私婚敌国,归降叛贼,罪在不赦,除擒拿逆臣家属外,必将逆贼拿获,以正国法,卿等有何良策,以彰国之常刑?(《封神演义·第五十六回》)

(679)除此山外,依旧是销金铄铁般烈日,蜩蝉乱鸣,鸟雀藏匿。(《水浒传·第一百零五回》)

(二)和递进性逻辑算子连用(8例)

"除……外"在元明时期大量和递进性逻辑算子相连用,除了继承了宋代时期和"更"的连用外,还和"又/别/尚/复/亦"等大量连用,如:

(680)除我外又无亲旧,若得个不恰好证候,我也替俺娘忧。(《全元散曲·无名氏·满庭芳》)

(681) 昔年旧草庵,今日新方丈,除睡外别无伎俩。(《全元曲·马致远·西华山陈抟高卧·第四折》)

(682) 除封驸马外,复授同开国有功者九十五人为千户。(《元朝秘史·卷九》)

(683) 冷淡交,唯三个,除此外更谁插啵?(《全元散曲·冯子振·抒怀》)

(684) 当下宋江将兵马分作五起进发,克日起行,军士除留下各州县镇守外,其间亦有乞归田里者。(《水浒传·第一百一十回》)

（三）和疑问性逻辑算子连用

句式13：除……外,谁（1例）

(685) 痛连心除他外谁根前说,气夯破肚别人行怎又不敢提?(《元杂剧·诈妮子调风月·第三折》)

（四）和总括性逻辑算子连用

句式14：除……外,都（1例）

(686) 天明,卢俊义计点将佐,除"神机军师"朱武在沁源城中镇守外,其余将佐,都无伤损。(《水浒传·第一百回》)

句式15：除……外,尽皆（1例）

(687) 孔明先到寨中,招安蛮兵,并诸甸酋长洞丁——此时大半皆归本乡去了——除死伤外,其余尽皆归降。(《三国演义·第八十九回》)

句式16：除……外,全（1例）

《说文》:"仝,完也。……全,篆文全,从王。纯玉曰全。"本义是指纯色而精工完美的玉器。由此而分离出与"杂"相对的"全"(纯粹)义,以及与"残"相对的"全"(完整)义。"完整"义的"全"后来成为"全"的基本含义,常用为实词。如:

(688) 三年之后,未尝见全牛也。(《庄子·养生说》)

(689) 孙子曰:凡用兵之法,全国为上,破国次之;全军为上,破军次之。(《孙子兵法·谋攻篇》)

上两例中的"牛"和"国"受"全"修饰后表示"完整的牛"和"完整的国家"。

因此"除……外"与实词性"全"连用,表示剩余对象作为一个整体在某个特征或方面上的一致性,如:

(690) 有人捉获贼人银子者,赏银五十两;知而不首,及窝藏贼人者,除正犯外,全家发边充军。(《警世通言·第二十八卷》)

(五)和否定性逻辑算子连用

句式17:除……外,无(3例)

(691) 我子为君王幼小权监国,除此外别无他意。(《全元曲·辅成王周公摄政·第三折》)

(692) 除影儿外无伴当,除尾子外无鞭子。(《元朝秘史·卷二》)

(693) 您除影子外无伴当,尾子外无鞭子。(《元朝秘史·卷二》)

句式18:除……外,没(1例)

否定词"没"既可以和"除"连用,也可以和"除……外"连用,如:

(694) 为他十分吃尽不肯随时,变除此外没瑕疵。(《全元散曲·孙梁·远寄》)

(六)和关系性逻辑算子连用

句式19:除……外,便(1例)

(695) 妙珍只是早晚到佛前焚香,除三餐外,便独自个在房念佛诵经,甚喜得所。(《型世言·第四回》)

三、除……之外

(一)和否定性逻辑算子连用

句式20:除……之外,无(2例)

(696) 夫人古儿别速行的法度严峻,我塔阳皇帝又柔弱,除放飞打猎之外,别无技能心性。(《元朝秘史·卷八》)

(697) 父亲死,必竟连累妻女,是死则三个死,如今除告减之外,所少不及百担,不若将奴卖与人家,一来得完钱粮,免父亲监比;二来若有多余,父亲、母亲还可将来盘缠回乡,使女儿死在此处也得瞑目。

（《型世言·第七回》）

（二）和递进性逻辑算子连用

句式21：除……之外，又（1例）

（698）除中人酒水之外，着实修理，又用了五十余两，身边剩得百余金，樊氏甚是怨恨，道他没算计。（《型世言·第十五回》）

（三）固定短语：除此之外（1例）

（699）纳牙也说："我只一心奉事主人，凡外邦得的美女、好马，都要献与主人，除此之外，有别心呵，便死。"（《元朝秘史·卷八》）

4.3.2.1.2　除了

一、除了

（一）单用（5例）

（700）城外那刘村里，管着他官人家庄土种田来，到秋，他种来的稻子、蜀秫、黍子、大麦、小麦、荞麦、黄豆、小豆、绿豆、豌豆、黑豆、芝麻、苏子诸般的都纳与了租税，另除了种子，后头，三停里，官人上纳与二停外，除了一停儿，卖的卖了，落下些个养活他媳妇、孩儿。（《朴通事》）

（701）除了刘封，槛车里囚着三个。（《全元曲·关张双赴西蜀梦·第三折》）

（702）八戒道："除了此四字，怎的称呼？"（《西游记·第八十四回》）

（703）可将岳孔目真魂借李屠尸首还魂，交他去阳间与他妻子见面，除了酒色财气，贫道度脱他成仙了道。（《岳孔目借铁拐李还魂·楔子》）

（704）鲍雷道："除了死法有活法，只捱得今年过，明年春天就有豆，可度活了。"（《型世言·第三十三回》）

（二）和否定性逻辑算子连用

句式1：除了……，不（2例）

（705）天之上，地之下，除了我师父，不曾撞见个对手与我斗这家

法术!(《三遂平妖传·第十一回》)

(706) 除了你,别人不理会的。(《朴通事》)

句式 2：除了……,无(3 例)

(707) 除了猿鹤,等闲间世无人到。(《全元散曲·邓玉宾·粉蝶儿》)

(708) 除了衔杯,百拙无能。(《全元散曲·曹德·自述》)

(709) 论中吴形胜真佳丽,除了天上天堂再无比。(《全元散曲·睢玄明·咏鼓》)

(三) 和总括性逻辑算子连用

句式 3：除了……,俱(1 例)

(710) 曹招讨道：闻得贝州除了王则四五人外,余者俱不会妖邪术法。(《三遂平妖传·第十七回》)

句式 4：除了……,都(5 例)

(711) 薛婆道：老身除了这一行货,其余都不熟惯。(《喻世明言·第一卷》)

(712) 原来江湖中除了顶头大逆风,往来都使得篷。(《警世通言·第十一卷》)

(713) 活泼刺鲜鱼米换来,则除了茶都是买。(《全元散曲·曹明善·村居》)

(714) 洞仙侍郎道："除了这个蛮子,别的都不打紧!"(《水浒传·第八十四回》)

(715) 除了这个马,别个的都不好。(《老乞大·卷上》)

(四) 和递进性逻辑算子连用

句式 5：除了……,还(2 例)

(716) 回到州中,又取出四人来,问闻氏道："你丈夫除了冯主事,州中还认得有何人?"(《喻世明言·第四十卷》)

(717) 洞主道："我这里除了大小头目,还有五七百名小校,凭你选择,领多少去。"(《西游记·第二十回》)

句式6：除了……，也（2例）

（718）公子道："一百两财礼小哉！学生不敢夸大话，除了当今皇上，往下也数家父。"（《警世通言·第二十四卷》）

（719）哥哥杀我也不怨，剐我也不恨，除了他，天也不怕。（《水浒传·第七十一回》）

句式7：除了……，在（1例）

（720）佛祖道："你除了生长变化之法，在有何能，敢占天宫胜境？"（《西游记·第七回》）

二、除了……外（2例）

（一）单用（1例）

（721）城外那刘村里，管着他官人家庄土种田来，到秋，他种来的稻子，蜀秫、黍子、大麦、小麦、荞麦、黄豆、小豆、绿豆、莞豆、黑豆、芝麻、苏子诸般的都纳与了租税，另除了种子，后头，三停里，官人上纳与二停外，除了一停儿，卖的卖了，落下些个养活他媳妇、孩儿。（《朴通事》）

（二）和递进性逻辑算子连用

句式8：除了……外，也（1例）

（722）除了牙税缴计外，也寻了加五利钱。（《老乞大·卷上》）

4.3.2.1.3　除却

一、动词性"除去、除掉"，如：

（723）却说董卓在长安，闻孙坚已死，乃曰："吾除却一心腹之患也！"（《三国演义·第八回》）

（724）今来志心拜恳，千乞到我国中，拿住妖魔，辨明邪正，朕当结草衔环，报酬师恩也！"三藏道："陛下，你此来是请我徒弟与你去除却那妖怪么？"（《西游记·第三十七回》）

（725）医人华陀道："若要此疾毒消，可立一桐柱，上置铁环，将臂膊穿将过去，用索拴牢，割开皮肉，去骨三分，除却箭毒，却用油线缝拢，外用敷药贴了，内用长托之剂，不过半月，可以平复如初；因此极

难治疗。"(《水浒传·第一百一十回》)

二、排除性介词

（一）和疑问性逻辑算子连用

句式 1：除却……谁（1 例）

（726）除却灵均，兰佩荷衣，谁制谁纫？（《全元散曲·阿鲁威·大司命》）

（二）和否定性逻辑算子连用

句式 2：除却……，无（2 例）

（727）除却眉发，无一处不白，他不见帖木儿在房中，竟到帐中道："郎君你是身体疲倦，还是打熬精神？"(《型世言·第四十回》)

可见，"除却"在元明时期，其排除义介词的用法较宋代减少，从所调查的语料中，只见和疑问性、否定性逻辑算子连用的句式，未见和其他逻辑算子连用的句式。

4.3.2.1.4　除非

一、排除性介词

（一）单用，表示"只有"

（728）我记得小时上学，学生中常笑我不是亲生之子，正不知我此身从何而来？此事除非奶公姚大知其备细。（《警世通言·第十一卷》）

（729）这些医人道："凡伤皮肉的可治，不过完他疮口，长肉；伤在骨已就难活了；况且肋骨折了三条，从那一个所在把手与他接，这除非神仙了。"(《型世言·第十二回》)

（二）与否定性逻辑算子连用

句式 1：除非……，无（1 例）

（730）除非翼德，无人可当。（《三国演义·第七十回》）

二、条件性连词

（一）单用

（731）除非是个知音听，不是知音莫与弹。（《清平山堂话本·卷

二·张子房慕道记》)

（732）只是除非穿上身长生不老，就得成佛作祖，也值不得这许多！（《西游记·第十二回》）

以例（731）为例，其深层语义是："如果他是个知音，就弹给他听，如果不是知音就不要弹给他听。"其第一种情况中只有积极条件，但省略了结果，第二种情况中的消极条件和消极结果都保存得很全，通过省略积极结果，将积极条件和消极条件及其结果并举，突出"除非"从反面引导的积极条件必不可少的唯一性。

（二）句式

"除非"作为范围连词，"是一个消极条件的连词，这是介所除的介词之引申用法"①，"省去主句，而将主句反面的意思作成一个'假设句'"。

句式 2：（若）要……，除非（13 例）

（733）若要人不知，除非己不为。（《牡丹亭·第四十出》）

（734）待要团圆，除非梦中见。（《全元散曲·程景初·新水令》）

（735）数内一个贴邻告道："若要知他端的，除非问他庄客。"（《水浒传·第十七回》）

句式 3：不……，除非（1 例）

其实这个句式的前半部分隐含着"如果"的假设性条件，如：

（736）把眉峰暗结，最苦是离别，不烦恼除非心似铁。（《全元散曲·无名氏·调笑令》）

这个例子中"不烦恼除非心似铁"的深层语义是："如果要达到不烦恼这种结果，只有心似铁这一个唯一性条件。"

句式 4：除非……，方（5 例）

（737）韩荣曰："老将军你要天祥出关，末将除非也作叛亡之人，随你往西岐，这件事方做得。"（《封神演义·第三十四回》）

---

① 黎锦熙：《新著国语文法》，上海：上海书店出版社，1996，第 296 页。

句式 5：除非……才（2 例）

（738）除非不要性命的，才敢开口说句公道话儿。（《喻世明言·第四十卷》）

（739）只是他母亲道："恺儿自小不拘束他，任他与这些游手光棍荡惯了，以后只有事生出来，除非难却这些人才好。"（《型世言·第二十三回》）

句式 6：除非……，必（1 例）

（740）除非江东孙权、西川刘备，二处起兵于外，操必自往。（《三国演义·第六十六回》）

可见，"除非"在元明时期，虽有排除义介词的用法，但用例很少，已经主要作条件性连词使用了，可译为"只有"。除了继承宋代与"方"的连用外，还新增了些新的逻辑算子，如"才"、"必"，这和逻辑算子自身的演变有关。

4.3.2.1.5　只除非

"只除非"是明代新产生的复合虚词，是"除非"与范围副词"只"的组合。"除非"是正面的直接进行排除，而限定性范围副词"只"是从反面间接地进行排除，因此二者共同具有的"排除"义为二者的结合提供了语义基础。但是一正一负的组合削减了"除非"自身的直接排除义，在具有加强唯一性语气作用的"只"的强化下，"只除非"在语义上倾向于表达"只有"，因此便主要继承了"除非"作为必要条件连词的用法，既可以单用，又可以构成句式，如：

（一）单用（10 例）

（741）这里都不是正路，只除非东南上有一条大路，可以上去。（《水浒传·第三十三回》）

（742）吴用道："只除非教呼延将军赚开城门，唾手可得。"（《水浒传·第五十七回》）

（743）令见兄长如此病症，只除非是此人医得。（《水浒传·第六十四回》）

（二）句式

句式1：(若)要……，只除非(4 例)

（744）吴学究道："我想要破高廉妖法，只除非我如此此如此。"（《水浒传·第五十一回》）

（745）若要会使的人，只除非是我那个姑舅哥哥。（《水浒传·第五十五回》）

（746）杨志便道："青州城池坚固，人马强壮；又有呼延灼那厮英勇；不是俺自灭威风，若要攻打青州时，只除非依我一言，指日可得。"（《水浒传·第五十六回》）

（747）吴用道："若论愚意，只除非教水军头领李俊等，就将船内粮米，去诈献投降，教他那里不疑。"（《水浒传·第一百一十八回》）

句式2：只除非……方才/方(2 例)

（748）只除非得这三个人，方才完得这件事。（《水浒传·第十四回》）

（749）朱武道："华州城郭广阔，濠沟深远，急切难打；只除非得里应外合，方可取得。"（《水浒传·第五十八回》）

句式3：只除非……便(1 例)

（750）话说当下吴学究对宋公明说道："要破此法，只除非快教人去蓟州寻取公孙胜来，便可破得高廉。"（《水浒传·第五十二回》）

4.3.2.1.6　除是

一、条件性连词

（一）单用(15 例)

"除是"单用时大多是"结果在前，条件在后"，而且多为消极条件，从反面强调条件的不可缺少性，如：

（751）到五十岁时，连柴担也挑不动，饿死是有分的，还想做官！除是阎罗王殿上少个判官，等你去做。（《今古奇观·第三十二卷·金玉奴棒打薄情郎》）

（752）想着樽前伎俩，枕边模样，不思量除是铁心肠！（《全元散

曲·彭寿之·八声甘州》)

（753）美恩情眉南面北，好姻缘画饼充饥，相逢笑谈除是梦里。（《全元散曲·无名氏·斗鹌鹑》)

"除是"也有少数引导前分句，对引导的成分进行唯一性限定，语义译为"只有"，如：

（754）除是酒，消尽古今愁。（《全元散曲·无名氏·喜春来》)

这个例子中"除是酒"就对"酒"的唯一性进行了限定，即"只有酒才可以消尽古今愁"。

（二）句式

句式 1：若/要……，除是（5 例）

（755）徐守真向大员外道："要捉此妖怪，除是请某师父蒋真人下山。"（《清平山堂话本·洛阳三怪记》)

（756）欲待要不思量，若不思量都是谎！要相逢，除是梦里成双。（《全元散曲·荆干臣·醉花阴北》)

（757）要得重生，除是他医疗。（《全元散曲·郑光祖·梧桐树南》)

（758）若要做四缝磕瓜头，除是南街小王皮。（《全元散曲·高安道·哨遍》)

（759）若有闲些儿个了，除是扑煞点砌，按住开呵。（《全元散曲·睢玄明·耍孩儿》)

句式 2：除是……便（1 例）

（760）因为兄长是个大丈夫，真男子，有件事欲要相央，除是兄长便行得。（《水浒传·第二十七回》)

二、排除性介词

我们在明朝的《牡丹亭》中查找到 1 例"除是"作排除性介词的用法，其句式为"除是……，都"，如：

（761）奴家和柳郎幽期，除是人不知，鬼都知道。（《牡丹亭·第三十二出》)

在这例中,论域是知道"奴家和柳郎幽期"的所有人或物,被排除的对象是"人",剩余对象是"鬼",表示"除了人不知道以外,所有的鬼都知道",是一个具有排除功能的特例。

4.3.2.1.7　只除是

"只除是"也是元明时期新出现的复合虚词,类似于"除是"。"只"在语义和语法功能上与"则"相似,是对"则"的一种替换,也表示进一步强调。"只除是"的形成路径与"只除非"相似,可以看作是"只＋除是＝只除是"的过程。与"只除非"略有不同的是,"只除是"除了主要作连词外,也继承了"除是"的介词用法。这可能是由于表强调语气的"是"在某种程度上抵消了表强调语气"只"的作用。

一、条件性连词

(一)和条件性逻辑算子组成的句式

句式1:若(要)……,只除是(5例)

(762)要罚馒只除是瓮生根,盆生蔓,甑生芽。(《全元散曲・李茂之・行香子》)

(763)若说着胎元根蒂,只除是含光默默守虚极。(《全元散曲・无名氏・点绛唇》)

(764)琼英对倪氏说道:"若要匹配,只除是一般会打石的;若要配与他人,奴家只是个死。(《水浒传・第九十八回》)

(765)若能觳到得西方参佛面,只除是转背摇车再托生!(《西游记・第二十五回》)

(766)这些时聒吵到三百遍,要成合只除是九千年。(《全元曲・乔吉・玉箫女两世姻缘》)

句式2:欲待要……,只除是(1例)

(767)吃不过姐姐焦、娘娘哝、婆婆骂,欲待要离恁那壳中应难罢,只除是天摧地塌。(《全元散曲・李茂之・行香子》)

句式3:只除是……,方(7例)

在所调查的语料中,《水浒传》4例,《西游记》3例,如:

（768）戴宗道："只除是恁的般方好；不然，直走到明年正月初一日，也不能住！"（《水浒传·第五十二回》）

（769）叶清又说："郡主前已有愿，只除是一般会飞石的，方愿匹配。"（《水浒传·第九十八回》）

（770）你们若遇着他那风吹了呵，还想得活哩！只除是神仙，方可得无事。（《西游记·第二十一回》）

（771）又道："徒弟啊，路痕在下，荆棘在上，只除是蛇虫伏地而游，方可去了。"（《西游记·第六十四回》）

句式 4：只除是……，便（2 例）

（772）雷横道："只除是保正自来取，便还他！却不还你！"（《水浒传·第十三回》）

（773）他说道，只除是姐姐便救得他。（《水浒传·第四十八回》）

句式 5：只除是……，就（1 例）

（774）转不过去，转不过去，只除是会飞的，就过去了也。（《西游记·第八十四回》）

（二）问句＋答句（5 例）

（775）相思病，怎地医？只除是有情人调理。（《全元曲·马致远·寿阳曲》）

（776）这里敢是李屠家里，我待看岳大嫂和福童孩儿，怎生得去？只除是这般。（《元杂剧·岳伯川·吕洞宾度铁拐李岳》）

（777）行者道："他那宝贝如何可得？只除是偷去来。"（《西游记·第五十一回》）

（778）这场灾，冰消瓦解，否极何时生泰？苦尽更甜来，只除是枯树上再花开也。（《幽闺记·第十九出》）

（779）八戒道："他供的是谁？"行者道："他说怕甚么神兵，那个能定他的风势！只除是灵吉菩萨来是。"（《西游记·第二十一回》）

（780）问今古诗人往还，比盟鸥几个能闲？天地中间，物我无干，只除是美酒佳人，意颇相关。（《全元散曲·薛昂夫·蟾宫曲》）

这类"前问后答"的结构比较特殊,虽然没有用相关的逻辑算子引导结果,但是前面的问句其实就是结果,而后面的回答用"只除是"引导唯一性条件。

二、排除性介词

(一)和否定性逻辑算子连用

句式1:只除是……,不(3例)

(781)只除是姑娘、姑爷意思间稍题题,也不敢直说。(《警世通言·第二十四卷》)

(782)俺这犬吠柴门,和月待黄昏。只除是盗贼不敢来相近。(《全元曲·孙仲章·河南府张鼎勘头巾》)

(783)乍相逢使不得娇妆扮,只除是锦被里朦胧再合眼。(《全元散曲·无名氏·粉蝶儿》)

(二)和递进性逻辑算子连用

句式2:只除是……,又(1例)

(784)一家,无二,只除是护枕放呵又怕那摸被铺床小小妮子,觑的来因而。(《全元散曲·刘时中·一枝花》)

(三)和疑问性逻辑算子连用

句式3:只除是……,怎(1例)

(785)何日愿成双,几时能够端正好?只除是忆王孙合小桃红,怎消得这恼,恼,恼。(《全元散曲·王仲元·醉春风》)

4.3.2.1.8   则除是

"则"可以表示强调语气的作用,在上古汉语中就有所应用,如:

(786)匪鸡则鸣,苍蝇之声。(《诗经·齐风·鸡鸣》)

(787)退,命驾而行,曰:"鸟则择木,木岂能择鸟?"(《春秋左氏传·哀公十一年》)

(788)子则祥矣,父则不祥。(《庄子·杂篇·徐无鬼》)

(789)传曰:"君者舟也,庶人者水也,水则载舟,水则覆舟。"(《荀子·王制》)

因此当"则"和"除是"连用时,"则"的功能是对"除是"进行强调。

（一）单用(12)

（790）梅香呵我心事则除是你尽知。(《郑光祖·迷青锁倩女离魂》)

（791）空撇下一天情况,则除是梦里见才郎。(《清平山堂话本·刎颈鸳鸯会》)

（792）九曲风涛何处显,则除是此地偏。(《西厢记·第一本》)

（793）早忘了山盟海誓,更和那星前月底,到如今怨他谁?这烦恼则除是天知地知。(《全元散曲·高栻·集贤宾》)

（二）句式

句式 1：若/要……,则除是(4 例)

（794）若能够好姻缘重把佳期会,则除是一枕南柯梦儿里。(《全元散曲·孙季昌·粉蝶儿》)

（795）若要咱称了心,则除是娶到家。(《全元散曲·兰楚芳·愿成双》)

（796）恁待要笔尖上品题,眼皮上爱惜,则除是描入明窗画图里。(《全明散曲·汤舜民·素兰》)

（797）病患、要安,则除是出几点风流汗。(《西厢记·第三本》)

句式 2：则除是……,便(1 例)

（798）老夫人说着长老唤太医来看我;我这额证候,非是太医所治的;则除是那小姐美甘甘、香喷喷、凉渗渗、娇滴滴一点儿唾津儿咽下去,这鸟病便可。(《西厢记·第三本》)

句式 3：则除是……,才(1 例)

（799）则除是阎王亲自唤,神鬼自来勾,三魂归地府,七魄丧冥幽,天那,那其间才不向烟花路儿上走!(《全元散曲·关汉卿·一枝花》)

4.3.2.1.9　除非是

"除非是"继承了宋代和疑问性逻辑算子"谁"连用表达排除性介词的功能,但用例仍然很少,如:

（800）思昔青春美景，除非是月下花前，谁知道，金章紫绶，多少事忧煎。（《七修类稿·述怀词》）

这句话的意思是"除了在月下花前以外，没有人知道……"。

"除非是"也继承了宋代作连词的用法，主要有以下几种形式：

句式1：除非是……，方才（1例）

（801）他只为不见孩儿么？这病可时，除非是子孝父心宽，方才可救。（《全元曲·高明·蔡伯喈琵琶记》）

句式2：要……，除非是（4例）

（802）若提起始末缘因，教你愁闷怎禁？儿，此生休想同衾枕，要相逢除非是东海捞针。（《全元曲·柯丹邱·荆钗记》）

（803）妻，要相逢除非是梦儿里再成姻契。（《全元曲·柯丹邱·荆钗记》）

（804）那时节呵！你在深沉院宇，要见你除非是梦魂来到。（《全元曲·施惠·幽闺记》）

（805）劳神役志镇端祥，寻思那人情怎忘？设计施方，要见他除非是梦儿里来到我行。（《全元曲·无名氏·十样锦》）

句式3：待……，除非是（1例）

（806）待逃生除非是翅双插，直追赶到天涯。（《全元曲·施惠·幽闺记》）

句式4：若（是）……，除非是（2例）

（807）金莲道："我若是饶了这奴才，除非是他日出我来。"（《金瓶梅·第二十五回》）

（808）若得我病可，除非是见他，药引子舌尖上唾。（《全元曲·无名氏》）

句式5：结果＋条件（3例）

（809）兼自执卓做人，除非是苦怀抱。（《张协状元·第三出》）

（810）欲改门闾，须教孩儿，除非是攻着诗书。（《张协状元·第五出》）

（811）着个好姻缘，除非是状元。（《张协状元·第十五出》）

4.3.2.1.10　只除了

"只除了"在元明时期用例虽然仍然很少,但可以和假设性逻辑算子连用表示"只有",如:

句式:若……,只除了(1例)

(812) 若还定得我的风势,只除了灵吉菩萨来是,其余何足惧也!(《西游记·第二十一回》)

4.3.2.1.11　除去

在元明时期,"除去"的用例均为动词性,表示"去掉"或"脱下",几乎没有见到排除性介词的用例,如:

(813) 每人又各将带锛斧锯凿等器,将当路树木除去。(《元朝秘史·卷十二》)

(814) 且说一季中事例钱,开作时各自与,库子每随高低预先除去,军百户十锭无虚。《全元散曲·刘时中·滚绣球》

(815) 除去浮花,修养残躯,安排暮景。(《全元散曲·曾瑞·哨遍》)

(816) 你今要当头,情愿将此为当,你念个松箍儿咒,将此除去罢,不然,将何物为当?(《西游记·第四十二回》)

(817) 皮匠与公布怕做出马脚来,便住手,一时没现钱,把身上衣服头上簪、都除去。(《型世言·第二十七回》)

(818) 然后却令卸其衣甲,除去军器,都穿所赐锦袍,从东华门而入,就文德殿朝见。(《水浒传·第八十二回》)

(819) 与那人打了两贯钱,那人已是每贯先除去二十文。(《水浒传·第一百零四回》)

(820) 祭毕,即除去孝服,沐浴薰香,浓妆艳裹,言笑自若。(《三国演义·第三十八回》)

4.3.2.1.12　只除

一、作排除性介词

(一)和关系性逻辑算子连用

句式1:只除……,便(1例)

（821）你只除不出去，出去便要惹事，直交三位来到这里。（《三遂平妖传·第十回》）

这句话可以理解为："你除了不出去以外，出去便要惹事。"这类似于我们以前分析过的"除……即/便"，也就是"除了 A 这种情况外，就是 B 这种情况"，所论述的可能性不会超出这两种情况范围之外。

（二）和总括性逻辑算子连用

句式 2：只除……，尽（1 例）

（822）原来是宋高宗策立孝宗，降赦通行天下，只除人命大事，其余小事，尽行赦放回家。（《警世通言·第二十八卷》）

句式 3：只除……，皆（1 例）

（823）二人别无一能，只除远近皆闻皆见。（《新刊全相平话·武王伐纣平话·卷下》）

二、作条件性连词

"只除"由介词用法引申出连词用法，而且在元明时期以连词用法为主。

（一）单用（16 例）

（824）两相思真病难医疗，只除倘秀才赴蓝桥。（《全元曲·王仲元·石榴花》）

（825）似这般丑眷属，村配偶，只除天上有。（《全元散曲·兰楚芳·四块玉》）

（826）只除天与人方便，再得相逢。（《全元散曲·朱庭玉·梁州第七》）

（827）别来宽褪缕金衣，粉悴烟憔减玉肌，泪点儿只除衫袖知。（《全元散曲·王和清·一半儿》）

（828）只见陈公子道："是我作事差，只除一死罢。"（《型世言·第二十七回》）

（二）句式

句式 1：只除……，方才（3 例）

（829）当时沉吟了半晌，眉头一纵，计上心来："只除害了这蛮子，方才免得人知。"（《雨窗集·错认尸》）

（830）贤弟，只除那里去安身，方才免得；若投别处去，终久要吃拿了。（《水浒传·第三十一回》）

（831）小生无可调治，只除小娘子肯怜见，方才救得小生一命。（《全元曲·郑光祖·㑇梅香骗翰林风月》）

句式 2：只除……，才（2 例）

（832）行者听得道："我这般一个身子，怎么便摇得响？只除化成稀汁，才摇得响是。"（《西游记·第三十四回》）

（833）只除佛子神仙才可到，怎许游人容易得攀摩。（《全元曲·吴昌龄·花间四友东坡梦》）

句式 3：只除……，便（5 例）

（834）二人道："衙内且宽心，只在小人两个身上，好歹要共那人完聚；只除他自缢死了，便罢。"（《水浒传·第六回》）

（835）只除老爹肯与人做小，这便不消赔嫁，还可多得几两银子。（《型世言·第七回》）

句式 4：只除……，可/可以（7 例）

（836）如今背上之事发了，只除江南地灵星可免无事，兄弟曾说："三十六计，走为上策。"（《水浒传·第六十四回》）

（837）吴用道："兄长梦晁天王所言，百日之灾，只除江南地灵星可治，莫非正应此人？"（《水浒传·第六十四回》）

（838）你见我闪开条路让你过去？你不可投别处去，只除梁山泊可以安身。（《水浒传·第十七回》）

句式 5：只除……，必（1 例）

（839）老亲家，令爱还魂的事，还要得个见人，只除问这真人，必有分晓。（《全元曲·无名氏·萨真人夜断碧桃花》）

句式 6：只除……，方（1 例）

（840）两个邀老都管僻静处说道："若要衙内病懊，只除教太尉得

知,害了林冲性命,方能彀得他老婆和衙内在一处,这病便得好;若不如此,一定送了衙内性命。"(《水浒传·第六回》)

句式 7：要……,只除(1 例)

(841)要好只除相见。(《警世通言·第三十八卷》)

（三）前问后答(5 例)

(842)你靠栏槛临台榭,我准备名香,心事悠悠凭谁说！只除向金鼎焚龙麝,与你殷勤参拜遥天月,此意也无别。(《元杂剧·关汉卿·关张双赴西蜀梦》)

(843)宋江道："用何智可获此人?"吴学究道："只除如此如此。"(《水浒传·第五十八回》)

(844)宋江十分烦恼,与吴学究计议道："似此怎么打得荆南?"吴用叠着两个指头,画出一条计策,说道："只除如此如此。"(《水浒传·第一百零七回》)

(845)行者道："只除过阴司,查勘那个阎王家有他魂灵,请将来救他。"(《西游记·第三十九回》)

(846)谁想被国姑劫了法场,放了这两个,似此怎了？只除先去奏过圣人,少不的连这国姑也断送我老王手里。(《全元曲·无名氏·谢金吾诈拆清风府》)

4.3.2.2 "外"类

4.3.2.2.1 之外

一、之外

和晚唐相比,"之外"在元明时期的用法有所减少,但仍然也是比较活跃的直接排除范畴表达形式之一。

（一）单用(3 例)

(847)殡殓之外,做些功德超度,自不必说。(《喻世明言·第一卷》)

(848)女王看到那心欢意美之外,不觉淫情汲汲,爱欲恣恣,展放樱桃小口,呼道："大唐御弟,还不来占凤乘鸾也?"(《西游记·第五十

四回》)

（849）天下兽中猩猩猿猴之外，狐狸在走兽中能学人行，其灵性与人近，内中有通天狐，能识天文地理，其余狐狸，年久俱能变化，他每夜走入人家，知见蒋日休想文姬，他就在中山拾了一个骷髅，顶在头上，向北斗拜了几拜，宛然成一个女子，生得大有颜色。（《型世言·第三十八回》)

（二）和否定性逻辑算子连用

句式 1：……之外，无/不（2 例）

（850）你惟情之外别无想，除睡人间总不知。（《新校元刊杂剧三十种·王伯成·李太白贬夜郎》)

（851）无垢道：“多谢女菩萨，小僧三餐之外，别不要甚的。”（《型世言·第三十五回》)

在元明时期的句式“……之外，无/不”中，否定性逻辑算子前常搭配代指“其他”的代词“别”，使得论域中的排除对象和剩余对象构成一个范围整体变得更加明显，凸显了“排除特殊”的排除功能。

（三）和递进性逻辑算子连用

句式 2：……之外，又（1 例）

（852）此泉之外，又有三泉：东南有一泉，其水至冷，人若饮水，咽喉无暖气，身躯软弱而死，名曰柔泉。（《三国演义·第八十九回》)

句式 3：……之外，别（1 例）

（853）原其所自，无非发人心之和，非六德之外，别有一律吕也。（《全元散曲·孟昉·天净沙》)

句式 4：……之外，还（1 例）

（854）又未知轻清之外，还是何物？愿先生教我。（《三国演义·第八十六回》)

句式 5：……之外，还又（1 例）

在明代增加了同义词并用“还又”的用法，如：

（855）东道、歇钱之外，还又撺掇他打首饰，做衣服，借下债负岂

止千金。(《型世言·第十五回》)

二、舍……之外

明代继承了宋代"舍……之外"的句式,如(2例):

(856) 如此伏侍二公婆,他家有甚不欢喜? 爹娘且请放心宽,舍此之外值个屁!(《清平山堂话本·快嘴李翠莲记》)

(857) 玄德曰:"舍此之外,备实不知。"(《三国演义·第二十一回》)

4.3.2.2.2　此外

(一)单用(1例)

(858) 此外虚名要何用? 醉乡中,东风唤醒梨花梦。(《全元散曲·马致远·小桃红》)

(二)与总括性逻辑算子连用

句式:此外都(1例)

"此外都"是对宋代"此外悉/皆"句式中"悉/皆"的替换,如:

(859) 卢大来诉说:"此外都是一班鞑子,不省得我汉人言语,又不认得汉人文字,那个晓尊师重傅?"(《型世言·第十四回》)

4.3.2.2.3　只此以外

在宋代,随着"外"和"之外"的虚化程度的加深,几乎无"以外"的用法。我们在明代找到了1例"只此以外"的用例,估计是对魏晋时期"只此以外"的一种模拟和继承,如:

(860) 孩儿这里所干已成完备,得了照会,待两个月,衣锦还乡,喜面相参,孝顺父母,光显门闾,只此以外,别无所怀。(《朴通事》)

4.3.2.3　"余"类

4.3.2.3.1　其余

"其余"主要是作定语,表示"除此以外其他的",在所调查的语料中,《元朝秘史》中有8例,《朴通事》有2例,如:

(861) 兀良哈的人,将这鹿取下头皮带肺子自要了,其余的肉都与了朵奔篾儿干。(《元朝秘史·卷一》)

(862) 毡子,驼毛我都有,其余的你如今买去。(《朴通事》)

（863）其余的伴当们家里有着,街上休撒泼皮,好生用心看家着。(《朴通事》)

4.3.2.3.2　其他

"其他"可以作宾语,也可以作定语,如:

（864）且某二郎是个农庄之人,又四十多岁,只图美貌,不计其他也。(《清平山堂话本•刎颈鸳鸯会》)

（865）两个遂相轰饮,亦不顾其他也。(《清平山堂话本•刎颈鸳鸯会》)

（866）其他姐儿们的,老身也怕用得,还是自家带了便当。(《喻世明言•第一卷》)

4.3.3　间接排除范畴表达形式

4.3.3.1　非

(一)和否定性逻辑算子连用

句式1:非……不(33例)

（867）封汝为陈留王,出就金墉城居止;当时起程,非宣诏不许入京。(《三国演义•第一百十九回》)

（868）却说程昱献计曰:云长有万人之敌,非智谋不能取之。(《三国演义•第二十五回》)

（869）他人非奉呼唤,不许辄入。(《三国演义•第十六回》)

句式2:非……不可(6例)

我们找到的这6个例子都来自《三国演义》,如:

（870）兄试猜之,合献与谁?达曰:"非刘玄德不可。"(《三国演义•第六十回》)

（871）猛然省曰:"非吕范不可。"(《三国演义•第五十四回》)

（872）肃以告瑜,瑜深服其论,因谓肃曰:"为我行此计者,非庞士元不可。"《三国演义•第四十七回》

（873）昱曰:"非关公不可。"《三国演义•第二十五回》

（874）朱儁曰："要破山东群贼，非曹孟德不可。"《三国演义·第十回》

（875）孔明曰："吾已定下三条计策，非子龙不可行也。"《三国演义·第五十四回》

从这6个例子来看，除了例（875）中"不可"后面加了谓语外，其他例子中的"非……不可"都已经凝固化。

句式3：非……勿（1例）

（876）愿君侯衰多益寡，非礼勿履。（《三国演义·第一百零六回》）

句式4：非……莫（6例）

"莫"可以指代人或事物，如：

（877）司马懿奏曰："吴有长江之险，非船莫渡。"（《三国演义·第八十六回》）

（878）今来寻得这个去处，地名唤做榆柳庄，四下里都是深港，非船莫能进。（《水浒传·第一百一十三回》）

（879）今吴侯又令人在后追赶，周瑜又使人于前截住，非夫人莫解此祸。（《三国演义·第五十五回》）

（880）非公父子莫能究其情，公当与吾谋之。（《三国演义·第十六回》）

（881）今袁术欲报私仇，遣纪灵领兵到县，亡在旦夕，非将军莫能救。（《三国演义·第十六回》）

（882）非刘豫州莫与当曹操者；然豫州新败之后，安能抗此难乎？（《三国演义·第四十三回》）

（二）和疑问性逻辑算子连用

句式5：非……谁（1例）

（883）操曰："吉平下毒，非董承所使而谁？"（《三国演义·第二十三回》）

句式6：非……何（12例）

"何"可以指代事件、人物或原因，如：

（884）汝上弑母后，自立为王，僭用天子銮舆，非反而何？（《三国演义·第七十二回》）

（885）做皇帝的非我父王而何？行者闻言，哂笑不绝。（《西游记·第三十七回》）

（886）非帝京邦国，何以有此壮丽？（《西游记·第六十二回》）

（887）非天欲灭朕而何？（《西游记·第七十八回》）

句式7：非……，如何（1例）

（888）此乃天败，非吾之不能也，如何肯服！（《三国演义·第八十八回》）

句式8：非……，岂（1例）

（889）孔明笑曰："吾非容易到此，岂可便去！吾明日自有平蛮之策。"（《三国演义·第九十回》）

句式9：非……，安（5例）

（890）非此计，安能涉大江之险！（《三国演义·第四十六回》）

（891）蛮兵如此顽皮，非火攻安能取胜？（《三国演义·第九十回》）

句式10：非……，焉（1例）

（892）太后密谓曰：我与汝出身寒微，非张让等，焉能享此富贵？（《三国演义·第二回》）

（三）和关系性逻辑算子连用

句式11：非……即（9例）

这个句式在晚唐五代、宋代都没怎么出现，如：

（893）辂曰：卦中有君家本墓中女鬼，非君伯母即叔母也。（《三国演义·第六十九回》）

（894）每日黑云罩在御营顶上，非风即雨，人心惶惑。（《型世言·第十七回》）

（895）张世开嫌好道歉，非打即骂。（《水浒传·第一百零三回》）

（四）和递进性逻辑算子连用

句式12：非……，更（1例）

"非"在宋代和递进性逻辑算子"亦"的连用,使得"非"的排除义更加明显,在明代,"非"和递进性逻辑算子"更"连用,如:

(896) 当曰:非我一人,更有何晏、邓飏、李胜、毕轨、丁谧等五人,同谋篡逆。(《三国演义·第一百零七回》)

4.3.3.2 自非

"自非"在元明时期的用例急遽减少,我们在所调查的语料中只查到了3例,其中还有1例是重复的,如:

(897) 自非,懵懂。(《全元散曲·汤舜民·客中奇遇寄情代友人作》)

(898) 自非奇烈女,孰砺如石心。(《型世言·第十回》)

4.3.4　本节小结

4.3.4.1　列表

将元明时期的直接排除范畴的表达形式和间接排除范畴的表达形式进行整理,见表4.3。

表 4.3　元明时期排除范畴的表达形式总结

	直接排除范畴的表达形式	间接排除范畴的表达形式
除 (52例)	1. 除 　1) 作为排除义介词 　（一）单用(7) 　（二）和递进性逻辑算子连用：又(1)/再(1)/倘(1) 　（三）和否定性逻辑算子连用：无(4)/没(1) 　（四）和总括性逻辑算子连用：尽(1)/积(1)/都(1)/尽皆(1)/俱(1) 　（五）和限定性逻辑算子连用：只有(1) 　2) 作为条件性连词：方(2) 2. 除……外 　（一）单用(12) 　（二）和递进性逻辑算子连用：更/又/别/尚/复/亦(8) 　（三）和疑问性逻辑算子连用：谁(1) 　（五）和总括性逻辑算子连用：都(1)/尽皆(1)/全(1) 　（六）和否定性逻辑算子连用：无(3)/没(1) 　（七）和关系性逻辑算子连用：便(1)	非 (77例)	1. 和否定性逻辑算子连用：不(33)/不可(6)/莫(6)/勿(1) 2. 和疑问性逻辑算子连用：何(12)/安(5)/如何(1)/谁(1)/焉(1) 3. 和关系性逻辑算子连用：即(9) 4. 和递进性逻辑算子连用：更(1)

	直接排除范畴的表达形式	间接排除范畴的表达形式	
除 (57 例)	3. 除……之外 （一）和否定性逻辑算子连用：无(1)/不(1) （二）和递进性逻辑算子连用：又(1) （三）固定短语：除此之外(1)		
除了 (24 例)	1. 除了 （一）单用(5) （二）和否定性逻辑算子连用：无(3)/不(2) （三）和总括性逻辑算子连用：都(5)/俱(1) （四）和递进性逻辑算子连用：还(1)/也(2)/在(1) 2. 除了……外(2) （一）单用(1) （二）和递进性逻辑算子连用：也(1)	自非 (2 例)	单用(2)
除却 (3 例)	1. 动词性"除去、除掉" 2. 排除性介词 （一）和疑问性逻辑算子连用：谁(1) （二）和否定性逻辑算子连用：无(2)		
除非 (27 例)	1. 排除性介词 （一）单用(2) （二）和否定性逻辑算子连用：无(1) 2. 条件性连词 （一）单用(2) （二）句式 句式 1：(若)要……，除非(13) 句式 2：不……，除非(1) 句式 3：除非……，方(5) 句式 4：除非……，才(2) 句式 5：除非……，必(1)		
只除非 (17 例)	1. 单用(10) 2. 句式 句式 1：(若)要……，只除非(4) 句式 2：只除非……，方才/方(2) 句式 3：只除非……，便(1)		
除是 (22 例)	1. 条件性连词 （一）单用(15) （二）句式 句式 1：若/要……，除是(5) 句式 2：除是……，便(1) 2. 排除性介词 和总括性逻辑算子连用：都(1)		

	直接排除范畴的表达形式	间接排除范畴的表达形式
只除是 (26例)	1. 条件性连词 　(一) 和条件性逻辑算子组成的句式 　　　句式1：若(要)……，只除是(5) 　　　句式2：欲待要……，只除是(1) 　　　句式3：只除是……，方(7) 　　　句式4：只除是……，便(2) 　　　句式5：只除是……，就(1) 　(二) 问句 + 答句(5) 2. 排除性介词 　(一) 和否定性逻辑算子连用：不(3) 　(二) 和递进性逻辑算子连用：又(1) 　(三) 和疑问性逻辑算子连用：怎(1)	
则除是 (16例)	1. 单用(12) 2. 句式 　句式1：若/要……，则除是(4) 　句式2：则除是……，便(1) 　句式3：则除是……，才(1)	
除非是 (12例)	1. 作介词：除非是……，谁(1) 2. 作连词： 　句式1：除非是……，方才(1) 　句式2：要……，除非是(4) 　句式3：待……，除非是(1) 　句式4：若(是)……，除非是(2) 　句式5：结果 + 条件(3)	
只除了 (1例)	和假设性逻辑算子连用：若(1)	
只除 (45例)	1. 作介词 　(一) 和关系性逻辑算子连用：便(1) 　(二) 和总括性逻辑算子连用：尽(1)/皆(1) 2. 作连词 　(一) 单用(16) 　(二) 只除……可/可以(7)/便(5)/方才(4)/才 　　(2)/方(1)/必(1) 　(三) 要……，只除(1) 3. 前问后答(5)	
之外 (11例)	1. 之外 　(一) 单用(3) 　(二) 和否定性逻辑算子连用：无(1)/不(1) 　(三) 和递进性逻辑算子连用：还又(1)/又(1)/别 　　(1)/还(1) 2. 舍……之外(2)	

续　表

	直接排除范畴的表达形式	间接排除范畴的表达形式
此外 （2 例）	1. 单用（1） 2. 和总括性逻辑算子连用：都（1）	
只此以外 （1 例）	单用（1）	
其余 （12 例）	作定语（12）	
其他 （7 例）	作定语或宾语（7）	

4.3.4.2　总结

4.3.4.2.1　直接排除范畴表达形式

1. "除"类词

元明时期的"除"类词包括前代延续下来的"除"及框架"除……外"、"除……之外"、"除了"、"除非"、"除却"、"只除"、"只除了"和"除非是"，还有新形成的"只除非"、"只除是"和"则除是"。

"除"到元明时期发展得已非常成熟，不仅以排除义介词为主，还萌发出连词的用法。作为排除义介词，"除"继承了单用，或和否定性逻辑算子（如"无/没"）、总括性逻辑算子（如"尽/都/尽皆/俱/积"）连用，表达排除功能的用法，以及和递进性逻辑算子（如"又/再/倘"）连用，表达追加功能的用法。"除"和表结果的连词"方"连用形成的"除……，方"构式也开始萌芽，这说明"除"的条件性连词用法的萌芽。

框式"除……外"在元明时期的使用频率和构式类型也超过了宋代。除大量单用表示排除语义，跟疑问性逻辑算子（如"谁"）、总括性逻辑算子（如"都/尽皆/全"）、否定性逻辑算子（如"无/没"）、关系性逻辑算子（如"便"）连用表示排除功能，还大量跟递进性逻辑算子（如"又/别/尚/复/亦"）连用表达追加功能。

框式"除……之外"经过宋代的消沉期后也进入了元明的发展期。既可以单用，又可以和否定性逻辑算子（如"无/不"）、递进性逻辑算子

(如"又/再")等连用。另外,固定短语"除此之外"也在缓慢发展中。

"除了"在元明时期和宋代的用法类似,和否定性逻辑算子(如"不/无")、总括性逻辑算子(如"俱/都")连用表示排除功能,和新的递进性逻辑算子(如"还/也/在")连用表示追加功能。而且元明时期的"除了"可以单独使用表示排除义,这说明其虚化的程度增高。另外,框式"除了……外"也可以单用或者跟递进性逻辑算子(如"也")连用表示追加功能。

"除却"在元明时期以排除义介词为主,或单用或和否定性逻辑算子(如"无")、疑问性逻辑算子(如"谁")连用表达排除功能,相比宋代,其用例和构式类型都有所减少。

"除非"在元明时期可以单用或者和否定性逻辑算子(如"无")连用表达排除功能,但仍主要作为条件连词表示"除了这个条件以外,结果不会发生"或者"如果要实现结果,只有这一个条件"。它可以单用,主要与表示结果的连接词连用。其位置比较灵活,既有"结果在前,条件在后"的构式"(若)要……,除非"、"不……,除非",又有"条件在前,结果在后"的构式"除非……,方"、"除非……,才"和"除非……必"。

"除是"虽有构式"除是……,都"来表现排除义的介词功能,但是我们只在调查语料中找到《牡丹亭》中的孤例。从调查来看,"除是"在元明时代已几乎是一个条件连词,不仅继承了构式"若/要……,除是"和"除是……便",更多的是不借助逻辑算子单独使用表达条件的用例,这表明"除是"已虚化为连词。

"除非是"和"除是"类似,虽然也偶尔用构式"除非是……谁"表达排除功能,但用例非常少。在元明时期,"除非是"也虚化作连词,除了继承宋代"结果+条件"和"要……,除非是"的形式外,还新增了"除非是……,方才"、"待……,除非是"、"若(是)……,除非是"等形式,使用频率也有所增多。

"除去"在元明时期几乎没有表示排除性语义的用法,基本都表示动作性的"去掉"或"脱下",因此,我们可以将"除去"从直接排除范畴表达式中排除掉了。

"只除"在元明时期较宋代有进一步发展,既可作排除性介词,又以条件性连词为主。作介词时可与关系性逻辑算子(如"便")、总括性逻辑算子(如"尽/皆")连用表达排除功能,作连词时既大量单用,又可以形成多种句式,如:"条件在前,结果在后"格式的构式"只除……方才/才/方"、"只除……便"、"只除……可/可以"、"只除……必","结果在前,条件在后"格式的构式"要……,只除"等。另外,它也常不需要借助逻辑算子,仅采用"前问后答"格式来表达唯一的条件性。这种可以看作是"结果在前,条件在后"格式的特殊表现形式。

"只除了"在元明时期用例很少,但不同于宋代表排除,在元明时期它与假设性逻辑算子"若"连用,向条件性连词虚化。

"只除是"和"则除是"是元明时期新出现的复合虚词。其中"只除是"既可以作排除性介词,与否定性逻辑算子(如"不")、递进性逻辑算子(如"又")、疑问性逻辑算子(如"怎")连用,又可以作条件性连词,形成"若(要)……,只除是"、"欲待要……,只除是"、"只除是……方"、"只除是……便"、"只除是……就"等形式,并且还用"前问后答"的特殊形式表达唯一性条件义。而"则除是"除了少数用"则除是……,何"表排除性介词外,主要用作连词,如"若/要……则除是"、"则除是……便"、"则除是……才"等句式和大量的单用用例。可见,"只除是"和"则除是"虽兼表介词和连词,但仍以连词为主,这大概是受到"只除"和"除是"的双重影响。

"只除非"是"只"与"除非"复合而成的虚词。这一时期的"除非"已虚化为条件连词,"只"的作用在于强调,因此"只除非"只是条件连词,除较多单用外,主要有"(若)要……,只除非"、"只除非……方才/方"、"只除非……便"等形式。

2. "外"类词

元明时期,由于"外"已完全虚化为表排除义的后置词,框式结构

"除……外"更加成熟,使用频率之高、连用逻辑算子之多都超过了具有相同语法功能的框式结构"除……之外"。"之外"仍比较活跃,除单用外,和否定性逻辑算子(如"无/不")连用表达排除功能,和递进性逻辑算子(如"又/别/还又")连用表达追加功能。框式"舍……之外"也偶然使用表达排除功能。

"此外"在元明时期较多单用,新产生的框式结构"此外……都"是对宋代"此外……皆/悉"的替换。随着"外"和"之外"虚化程度的加深,已几乎没有"以外"的用例,我们在调查语料中找到了1个"只此以外"的用例,估计是对中古时期"只此以外"的仿古用法。

3. "余"类

"其余"和"其他"在元明时期较少与逻辑算子构成句式,而是成为句内的一个定语成分或宾语成分,"其余"多作定语,"其他"既作定语也作宾语。

4.3.4.2.2　间接排除范畴表达形式

元明时期,"非"类构式仍然比较普遍,和否定性逻辑算子(如"不/不可/勿/莫")、疑问性逻辑算子(如"谁/何/如何/岂/安/焉")、关系性逻辑算子(如"即")连用表示排除功能,还有了和递进性逻辑算子(如"更")连用表示追加功能的用法。而"自非"在所调查语料中仅有3例,其中2例是重复的,所以可以说"自非"在元明时期逐渐消亡了。

4.4　清　　代

4.4.1　所用语料

《李渔小说》[①],《醒世姻缘传》,《聊斋俚曲集》,《儒林外史》,《红楼梦》,《歧路灯》,《品花宝鉴》,《儿女英雄传》,《海上花列传》,《官场现形记》,《老残游记》。

---

① 包括《无声戏》和《十二楼》。

4.4.2 直接排除范畴表达形式

4.4.2.1 "除"类

4.4.2.1.1 除

一、除

（一）单用（5 例）

（899）那日间,他的细君除一面料理家事,一面教导女儿习学针指。（《醒世姻缘传·第二十四回》）

（900）北边的学既甚是荒凉,除那官家富室,每月出得一钱束修,便是极有体面。（《醒世姻缘传·第九十二回》）

（901）这七月十五日是中元圣节、地官大帝的生辰,这老侯、老张又敛了人家布施,除克落了剩的,在那三官庙里打三昼夜兰盆大醮;十五日夜里,在白云湖内放一千盏河灯。（《醒世姻缘传·第五十六回》）

（二）和总括性逻辑算子连用

句式 1：除……,都是（2 例）

（902）自从有了调羹,就替了巧姐一半,除做了大家的饭食,这狄婆子的茶水都是调羹照管,狄婆子故意试他,把那银钱付托与他收管。（《醒世姻缘传·第五十六回》）

（903）约定了十一日去往县库上纳那罚的银子,除自己那一百两是不必说得,其珍哥的三十两,小桃红七个的三十两,高氏的五两,脱不了都是晁大舍代上。（《醒世姻缘传·第十回》）

（三）和总括性、类同性逻辑算子并用

句式 2：除……,都也（1 例）

（904）但他只有欺凌丈夫这件不好,除此别的都也还是好人。（《醒世姻缘传·第三回》）

（四）和递进性逻辑算子连用

句式 3：除……,还（6 例）

（905）一日磨麦二斗,尤聪挑了上街,除赚吃了黑面,每斗还赚银

三分,还赚麸子。(《醒世姻缘传·第五十四回》)

(906)守道行了文书,叫凡有妇女上庙烧香的,受了凌辱,除不准理,还要把本夫合娘家的一体问罪!(《醒世姻缘传·第七十四回》)

(907)韩芦的二十五两,用去的不多,除谢了刘芳名五两,还剩下十八两银子在家。(《醒世姻缘传·第八十二回》)

句式4:除……,仍(1例)

(908)除自己家里的鹰犬,仍向刘游击借了四只猎犬、三连鹰叉。(《醒世姻缘传·第一回》)

句式5:除……,又(2例)

(909)除断还了那老婆,又断了三十两的宿钱给主,问革了指挥,重责了四十大板,登时弄得身败名灭,家破人亡,仅能不死!(《醒世姻缘传·第六十三回》)

(910)狄员外除这一月之内,叫人往他家里送了六斗绿豆,一石麦子,一石小米,四斗大米,两千钱,不在谢礼之内;又送了十二两银,两匹绵绸,一双自己赶的绒袜,一双镶鞋,二斤棉花线,十条五柳堂大手巾。(《醒世姻缘传·第六十七回》)

句式6:除……,再(1例)

(911)合奶奶说,除先送一两,再每人二十两罢。(《醒世姻缘传·第八十一回》)

(五)和关系性逻辑算子连用

句式7:除……便(1例)

(912)顶到城门,合省官员出城接他的,除照例仪注行过后,他便一直扶了老太太的轿子,从城外走到城里,顶到行辕门口,又下来跪一次。(《官场现形记·第二十二回》)

二、除……外

(一)和递进性逻辑算子连用

句式8:除……外,还(3例)

(913)素姐道:"每位除二十两银子外,每人还要两匹尺头。"(《醒

世姻缘传·第九十六回》)

(914) 如其尹子崇运动不成,以及半途翻悔,除将原付十万退出外,还须加三倍作罚。(《官场现形记·第五十二回》)

句式9：除……外,并(1例)

(915) 除严行申饬外,并记大过三次,以为妄启外衅者戒!(《官场现形记·第五十四回》)

句式10：除……外,又(2例)

(916) 等到大案出奏的时候,贾大少爷除将在工员弁分别异常、寻常请奖外,又趁势把自己的兄弟侄儿,亲戚故旧,朦保了十几个在里头。(《官场现形记·第二十四回》)

(917) 尹子崇见大事告成,少不得把弄来的昧心钱除酬谢和尚、通事二人外,一定又须分赠各位舅爷若干,好堵住他们的嘴。(《官场现形记·第五十三回》)

(二) 和总括性逻辑算子连用

句式11：除……外,俱(1例)

(918) 除施氏死罪不减外,晁源、伍圣道、邵强仁俱杖八十,徒五年。(《醒世姻缘传·第十三回》)

句式12：除……外,一概(1例)

(919) 所有的随员,除两位老夫子及黄同知留守大船外,周、文二位一概随同前去。(《官场现形记·第十四回》)

句式13：除……外,一齐(2例)

(920) 等到抹过了脸,除主人余荩臣还要小坐不去外,其余的各位大人,一齐相辞。(《官场现形记·第二十九回》)

(921) 除垫还他经手若干外,所剩无几,一齐打三折归还人家的本钱,以作了事。(《官场现形记·第五十三回》)

句式14：除……外,所有(1例)

(922) 除将供招另文申应,恳祈宪示遵行外,所有此次外国兵船帮同缉获积年巨盗,应如何答谢之处,卑职不敢擅专,理合电禀,乞谕

祗遵。(《官场现形记·第五十五回》)

三、除……以外(2例)

(923) 狄希陈做了三四年官,回到家内,算那除盘搅以外,净数带回家的不多不少,正合那石槽底下五千之数。(《醒世姻缘传·第一百回》)

(924) 除此以外,无论是谁都留我不住。(《官场现形记·第三十四回》)

四、除……之外

(一) 单用(3例)

(925) 所以王竺生的家事共有三千,他除供给杂用之外,净得一千五百两。(《李渔小说·无声戏》)

(926) 只是利心太重,烧出盐来,除使用之外,他得七分,烧的只得三分。(《李渔小说·无声戏》)

(927) 除日后做官做吏叩拜朝廷、参谒上司之外,擅自下人一跪者,罚你自敲脚骨一次。(《李渔小说·十二楼》)

(二) 和递进性逻辑算子连用

句式15:除……之外,又(5例)

(928) 除货价之外,又封十二两银子送他,做遮羞钱。(《李渔小说·十二楼》)

(929) 黄三溜子等把蟒袍穿好,不及穿外褂,就把赢来的筹码数了数,除弥补两天输头之外,足足又赢了一万多,满心欢喜,便把筹码抓在手里,也不用纸包,也不用手巾包,一把一把的只往怀里来塞。(《官场现形记·第二十一回》)

(930) 除了寻常差使之外,又派了一只兵轮委他管带。(《官场现形记·第三十八回》)

句式16:除……之外,还(4例)

(931) 既然如此,你在他家立脚多时,他平日所作所为定然知道几件,除此一事之外,还有什么奸款,将来不利于朝廷、有误于军国的

么？(《李渔小说·十二楼》)

(932) 除身价之外,还多六两,就烦爹爹代收。(《李渔小说·十二楼》)

句式 17:除……之外,另外(1 例)

(933) 大人道:"如要释放他父亲也甚容易,除每年捐钱三百吊之外,另外叫他再捐二千吊,立刻缴进来为修理衙署之费。"(《官场现形记·第二十三回》)

句式 18:除……之外,另(1 例)

(934) 还亏得告在我这边,除常律之外,另有一个断法。(《李渔小说·十二楼》)

句式 19:除……之外,亦(2 例)

(935) 赵温除了说"好"之外,亦没有别的话可以回答。(《官场现形记·第二回》)

(936) 一面想,一面哭,除哭之外,亦无别话可说。(《官场现形记·第三十回》)

句式 20:除……之外,也(1 例)

(937) 所以这趟差使虽苦,除用之外,也剩到八块洋钱。(《官场现形记·第四十三回》)

(三) 和否定性逻辑算子连用

句式 21:除……之外,无(1 例)

(938) 最上一层极是空旷,除名香一炉、《黄庭》一卷之外,并无长物,是他避俗离嚣、绝人屏迹的所在,匾额上有四个字云:与天为徒。(《李渔小说·十二楼》)

句式 22:除……之外,不(2 例)

(939) 从此以后,伙计二人轮班来取,或是三日一至,或是五日一来,莫说银子不见一两,清茶没有一杯,连回复的说话也贵重不过,除"知道了"三字之外,不曾增出半句话来。(《李渔小说·十二楼》)

(940) 从此以后,把这三个女子当做菩萨一般烧香供养,除那一

刻要紧工夫之外,再不敢近身去亵渎她。(《李渔小说·无声戏》)

句式23:除……之外,未(1例)

(941)那一方的妇人,除老病不堪之外,未有不遭淫污者,舒娘子亦在其中。(《李渔小说·十二楼》)

句式24:除……之外,没有(1例)

(942)又他生平为人度量极小,天底下人,除他之外,没有一个好的。(《官场现形记·第三十四回》)

(四)和限定性逻辑算子连用

句式25:除……之外,只(2例)

(943)终日淡扫蛾眉,坐在兰房,除女工绣作之外,只以读书为事。(《李渔小说·十二楼》)

(944)王慕善晓得今天的事非钱不能了结,硬硬头皮,从帐房柜子里取出昨儿新借来的一封洋钱,数了数,除用之外,只剩得六十多块了。(《官场现形记·第三十四回》)

(五)和总括性逻辑算子连用

句式26:除……之外,都(1例)

(945)所以他现在虽然还是知府,除掉护院之外,藩、臬却都不在他眼里,有些事情竟要硬驳回去。(《官场现形记·第二回》)

(六)和关系性逻辑算子连用

句式27:除……之外,便(1例)

(946)现在满桌的人,除王孝廉之外,便没有第二个可以谈得来的。(《官场现形记·第一回》)

句式28:除……之外,就(3例)

(947)现在只有一条路,要你们指出人头,立时三刻正法;除了这一条,就得办你们诬告。(《官场现形记·第十五回》)

(948)萧知府接到手中一看,信上的字足有核桃大小,共只有三张信纸,信上说的话,除寒暄之外,就说:令亲某人,拟改同知,分发河南。(《官场现形记·第二十三回》)

（七）固定搭配：除此之外（4 例）

"除此之外"可以单用，也可以和限定性逻辑算子"只有"、否定性逻辑算子"没有"、总括性逻辑算子"都"连用，如：

（949）恩科，即除此之外，因有喜庆大典额外考试。（《官场现形记·第六十回》）

（950）除此之外，只有两头通的"义乌船"。（《官场现形记·第十二回》）

（951）慢慢的回想到二婚头的话，毕竟不错，除此之外，并没有第二条计策。（《官场现形记·第三十回》）

（952）除此之外，实在没有第二条法子。（《官场现形记·第五十五回》

4.4.2.1.2　除了

一、除了

（一）单用（27 例）

所调查到的用例都来自《醒世姻缘传》，如：

（953）却说晁源自从问结了官司，除了天是王大，他那做王二的傲性，依然又是万丈高了。（《醒世姻缘传·第十回》）

（954）除了岁科两考进到城里走走，不然，整年整月，要见他一面也是难的。（《醒世姻缘传·第二十四回》）

（955）除了海，有一个祖洲，在海中间，相传生"不死草"，叶似菰苗，丛生，一株可活人。（《醒世姻缘传·第二十四回》）

（956）其水也，除了海，有那洮河、胶河、潍水、芙蓉池，这都不如那明水。（《醒世姻缘传·第二十四回》）

（957）依了薛、相两人的主意，除了这一日，第二日再住一日，第三日绝早起身。（《醒世姻缘传·第四十回》）

（958）谁知天理不容，船过了宿迁，入了黄河，卒然大风括将出来，船家把捉不住，顷刻间把那船帮做了船底，除了宝光水中遇着一个水手揪得上来，其余妻妾资财，休想有半分存剩。（《醒世姻缘传·

第三十回》)

（二）和递进性逻辑算子连用

句式1：除了……，还/还有（10例）

（959）小山道："除了箱内之物，还欠五百两零头，请兑出来再赌。"（《李渔小说·无声戏》）

（960）那陈古董除打了二三十两夹帐，计巴拉还得了七十六两银子。（《醒世姻缘传·第十一回》）

（961）那时年成又好，百姓又不象如今这般穷困，一茎一粒也没有拖欠，除了正数，还有三四千金的剩余。（《醒世姻缘传·第十七回》）

（962）难为除了七爷，还有七家子哩！不消别人，只叫二哥知道，我吃不了他的，只好兜着罢了。（《醒世姻缘传·第三十二回》）

句式2：除了……，又（7例）

（963）没的那郭姑子是二尾子，除了一个扶，又长出一个吊来了？（《醒世姻缘传·第八回》）

（964）替那子孙干事一般，除了日前的祸患，又防那后日的风波。（《醒世姻缘传·第二十回》

（965）除了家里预先与过的不算，又封了二十五两银子。（《醒世姻缘传·第十五回》）

句式3：除了……，也（7例）

（966）老亲翁除了此子，也另有高门纳采。（《李渔小说·十二楼》）

（967）他若推三阻四，我就除了状词不告，也有别样法子处他。（《李渔小说·十二楼》）

句式4：除了……，仍（1例）

（968）这一二十人，此等便宜的事有甚难处？有了地土顶着，问人借银子，也有得借与；或将地转卖与人，除了还的仍有许多剩下。（《醒世姻缘传·第二十二回》）

句式5：除了……，甚是（1例）

(969) 除了魏三得意,这晁思才晁无晏甚是猖狂,说:"怪道每人给四五十亩地,四五两银子,几石粮食,原来有这些原故!"算记要从新说话。(《醒世姻缘传·第四十六回》)

句式 6:除了……,再(3 例)

(970) 贼头道:"除了这一个,再要半个也没有,内中还有带人言、剃刀的,也挤不得死,都同我睡了。"(《李渔小说·无声戏》)

(971) 郎中说:"这除了妇人再没有别的方法。"(《醒世姻缘传·第三十九回》)

句式 7:除了……,另外(1 例)

(972) 除了这里,另外总弄不到一条出路,因此便闷在家,也不出去。(《官场现形记·第二十八回》)

句式 8:除了……,亦(1 例)

(973) 却说张军门的姨太太听了番菜馆细崽的说话,心上自忖,晓是刁迈彭同他们作对,将来此地万难久居,除了吃教,亦没有第二条可以抵制之法。(《官场现形记·第五十一回》)

(三) 和总括性逻辑算子连用

句式 9:除了……,都(8 例)

(974) 除了这几样,那生旦净末一本戏文全全的都是那皋门自己一个唱了。(《醒世姻缘传·第十六回》)

(975) 里外的男妇,除了晁思才,别的都是晁夫人的下辈,都替晁夫人叩喜。(《醒世姻缘传·第二十一回》)

(976) 到了狄员外家,也说即日要行,又说:"薛施主一个极好的人,可惜除了他的令爱,合家都该遭难,只在刻下。"(《醒世姻缘传·第二十九回》)

(977) 一家除了龙氏助纣为虐,别人也都不去理他。(《醒世姻缘传·第七十四回》)

(四) 和限定性逻辑算子连用

句式 10:除了……,只(5 例)

（978）除了水阁不坐，除了画栏不倚，只在那几尺地方走来走去，又不许一人近身。（《李渔小说·十二楼》）

（979）青梅道："除了做姑子，我只做鬼罢了！"（《醒世姻缘传·第八回》）

句式 11：除了……，只是（1 例）

（980）除了这两行人，只是嫁与人做仆妇，或嫁与觅汉做庄家，他管得你牢牢住住的，门也不许走出一步。（《醒世姻缘传·第八回》）

（五）和关系性逻辑算子连用

句式 12：除了……，就（3 例）

（981）向日禁止妇女上庙的守道，与那奉行出告示的太守都已升去，所以除了在家鬼混，就在庵观寺院里边打成了战场。（《醒世姻缘传·第七十六回》）

句式 13：除了……就是（2 例）

（982）除了部属就是府同知，这三重大两重小的衙门，又淡薄、又受气，主意不做他。（《醒世姻缘传·第五回》）

（983）除了吴推官上堂审事，就是大奶奶衙里问刑，弄得个刑厅衙门，成了七十五司一样，人号鬼哭，好不凄惨！（《醒世姻缘传·第九十一回》）

句式 14：除了……，宁可（1 例）

（984）雪娘无客之时，要扯他同宿，他怕妈儿要算嫖钱，除了收帐，宁可教妻子守空房，自己把指头替代。（《李渔小说·无声戏》）

（六）和否定性逻辑算子连用

句式 15：除了……，不（6 例）

（985）只是孩儿以母命为重，除了姓瞿的，断然不嫁。（《李渔小说·十二楼》）

（986）子的人，除了我内相家中，不怕你走上天去！（《李渔小说·十二楼》）

（987）又闻得乱兵要招买主，独独除了这一处不行抢掠。（《李渔小说·十二楼》）

（988）除了这个机会，无往不是遭磨受难之时。（《醒世姻缘传·第九十一回》）

（989）黄三溜子道："所以我除了做皇帝，下手是不做的，皇帝还好赢几个，下手只有输无赢。"（《官场现形记·第二十一回》）

（990）我如今是汉脚的蟹，赛如瞎子一样，除了人一步不能行；无奈，只得耐定了性，靠在他一个人身上的了。（《官场现形记·第五十一回》）

句式 16：除了……，无（1 例）

（991）为什么这一主一婢都长到及笄之年，以前除了七郎并无一家说起，到这时候两个的婚姻就一齐发动起来？（《李渔小说·十二楼》）

句式 17：除了……，没有（6 例）

（992）诸位太太，请看这些样子，若要不受官的气，除了吃教竟没有第二条路。（《官场现形记·第五十回》）

（993）转念一想：我这分家私一齐在他手里，如今要同外国人打交道，除了他没有第二个。（《官场现形记·第五十一回》）

（七）和疑问性逻辑算子连用

句式 18：除了……何（1 例）

（994）张太太一向是"惟我独尊"的，如今听说要拿家当分派，意思之间，以为："这个家除了我更有何人？"便有点不高兴。（《官场现形记·第四十九回》）

句式 19：除了……，那（2 例）

（995）若是当真同去打围，除了我不养汉罢了，那怕那忘八戴"销金帽"、"绿头巾"不成！（《醒世姻缘传·第二回》）

（996）其次是部属，事倒也易做，但如今皇上英明，司官都不容易，除了吏部、礼部，别的兵刑四部，那一部是好做的？（《醒世姻缘

传·第五回》)

句式 20：除了……，那里(1 例)

(997) 但这秀才的恩典，除了不得罢了，但他自己那一个封起的银子，使动了一半，却要凑足了退还与他，那里得又有？(《醒世姻缘传·第三十五回》)

句式 21：除了……，难道(1 例)

(998) 且是官府离得家里庄田甚远，这粪且运不回去，他除了上地，难道怕他取去吃在肚里不成？(《醒世姻缘传·第三十三回》)

二、除了……之外

(一) 和否定性逻辑算子连用

句式 22：除了……之外，不(1 例)

(999) 他拿定这个主意，所以除了置产之外，不肯破费分文。(《李渔小说·十二楼》)

句式 23：除了……之外，无(3 例)

(1000) 只因除了此人别无售主，不好与他争论。(《李渔小说·十二楼》)

(1001) 想来想去，除了终日淌眼泪之外，无一良策。(《官场现形记·第十九回》)

(1002) 现在他们三人身上，除了衣服之外，一无所有，所以叫咱仍旧到这里来取。(《官场现形记·第五十回》)

(二) 和递进性逻辑算子连用

句式 24：除了……之外，更(1 例)

(1003) 至于那些营官、哨官、千爷、副爷，他的功名大都从钻营奔竞而来，除了接差、送差、吃大烟、抱孩子之外，更有何事能为。(《官场现形记·第十二回》)

句式 25：除了……之外，亦(1 例)

(1004) 除了过老爷之外，他亦并无第二个恩人，因此便一心只想报答这过老爷的好处。(《官场现形记·第三十六回》)

（三）和总括性逻辑算子连用

句式 26：除了……之外，一齐（1 例）

（1005）此时宝小姐声气广通，交游开阔，省城里除了藩台、粮道两家太太之外，所有的太太一齐同他来往。（《官场现形记·第三十八回》）

（四）和关系性逻辑算子连用

句式 27：除了……之外，最（1 例）

（1006）除了画梅花写字之外，最讲究的是写四六信。（《官场现形记·第四十二回》）

4.4.2.1.3　除非

一、介词用法

"除非"在清代作排除性介词时，主要有以下几种用法，如：

（一）和否定性逻辑算子连用

句式 1：除非……，不（1 例）

（1007）昨日往鲁府里聘了个外科良医姓晏的来，那外科看了，说是"天报冤业疮"，除非至诚祈祷，那下药是不中用的，也便留他不住，去了。（《醒世姻缘传·第十一回》）

句式 2：除非……不可（1 例）

（1008）老堂台如果怕统领面子上难以交代，晚生有句老实话：除非统领大人自己挖腰包不可。（《官场现形记·第十八回》）

句式 3：除非……，没有（1 例）

（1009）如今徐大军机跟前，除非托他疏通，更没有第二个。（《官场现形记·第二十八回》）

（二）和递进性逻辑算子连用

句式 4：除非……，再（1 例）

（1010）现在除非把这事和盘托出，再添上些枝叶，或者可以激怒于他，稍助一臂之力。（《官场现形记·第二十七回》）

（三）和关系性逻辑算子连用

句式 5：除非……，或是（1 例）

（1011）在船上整整坐了四个半月，除非寄姐与权、戴二奶奶会酒，或是狄希陈合郭总兵、周相公会话，这便是狄希陈松快受用的时节。（《醒世姻缘传·第九十一回》）

二、连词用法

作条件性连词时，继承了元明时期的用法，如：

句式6：若要/如要……，除非……，方才/才/方可（4例）

（1012）吴氏故意踟蹰一会儿，才答应道：若要救你，除非用个伏兵缓用之计，方才保得你的身家。（《李渔小说·无声戏》）

（1013）二娘道：若要同行，除非装做叫化夫妻，一路乞丐而去，人才认不出。（《李渔小说·无声戏》）

（1014）我今生若不相处朋友就罢，若要相处朋友，除非是他，才可以身相许。（《李渔小说·无声戏》）

（1015）如要解冤释恨，除非倚仗佛法，方可忏罪消灾。（《醒世姻缘传·第一百回》）

句式7：若要/要……，除非（10例）

（1016）要辨真假，除非把患难来试他一试。（《李渔小说·无声戏》）

（1017）再说天下的事，若要人不知，除非己莫为。（《醒世姻缘传·第十九回》）

（1018）你要不治他个淹心，以后就再不消出去；你要出去，除非披上领甲。（《醒世姻缘传·第七十四回》）

（1019）要老爷不死，除非把女儿送给人家做小，又是心上舍不得。（《官场现形记·第三十回》）

句式8：欲……，除非（1例）

（1020）欲使妇人不妒，除非阉尽男儿。（《李渔小说·无声戏》）

句式9：除非……才（4例）

（1021）那些百姓富豪，你除非锥子剜他的脊筋，他才肯把些与你；但你曾见化人的布施，有使锥子剜人肉筋的没有？（《醒世姻缘传·第三十一回》）

（1022）除非没有便人才罢，如有便人，再没有一遭空过。（《醒世姻缘传·第九十二回》）

（1023）那洋人的心上岂不明白：这事倘或经了抚台，除非这抚台是尹子崇一流人物，才肯把这全省矿产卖给外人，任凭外人前来开挖，中国官一问不问。（《官场现形记·第五十二回》）

（1024）除非现在有这样一个人懂得外国人的脾气，有什么事情他替我代办了，不要我操心，还要外国人不生气，如此，我才放心得下。（《官场现形记·第五十八回》）

句式 10：条件 + 结果（4 例）

在这种句式中，后一分句中没有明显的表示结果的逻辑算子，但仍表示在某种条件下可以产生的结果，如：

（1025）除非得个两全之法，止受其益，不受其损，然后招他进来，实为长便。（《李渔小说·十二楼》）

（1026）现在除非有上谕留我在贵省帮忙，那是无可如何之事。（《官场现形记·第三十四回》）

（1027）有许多仕宦要图在身边做孩子，只是弄他不去，除非公公呼唤，他或者肯来，只是一件：此人情窦已开，他一心要弄妇人，就勉强留他，也不能长久；须是与公公一样，也替他净了下身，使他只想进来，不想出去，才是个长久之计。（《李渔小说·十二楼》）

（1028）除非你去替我，还说得通。（《李渔小说·十二楼》）

4.4.2.1.4 只除非

（一）单用（3 例）

（1029）右调《虞美人》这首词，是说天地间越礼犯分之事，件件可以消除，独有男女相慕之情、枕席交欢之谊，只除非禁于未发之先。（《李渔小说·十二楼》）

（二）和结果性逻辑算子连用

句式 1：只除非……才（1 例）

（1030）只除非与他一样奇丑奇臭的才能够相视莫逆；若是稍有

几分颜色略知一毫香臭的人,难道会相安无事不成?(《李渔小说·无声戏》)

句式2:只除非……,方才(6例)

(1031)于姓吴的那一个,莫说周氏不如她,就是阙家娶过的那两位小姐,有其才者无其貌,有其貌者无其才,只除非两个并做一个,方才敌得她来。(《李渔小说·无声戏》)

(1032)但凡少年女子,最怕的是凄凉,最喜的是热闹,只除非丈夫死了,没得思量,方才情愿守寡。(《李渔小说·十二楼》)

(1033)晁夫人听了,就如一桶雪花冷水劈头浇下一般,又想道:"这样绝命的事,只除非是那等飞天夜叉,或是狼虎,人类中或是那没了血气的强盗,方才干得出来!"(《醒世姻缘传·第十六回》)

句式3:若要……,只除非(1例)

(1034)对他道:你若要过上好日子,只除非把八字改一改,就有好处了。(《李渔小说·无声戏》)

4.4.2.1.5　除非是

(1035)他除非是会插翅飞进来告诉不成?狄希陈道:"得他过江去了不来告扰,目下倒也罢了。"(《醒世姻缘传·第九十七回》)

(1036)白姑子道:"这除非是观音菩萨的力量,将了药师王佛的宝经,与阎王面前极力申救,或者也还可救度。"(《醒世姻缘传·第六十四回》)

4.4.2.1.6　只除

一、作排除性介词

(一)单用(3例)

(1037)只除边氏不叫,因他有丈夫在前,只说丈夫的话与她所说的一般,没有夫妻各别之理。(《李渔小说·十二楼》)

(1038)到那赛会之时,只除女子不到,合郡男人,无论黄童白叟,没有一个不来。(《李渔小说·无声戏》)

(1039)那些学中朋友只除衣食不周的,不敢妄想天鹅肉吃,其余

略有家事的人,哪个不垂涎咽唾? 早有人传到侍寰耳中。(《李渔小说·无声戏》)

（二）和否定性逻辑算子连用

句式1：只除……不(1例)

(1040) 只除小姐一位,不在所禁之中。(《李渔小说·十二楼》)

二、作条件性连词

句式2：只除……方(1例)

(1041) 如吊死的脖子拖了那根送命的绳,自刎的血糊般搭拉着个头,投崖的拖拉着少七没八的骨拾,跳河跳井的自己抱着个瓮大的肚子行动不得,在那阴司里不见天日,只除有了替代,方许托生,且还不知托生得好与不好。(《醒世姻缘传·第三十回》)

句式3：只除……就(1例)

(1042) 程谟一时没有饭吃,要赊取些米面,不是汉子,就是老婆,只除他两口子不见就罢;教他看见,他必定要千方百计破了开去。(《醒世姻缘传·第五十一回》)

4.4.2.1.7　只除了

（一）单用(1例)

(1043) 教官说:"教官到任两年,只除了春秋两丁,他自己到学中强要胙肉。"(《醒世姻缘传·第三十九回》)

（二）和关系性逻辑算子连用

句式1：只除了……,或是(1例)

(1044) 晁老只除了一日两遍上堂,或是迎送上司及各院里考察,这却别人替他不得,也只得自己出去。(《醒世姻缘传·第十六回》)

（三）和总括性逻辑算子连用

句式2：只除了……,俱(1例)

(1045) 只除了歇案的人命强盗,其外杂犯,在他到任以前的,俱免追论;但他到任以后,再有武断暴横的,十个倒有九个不得漏网。(《醒世姻缘传·第十二回》)

句式 3：只除了……，都(1 例)

(1046) 狄宾梁是个不识字的长者，看长的好人，不因那儿子不跟他读书，便绝了来往；只除了修仪不送，其余寻常的馈遗，该请的酒席，都照旧合他往来。(《醒世姻缘传·第三十五回》)

(四) 和否定性逻辑算子连用

句式 4：只除了……，无不/没有不/不(3 例)

(1047) 二人道："只除了一桩听不得的，其余无不从命。"(《李渔小说·无声戏》)

(1048) 那个邢皋门就是又清又白的醇酒一般，只除了那吃生葱下烧酒的花子不晓得他好，略略有些身分的人没有不沾着就醉的。(《醒世姻缘传·第十六回》)

(1049) 你只除了今生再不作恶，切忌了杀生害命。(《醒世姻缘传·第一百回》)

(五) 和递进性逻辑算子连用

句式 5：只除了……，再(1 例)

(1050) 所以天地间的物，只除了虎狼性恶，恨他吃人；恶蛇毒蝎，尾能螫人；再有老鼠穴墙穿屋，盗物窃粮，咬坏人的衣服书籍；再是蝇蚊能伤肤败物。(《醒世姻缘传·第一回》)

4.4.2.1.8 除却

"除却"在清代用例不多，在所调查的语料中，主要有两种句式：

(一) 和关系性逻辑算子连用

句式 1：除却……，便(1 例)

(1051) 但见从来好色之人只有此一长可取，除却偷香窃玉，便少奇才；犹之做贼之人，只有贼智而无他智也。(《李渔小说·十二楼》)

(二) 和否定性逻辑算子连用

句式 2：除却……之外，无(1 例)

(1052) 因此心中七上八下，楞了半天，除却嘻开嘴笑之外，并无他话。(《官场现形记·第三十八回》)

4.4.2.1.9　除却了

我们在清代还发现 1 例"除却"和"除了"合并成"除却了"的用例,如:

(1053) 除却了陈老先生,别人也不来管那闲帐。(《醒世姻缘传·第十八回》)

4.4.2.1.10　除是

"除是"在清代仍有少数作为排除性介词的用法,主要是跟关系性逻辑算子连用,如:

句式 1:除是……,便(1 例)

(1054) 替他算算,何玉凤竟看不见这件东西? 无此理;看见不问? 更无此理;看见问了,照旧供着? 尤其无此理;除是劈了烧火,那便无理而又无理,无理到那头儿了;就让想空了心,把那个长生牌儿给他送到何公祠去,天下还有比那样没溜儿的书吗? (《儿女英雄传·第二十九回》)

句式 2:除是……或是……,便都(1 例)

(1055) 大凡一个人,除是自幼有好父兄拘束的紧,不敢窥看赌场,或是自己天性不好赌,这便万事都冰了。(《歧路灯·第四十二回》)

这个句式其实是"除是……便"的扩展形式,表示除了"自幼有好父兄拘束的紧,不敢窥看堵场"这种情况,或者除了"自己天性不好赌"这种情况以外,其他的"便万事都冰了"。这个句式更加证明我们之前的分析,即表明是"A 情况"和"B 情况"的析取关系,实际上是将二者作为一个整体的排除对象,将它们与其他情况的特殊性凸显出来,仍属于排除功能。

另外,"除是"也继承了元明时期的用于表达连词功能的形式,如:

句式 3:若……,除是(1 例)

(1056) 两般若说不相同,除是痴人说梦。(《儿女英雄传·缘起首回》)

句式4：除是……方（1例）

（1057）那仙女道："我却不知，除是我主人方晓。"（《红楼梦·第一一六回》）

4.4.2.1.11　除去

"除去"在清代仍保留了动词性用法，主要表示"去掉"［例（1058）—（1062）］或"脱下"［例（1063）—（1066）］之义，其中的"除去"后可以加上表示动作完成的助词"了"，如：

（1058）至于同胞的妹子，丈夫中了进士，若把势利的人，就要偏厚他些了；他反于查资之内，除去一千金，道她做了夫人，不愁没得穿戴，该损些下来，加厚诸妹。（《李渔小说·无声戏》）

（1059）直等撬上几十次，敲上几百锤，打开锁门，方才除去铁索。（《李渔小说·十二楼》）

（1060）赵老爹家那一个，与迦楠坠子共是五十两银子买的，除去一半，该二十五两。（《李渔小说·无声戏》）

（1061）你近日的工夫却大有进境，只你这番是头一次进场，场里虽说有三天的限，其实除了进场出场，再除去吃睡，不过一天半的工夫。（《儿女英雄传·第三十四回》）

（1062）除去了一个石盖，揭起来满瓮铜钱。（《聊斋俚曲·第八回》）

（1063）捕快又叫他除去帽子，脱去鞋袜，不提防豁琅一响，有两块几角钱落地。（《官场现形记·第十五回》）

（1064）贾制台进屋之后，便自己除去靴帽，脱去大衣，催管家磨墨，立刻把纸摊开，蘸饱了笔就画。又吩咐卫占先也脱去衣帽，坐在一旁观看。（《官场现形记·第四十二回》）

（1065）只见两个管家上来，把少爷的官衣脱去，除去大帽，只穿着一身便衣，又端过一张椅子，请少爷坐了。（《官场现形记·第五十三回》）

（1066）说了不多几句话，宝玉也来了，进门见了王夫人，不过规

规矩矩说了几句,便命人除去抹额,脱了袍服,拉了靴子,便一头滚在王夫人怀里。(《红楼梦·第二十五回》)

另外,"除去"的排除性介词用法在清代也得到了发展,主要有以下几种形式:

(一)和递进性逻辑算子连用

句式1:除去……,还(2例)

(1067)除去柴米,还做得甚么事?(《儒林外史·第五十五回》)

(1068)众人听了都诧异:"除去他,还有那一个?"(《红楼梦·第六十五回》)

句式2:除去……,亦(1例)

(1069)除去关税花消,亦可以剩得几倍利息。(《红楼梦·第四十八回》)

句式3:除去……尚(1例)

(1070)一时贾政不放心,又进来瞧瞧老太太,见是好些,便出来传了赖大,叫他将合府里管事家人的花名册子拿来,一齐点了一点,除去贾赦入官的人,尚有三十余家,共男女二百十二名。(《红楼梦·第一百六回》)

(二)和总括性逻辑算子连用

句式4:除去……,全(1例)

(1071)这些人除去钱、王二位是带还东的,其余全是黄胖姑的好友,而且广通内线,专拉皮条。(《官场现形记·第二十四回》)

4.4.2.1.12　除非是

我们在清代找到了1例"除非是"作排除性介词的用例,如:

句式1:除非是……,其余……都是(1例)

(1072)满相公道:"您这些读书的憨瓜,出了门,除非是坐到车上,坐到轿里,人是尊敬的;其余若是住到店里,走到路上,都是供人戏玩摆布的。"(《歧路灯·第四十四回》)

这句话的意思是说:除了坐到车上、坐到轿里以外,人是尊敬的;

其他的情况如住到店里、走到路上,这些都是供人戏玩摆布的。即先用"除非是"将论域中的特殊对象凸显出来,并排除在剩余对象之外,然后用"其余""都"凸显剩余对象在某个特征上的一致性。

其他的用例都是"除非是"作条件性连词的用法,主要形式有:

句式2:要……,除非是(1例)

(1073)那魏名见仇家的日子渐渐的好了,他心里就生气,寻思着要教他败落,除非是教他去赌钱。(《聊斋俚曲·第二回》)

句式3:待要/要……,除非是(2例)

(1074)待要我不合娘说,除非是再休出门!(《聊斋俚曲·第二回》)

(1075)你要还他,除非是叫我死了!(《红楼梦·第一一七回》)

句式4:若(说)是……,除非是(3例)

(1076)待闹合他当堂闹;若是待平安无事,除非是银地两交。(《聊斋俚曲·第五回》)

(1077)若说是心里没一毫妄动,除非是淡然无欲的圣人能之。(《歧路灯·第六回》)

(1078)若是如今和他说要娶宝姑娘,竟把林姑娘撂开,除非是他人事不知还可,倘或明白些,只怕不但不能冲喜,竟是催命了!(《红楼梦·第九十六回》)

句式5:若要……,除非是……,才(3例)

(1079)若要完事,除非是老爷打着问你,你只一口咬定没有才好。(《红楼梦·第九十三回》)

(1080)我今生若不相处朋友就罢,若要相处朋友,除非是他,才可以身相许。(《李渔小说·无声戏》)

(1081)若要办这事,除非是那一等下流人,极有想头,极有口才,极有胆量,却没廉耻,才肯做这事;东西说合,内外钻营,图个余头儿。(《歧路灯·第五十一回》)

句式6:除非是……,才(5例)

(1082)除非是这等这等,才叫他贵贱难分。(《翻魇殃》)

（1083）我想这个人家,除非是你这位太太才去得,所以大胆来说。(《儒林外史·第二十六回》)

（1084）除非是你死了,或是做了和尚,这事才行得!(《儒林外史·第五十四回》)

句式 7:除非是……,方才(1例)

（1085）除非是他兄弟一家儿死个罄尽,方才是个歇手。(《歧路灯·第七十回》)

句式 8:除非是……,即可(1例)

（1086）只有子玉自己明白,除非是琴言亲来,爽爽快快的谈一昼夜,即可霍然。(《品花宝鉴·第二十一回》)

结果＋条件(2例)

（1087）你会试早上京,除非是不见面。(《襄妖咒》)

（1088）一卿道:"除非是鬼摄去的,我并不曾抬你。"(《李渔小说·无声戏》)

条件＋结果(1例)

（1089）白姑子道:"这除非是观音菩萨的力量,将了药师王佛的宝经,与阎王面前极力申救,或者也还可救度。(《醒世姻缘传·第六十四回》)

4.4.2.1.13　只除非是

1.介词表排除:单用(1例)

（1090）但是学生有那先一个到书房的,只除非是疥头疮肚赢瘦伶仃的,这倒是个长命的物件;若是肥泽有肉的孩子,头一个到的,哄他进去,两口子用一条绳套在那学生项上,一边一个紧拽,登时勒死,卸剥衣裳煮吃。(《醒世姻缘传·第三十一回》)

2.连词表条件:只除非是……方才(1例)

（1091）晁夫人听了,就如一桶雪花冷水劈头浇下一般,又想道:"这样绝命的事,只除非是那等飞天夜叉,或是狼虎,人类中或是那没了血气的强盗,方才干得出来!"(《醒世姻缘传·第十六回》)

4.4.2.1.14　除掉

一、除掉

"除掉"在清代语料中表动词的用法只有 1 例,主要作排除性介词,而且这些语料全都出自《官场现形记》,如:

1. 作动词

(1092) 师四老爷慌忙除掉眼镜,把团扇递在管家手中,因系初见,深深一躬。(《官场现形记·第三十六回》)

2. 作介词

(一)单用(4 例)

(1093) 十二位姨太太当中,除掉九姨太,自然算十二姨太嘴顶刻毒,见了人一句不让。(《官场现形记·第三十八回》)

(1094) 他们的麻雀,除掉上衙门办公事,是整日整夜打的。(《官场现形记·第二十九回》)

(1095) 除掉太太的六成,所余不过三四角洋钱,那里有这许多?(《官场现形记·第四十四回》)

(1096) 不几年家里的情形,除掉老人家告病及老人家去世,我是知道的。(《官场现形记·第五十一回》)

(二)与总括性逻辑算子连用

句式 1:除掉……,都(5 例)

"除掉"在与总括性逻辑算子"都"连用时,为了凸显剩余对象的一致性,还常常用"其余"、"一个个"、"一概"与"都"连用进行加强,如:

(1097) 幸亏晓得徐老夫子有个脾气,除掉银钱二字,其余都不在他心上。(《官场现形记·第二十七回》)

(1098) 无奈这件公事头绪太多,他的西学尚不能登峰造极,很有些翻不出来的地方,好在通海州除掉他都是外行,骗人还骗得过。(《官场现形记·第五十五回》)

(1099) 目下老成虽已凋谢,而一班勋旧子弟,承祖父余荫,文不能拈笔,武不能拉弓,娇生惯养,无事可为,幸遇朝廷捐例大开,上代

有得元宝,只要抬了出去上兑,除掉督、抚、藩、臬例不能捐,所以一个个都捐到道台为止。(《官场现形记·第二十九回》)

(1100) 除掉腹地里几省,外国人鞭长莫及,其余的虽然没有摆在面子上瓜分,暗地里都各有了主子了。(《官场现形记·第五十四回》)

(1101) 第二桩是你们这些书役,除掉照例应得的工食,老爷都一概拿出来给你们,却不准你们在外头多要一个钱。(《官场现形记·第五回》)

句式 2:除掉……,通(1 例)

(1102) 鲁总爷回船之后,东拼西凑,除掉号褂、旗子典当里不要,其他之物,连船上的帐篷,通同进了典当,好容易凑了六十块钱。(《官场现形记·第十六回》)

(三) 和否定性逻辑算子连用

句式 3:除掉……,没有(3 例)

(1103) 陶子尧听了,一面孔得意之色,撇着腔说道:"这用说吗!不是兄弟夸口,这山东一省讲洋务的,除掉中丞,竟没有第二个人我可以同他谈得来的。(《官场现形记·第七回》)

(1104) 我想除掉借洋人的势力克伏他,是没有第二个法子。(《官场现形记·第九回》)

(1105) 你们要一定救回我来,现在除掉把女儿孝敬统领做小,没有第二条路!(《官场现形记·第三十回》)

句式 4:除掉……,此外无(2 例)

(1106) 京城地面乃是红尘世界,老身师徒三众一直是清修,所以这庵里除掉几位施主家的太太、小姐前来做佛事,吃顿把素斋,此外并无杂人来往。(《官场现形记·第二十四回》)

(1107) 这时候离着引见的日期很近了,一天到晚,除掉坐车拜客,朋友请吃饭,此外并无别事。(《官场现形记·第二十五回》)

(四) 和总括性、否定性逻辑算子并用

句式 5:除掉……,一……不(1 例)

(1108) 偏所派的四位当中,有一位同知手笔极紧,除掉行辕应用

的物件,不得不办了送去,其余小钱一文不肯浪费。(《官场现形记·第四十六回》)

（五）和递进性逻辑算子连用

句式6：除掉……,又(1例)

(1109) 现在的几个阔人,除掉这位老中堂,你又要去送谁?(《官场现形记·第二十六回》)

句式7：除掉……,还有(1例)

(1110) 抚台道:"世兄这边除掉矿务事情,还有别的事吗?"(《官场现形记·第五十二回》)

（六）和关系性逻辑算子连用

句式8：除掉……,就是(1例)

(1111) 他自己一想:"上头除掉姑老爷,就是于舅太爷一位,余外的人都越不过我的头去。"(《官场现形记·第五十九回》)

句式9：除掉……便是(2例)

(1112) 一身之外,除掉两件破旧衣裳,还有几张破纸头,便是当年所得的奖札、饬知了。(《官场现形记·第三十回》)

(1113) 他到此亦不谦让了,除掉现银子,便是银票:一千两、二千两、三百两、五百两,白纸写的居多。(《官场现形记·第四十六回》)

（七）和疑问性逻辑算子连用

句式10：除掉……谁(1例)

(1114) 黄二麻子听完这番话,一个人肚皮里寻思道:"他做到一省藩台,除掉抚台,谁还有比他大的? 谁不来巴结他? (《官场现形记·第六十回》)

句式11：除掉……何处(1例)

(1115) 那大汉道:"我孑然一身,无家无室,又无行李,除掉带在身边,更把他放在何处。"(《官场现形记·第三十回》)

句式12：除掉……,那(1例)

(1116) 一天到晚,除掉睡觉,那有一刻工夫离得掉他。(《官场现

形记·第四十五回》)

（八）和限定性逻辑算子连用

句式13：除掉……，只有（1例）

（1117）钦差太太洗的衣服，除掉屋里，只有窗户外头好晾。(《官场现形记·第五十六回》)

二、除掉……之外

（一）单用（2例）

（1118）所以姊妹两个，都是他心坎上的人，除掉打盹之外，总得有一个常在跟前。(《官场现形记·第十二回》)

（1119）至于大嫂这里，除掉分给各位姨太太之外，大约数目，我兄弟也粗知一二。(《官场现形记·第五十回》)

（二）和否定性逻辑算子连用

句式14：除掉……之外，无（4例）

（1120）两起先银子都归他一人经手，除掉放赈之外，并无别用。(《官场现形记·第三十四回》)

（1121）外面风声虽然利害，甚么拿人、造刑具，闹得一天星斗；其实他老人家天天坐在行辕里面，除掉闻鼻烟、抽鸦片之外，一无所事。(《官场现形记·第十八回》)

（1122）他除掉诺诺称是之外，一无他语。(《官场现形记·第二十回》)

（1123）自从军门进了监，他镇日在寓处，除掉吃饭睡觉之外，一无事事，有时还要吃两杯酒，吃醉了借酒骂人。(《官场现形记·第二十八回》)

在以上这四例中，后三例用的都是总括性逻辑算子"一"和否定性逻辑算子"无"组合成的固定搭配"一无"，强调剩余对象在不具备某个谓语特征上的一致性。

句式15：除掉……之外，没有（2例）

（1124）他的眼睛里除掉黑总管、华中堂之外，并没有第三个人。

（《官场现形记·第二十七回》）

（1125）然而除掉上司之外，却没有一个说他好的。（《官场现形记·第四十八回》）

句式16：除掉……之外，未（1例）

（1126）而且每日除掉抽大烟，陪着老师说闲话之外，此外之事一样未曾考较，就是要记，叫我写些什么呢？（《官场现形记·第五十六回》）

句式17：除掉……之外，不（4例）

（1127）我们大人除掉照例画行之外，反不能问信。（《官场现形记·第六十回》）

（1128）除掉几两薪水之外，外快一个不要，这两年把我的嫁装都赔完了，再过两年就支不往了。（《官场现形记·第四十八回》）

（1129）但有一件毛病，乃先天带了来，一世也不会改的，是把铜钱看的太重，除掉送给女人之外，一钱不落虚空地。（《官场现形记·第十二回》）

（1130）先同他说了半天的闲话，鲁总爷方才渐渐的醒转来，但是除掉诺诺称是之外，其他的话一句也说不出。（《官场现形记·第十六回》）

（三）和总括性逻辑算子连用

句式18：除掉……之外，都（2例）

（1131）所以他现在虽然还是知府，除掉护院之外，藩、臬却都不在他眼里，有些事情竟要硬驳回去。（《官场现形记·第三回》）

（1132）凡是才进口的新鲜果子，以及时鲜吃物等类，他除掉送我们几个人之外，各国公使馆里他都要送一分去。（《官场现形记·第五十八回》）

句式19：除掉……之外，（一）概（2例）

（1133）然而杭州人总靠他为泰山北斗，有了事不能不告诉他，其实他除掉要钱之外，其余之事是一概不肯管的。（《官场现形记·第二十七回》）

（1134）除掉几处至好之外，其余概不通知。（《官场现形记·第

五十二回》)

句式 20：除掉……之外，一齐(1 例)

(1135) 除掉大少爷之外，其余三个随员，虽然不戴大帽子，却一齐穿了方马褂上来，围着炉子，川流不息的监察。(《官场现形记·第四十七回》)

句式 21：除掉……之外，没有一个不(1 例)

虽然"没有"和"不"都属于否定性逻辑算子，但是"没有一个不"这样的双重否定结构在深层语义上表示的其实是总括性语义"全部都"，只是用表层的否定性逻辑算子深化了深层上剩余对象的一致性和总括性，所以将其归入总括性逻辑算子一类中。如：

(1136) 人家见他有此脚力，合城文武官员，除掉提、镇、两司之外，没有一个不巴结他的，就有一班候补道也都要仰承他的鼻息。(《官场现形记·第三十八回》)

(四)和递进性逻辑算子连用

句式 22：除掉……之外，还有(2 例)

(1137) 胡镜孙道："你看我这店里，除掉几包丸药，几瓶药酒之外，还有什么东西可以送得人的?"(《官场现形记·第二十一回》)

(1138) 除掉自己之外，还有些朋友，自己不来，托我替他代画的。(《官场现形记·第五十六回》)

句式 23：除掉……之外，亦(3 例)

(1139) 梅飏仁除掉说好之外，亦无他话可以说得。(《官场现形记·第五十五回》)

(1140) 他听了更气的什么似的，说："我们自从乡、会、复试，朝、殿、散馆以及考差，除掉皇上，亦没有第二个人来考过。"(《官场现形记·第五十六回》)

(1141) 两个武秀才听了，直觉他俩心上要说的话，都被大老爷替他们说了出来，除掉诺诺称是之外，更无一句可以说得。(《官场现形记·第十五回》)

（五）和关系性逻辑算子连用

句式24：除掉……之外，便是（2例）

（1142）好在他无甚行李，身上除掉几张当票之外，便是方才新偷的十七块多钱，所以走的甚是爽快。（《官场现形记·第十五回》）

（1143）官场正月一无事情，除掉拜年应酬之外，便是赌钱吃酒。（《官场现形记·第二十一回》）

句式25：除掉……之外，就（1例）

（1144）我们这位太亲翁是现任内阁学士，除掉内阁大学士之外，京城的官就要算他顶大。（《官场现形记·第五十九回》）

（六）和疑问性逻辑算子连用

句式26：除掉……之外，谁（1例）

（1145）黄二麻子听完这番话，一个人肚皮里寻思道：他做到一省藩台，除掉抚台，谁还有比他大的？（《官场现形记·第六十回》）

三、除掉……外（1例）

（1146）尹子崇恐怕事情弄僵，公司的事摆脱不得还是小事，第一是把公司卖给外国人，至少也得他们二百万银子；除掉归还各股东股本外，自己很可稳赚一注钱财。（《官场现形记·第五十二回》）

我们对比了《官场现形记》中"除掉"与"除"和"除了"的使用频率，其中"除掉"共53例，"除"共32例，"除了"共23例，因此在《官场现形记》中"除掉"的排除性介词使用频率占绝对优势。但是我们没有在清代的其他文献中找到"除掉"用作排除性介词的用例，动词性的用例也很少，因此我们认为"除掉"是《官场现形记》这本书中特有的用法，不具有普遍性。

4.4.2.2　"外"类

4.4.2.2.1　之外

一、之外

（一）单用（6例）

（1147）庄户极其恭敬，束修之外，往家中供送柴米，管顾衣裳。

（《醒世姻缘传·第九十八回》）

（1148）坐车之外，前顶马，后跟骡，每到一处，管家赶忙下马，跑在前头投帖。（《官场现形记·第二十四回》）

（二）和递进性逻辑算子连用

句式 1：……之外，又（6 例）

（1149）只是正旦之外又添了一脚小旦，你却不要多心。（《李渔小说·十二楼》）

（1150）甚至有送事之外，又复捐囊，捐囊之外，又托他携带礼物，转致此公。（《李渔小说·十二楼》）

（1151）后来主僧见他两盏纱灯之外，又添了两盏。（《醒世姻缘传·第九十八回》）

（1152）龙旗之外又挂了些长旗子、方旗子，蓝的，白的，形状不一，到底是个什么讲究？（《官场现形记·第五十六回》）

（1153）狄希陈的好处，将小翅膀分就的产业之外，又与他置添了千把东西，乡里们倒也敬他的友爱。《醒世姻缘传·第一百回》

（1154）此时黄三溜子晓得自己有了内线，署院于他决不苛求；而且较之寻常候补道格外垂青，一差之外，又添一差。《官场现形记·第二十一回》

句式 2：……之外，还（3 例）

（1155）小楼道："不瞒列位讲，我这张馋嘴原是馋不过的，茶饭酒肉之外，还要吃些野食，只为一生好嚼，所以做不起人家。"（《李渔小说·十二楼》）

（1156）从前他老爷也到外府州、县出过差，各府州、县于例送菲敬之外，一定还有加敬；譬如菲敬送三十两，加敬竟加至五六十两不等。（《官场现形记·第四十一回》）

（1157）正项之外，还要多贴一百银子。（《官场现形记·第四十八回》）

句式 3：……之外，另（2 例）

（1158）未经撤席之际,贝去戎随了众人立在旁边看戏,见他吃桌之外另有看桌,料想终席之后定要撤主送他,少不得是家人引领,就想个计较出来。(《李渔小说·十二楼》)

（1159）当不得肥鸡之旁现有壮鸭,美食之外另放佳肴。(《李渔小说·十二楼》)

句式4：……之外,仍(1例)

（1160）料草尽派里下,原额之外,仍多派三千有奇,将一千表赏衙官衙役以。(《醒世姻缘传·第十七回》)

句式5：……之外,再(2例)

（1161）我的意思,二成之外,再加一百,一共五百两。(《官场现形记·第四回》)

（1162）正项是一万,正项之外,再送三千给抚台,包你一个"特旨道"一定到手。(《官场现形记·第三十五回》)

（三）和疑问性逻辑算子连用

句式6：……之外,哪里(1例)

（1163）一边说："我至戚之外,哪里来这两门野亲?"(《李渔小说·十二楼》)

（四）与关系性逻辑算子连用

句式7：……之外,便是(1例)

（1164）吹手船之外,便是统领带来的兵船,有陆军,有水师,水师坐的都是炮划子,桅杆上都扯着白镶边的红旗子,写着某营、某哨。(《官场现形记·第十四回》)

二、于……之外

（一）和递进性逻辑算子连用

句式8：于……之外,又(2例)

（1165）不期今日始读异书,但恨出题者不得一见;若得一见,必于《西厢》之外又增一部填词,不但相思害得稀奇,团圆做得热闹,即捏臂之关目,比传书递柬者更好看十倍也。(《李渔小说·十二楼》)

（1166）这回赈济案内，我同藩台说，单保一个"过班"尚不足以酬劳；所以于"免补"之外，又加一个"俟补知府后，以道员用"。（《官场现形记·第三十五回》）

句式 9：于……之外，再（1 例）

（1167）现在山西急等赈济，靠你观察的面子，只要能够经手募捐万把银子，于照例请奖之外，兄弟并且可以在别人名下想个法子再送你一个保举。（《官场现形记·第三十四回》）

句式 10：于……之外，加（1 例）

（1168）亲家知道他是靠抽丰过日子的，于盘缠之外，加送了他二百块钱的年敬。（《官场现形记·第十七回》）

（二）和否定性逻辑算子连用

句式 11：于……之外，（一）无（1 例）

（1169）他一家骨肉，只有亲丁三口，并无别的拖累，所以他于做官课子之外，一无他事。（《官场现形记·第二十二回》）

4.4.2.2.2　此外

（一）单用（8 例）

在所调查的语料中，《官场现形记》有 5 例，《李渔小说》有 1 例，《醒世姻缘传》有 2 例，如：

（1170）世芳不肯搜，世良自己开了顺袋，取出一封银子道："这是我自己的二百两，此外若再有一封，就是老兄的了。"（《李渔小说·无声戏》）

（1171）每人刚得一个梳匣，两三把钥匙，此外要半个低钱也是没有的，怎么去得？（《醒世姻缘传·第十五回》）

（1172）教习道："外国人不过长的样子是个高鼻子，抠眼睛，说的话，彼此口音不同，此外原同中国人一样的。《官场现形记·第五十五回》

（二）和否定性逻辑算子连用

句式 1：此外……无（6 例）

（1173）这是实情，此外并无他罪。（《李渔小说·十二楼》）

（1174）有几个穿红着绿的女人，想是奎官的亲戚，此外并无别的客人，甚是冷冷清清。（《官场现形记·第二十四回》）

句式2：此外……没有（2例）

（1175）他有了些物，也解了一半愁烦；但此外便再没有一些方法。（《醒世姻缘传·第三十六回》）

（1176）咱娘舅道："你只赔我卖买，还我的人就完了，此外没有别的话说。"（《官场现形记·第五十回》）

句式3：此外……不（1例）

（1177）走到大马路仁昌祥、震泰昌，以及亨达利等处，总得下车，不是买绸缎，便是买表，买戒指，一买便是几百块，此外打首饰，买珠子，还不在内。（《官场现形记·第八回》）

（三）和递进性逻辑算子连用

句式4：此外再（1例）

（1178）此外再每人分给杂粮五石，银五两，为种地工本之。（《醒世姻缘传·第二十二回》）

句式5：此外还有（9例）

这个句式在《官场现形记》中有8例，《醒世姻缘传》中有1例，如：

（1179）此外还有家人们的船、差官们的船、伙食船、行李船、轿子船。（《官场现形记·第十四回》）

（1180）但就本部而论，就有好几个差使，此外还有几处，都是吃粮不管事的。（《官场现形记·第二十八回》）

（1181）此外还有狐狸，装做怪俊的女人，在山上走来走去，叫人看了，真正爱死人。（《官场现形记·第六十回》）

（1182）只因那个长发背的老胡只晓得罚银罚纸，罚谷罚砖，此外还晓的管些甚么！（《醒世姻缘传·第十四回》）

句式6：此外……尚（2例）

（1183）席散之后，黄胖姑又赶到贾大少爷寓处，同做说客一样，又叫他拿出几千银子，为的军机上不止华中堂一位，此外尚有三位，

别处也得点缀点缀才好。(《官场现形记·第二十五回》)

(1184) 此外因点破句子闹笑话的尚不知其数,但看督抚挑剔不挑剔,凭各人的运气去碰罢了。(《官场现形记·第五十六回》)

句式 7:此外也(2 例)

(1185) 此外也有两个先回家的,也有两个自去看相好的。(《官场现形记·第二十九回》)

(1186) 多半都是那国的贵人阔人,富商巨贾,此外也是各国人公使、参赞,客官商人。(《官场现形记·第五十六回》)

(四)和总括性逻辑算子连用

句式 8:此外尽俱(1 例)

(1187) 此外尽俱顺境,直登八座。(《醒世姻缘传·第十六回》)

句式 9:此外……都是(2 例)

(1188) 此外孙大胡子、田小辫子、乌额拉布、羊紫辰不过都是带笔。(《官场现形记·第三十三回》)

(1189) 此外,底下人、看门的、厨子、打杂的,都是公用。(《官场现形记·第五十回》)

句式 10:此外……一共(1 例)/共(1 例)

(1190) 此外俄国有道胜银行,日本有正金银行,以及何兰国、法兰西统通有银行,共有几十家呢。(《官场现形记·第三十三回》)

(1191) 此外帐房家人,一共去了十来个。(《官场现形记·第三十四回》)

(五)和总括性、否定性逻辑算子并用

句式 11:此外……一无(1 例)

(1192) 一提提到自家那间舱内,急忙将门掩上,想把皮包打开来看,谁知又是锁着的,后来好容易拿小刀子把皮包划破了,把里面的东西一齐抖出,谁知这皮包内只有一卷字纸、几本破书、两个"金四开",此外一无所有。(《官场现形记·第五十四回》)

句式 12:此外……一……未(1 例)

（1193）而且每日除掉抽大烟,陪着老师说闲话之外,此外之事一样未曾考较,就是要记,叫我写些什么呢?（《官场现形记·第五十六回》）

4.4.2.2.3   以外

除了我们在前面已经描述过的"除了……以外"外,还主要有下面两种用法:

（一）和递进性逻辑算子连用

句式1：以外还有（1例）

（1194）但要自己有些本事,以外还有帮手。（《醒世姻缘传·第七十一回》）

（二）和疑问性逻辑算子连用

句式2：以外……那里（1例）

（1195）单单的只交付了前日的那封银子,我看也不敢看他一眼,原封取与你了,以外还那里再有银子!（《醒世姻缘传·第四十一回》）

4.4.2.3   "余"类

4.4.2.3.1   其余

我们在所调查的语料中共找到318例"其余"的用例,已经基本涵盖了现代汉语中所有的"其余"的用法,主要作主语和定语,如:

（1196）众人都作揖坐下吃茶,只有周、梅二位茶杯里有两枚生红枣,其余都是清茶。（《儒林外史·第五十五回》）[作主语]

（1197）其余的日子,坐在家中与人打双陆、下象棋,一些正事也不做。（《李渔小说·无声戏》）[作定语]

由于"其余"在清代的用法和现代差不多,故此处简略。

4.4.2.3.2   其他

"其他"相较于"其余",在使用频率上减少了很多,但也基本和现代汉语差不多,可以作主语、宾语或定语,如:

（1198）贵胄若此,其他可知。（《李渔小说·十二楼》）[作主语]

（1199）其他宾主每人只叫得一个,亦为着赵大架子在座,怕他说话的缘故。（《官场现形记·第三十二回》）[作定语]

（1200）其余不知其他，不敢滥举。（《品花宝鉴·第四十九回》）
［作宾语］

4.4.3　间接排除范畴表达形式

在清代时期，已经几乎没有"自非"的用例，"非"仍是间接排除范畴的主要表达形式，但用例相对于元明时期减少。

（一）和否定性逻辑算子连用

句式 1：非……不（8 例）

① 非 X 不 K（5）

（1201）参将一听明白，知道这事情非钱不应，立刻答应了一百银子；还说："兄弟的缺是著名的苦缺，列位是知道的。"（《官场现形记·第十四回》）

（1202）不过目下要垫本印书，至少非四五千金不办，所以小侄要求诸位老伯、诸位宪台替小侄想个法儿，支持过去。（《官场现形记·第三十三回》）

（1203）无嗣的叹息几声，想了一会道："令郎肯作家也是好事，只是古语云：五十非肉不饱。"（《李渔小说·无声戏》）

（1204）若今日童稚妇女，举亘古一见再见之事而习见之，犹人目击阿房之盛，而著小说者，将夸海市以耸其听，岂可得乎？若以劝戒言之，则人有非高庙玉环不盗、非长陵风土不取者，虽孔子居其前，《春秋》列其侧，尚无可如何，乃欲救之以小说，夫谁信之？而《无声戏》不然，其大旨谓世之所处，多逆而少顺。（《李渔小说·无声戏》）

（1205）原来是此妇之婢一向与他私通，进房宿歇者已非一次，诚恐主母知觉，要难为她，故此教导奸夫索性一网打尽，好图个长久欢娱，说："主母平日喜睡，非大呼不醒，乘她春梦未醒，悄悄过去行奸，只要三寸落肉，大事已成，就醒转来也不好喊叫地方再来捉获你了。"（《李渔小说·十二楼》）

② 非……不(3例)

(1206) 所以这上条陈一件事,竟是难上加难,非有十二分大本领的人,决不敢冒险。(《官场现形记·第七回》)

(1207) 近三年来,非朝会大典,不着貂裘,当为同官所共谅。(《官场现形记·第二十回》)

(1208) 那位教习深晓得自己本事有限,恐怕外国人看了他写的英文信不懂,非自己前去当面譬解给他听听是断乎不会明白的,连忙挺身而出,说:"这信等我自己送去。"(《官场现形记·第五十五回》)

句式2：非……,不能(4例)

(1209) 富贵功名倒可以冒认得去,这等国色天香不是人间所有,非真正才人不能消受,断然是假借不得的。(《李渔小说·十二楼》)

(1210) 此番道:"她写来的字不过放在桌上,使云笺一幅仰面朝天,决不肯悬在壁间,使人得以窥觑,非置身天半,不能俯眺人间,窥见赤文绿字。"(《李渔小说·十二楼》)

(1211) 知道裴七郎以前没福,坐失良缘,所谓"秦失其鹿,非高才捷足者不能得之",故此急急相求,不肯错过机会。(《李渔小说·十二楼》)

(1212) 这些营务事情,如非亲身阅历,决不能言之中肯。(《官场现形记·第三十一回》)

句式3：非……不行(3例)

(1213) 幸亏太太是个才女,出来问知究竟,便说:"现在世路上的事,非钱不行。"(《官场现形记·第二十一回》)

(1214) 钱谷老夫子也晓得这事非钱不行,只得回来劝东家送他们一百银子,又说:"这是起码的价钱。"(《官场现形记·第四十一回》)

(1215) 黄胖姑听了欢喜,又故作踌躇,说道:"虽说现在之事,非钱不行,然而要看什么人。"(《官场现形记·第二十五回》)

句式4：非……不可(5例)

(1216) 看官须知:大凡革职的人,一保就可以开复原官,降调的

人,非一级一级的保升上去不可。(《官场现形记·第六回》)

(1217) 又想:要放实缺,非走门路不可,要走门路,又非化钱不可。(《官场现形记·第二十四回》)

(1218) 王慕善才晓得这劝捐一事,竟同做官一样,非有资格不可。(《官场现形记·第三十四回》)

(1219) 禀帖后头,并可把后任这几天断的案子叙了进去,以见眼前非王某人赶紧回任竭力整顿不可。(《官场现形记·第四十一回》)

(1220) 我这回小说,一来劝做官的,非人命强盗,不可轻动夹足之刑,常把这桩奸情做个殷鉴。(《李渔小说·无声戏》)

(二) 和关系性逻辑算子连用

句式 5:非……即(2 例)

(1221) 说完,立在旁边,低头下气,不知杨百万怎生发作,非骂即打。(《李渔小说·无声戏》)

(1222) 彼时京师未破,料不是先帝所幸之人,非藩王之妃即宗室之妇也。(《李渔小说·十二楼》)

(三) 和疑问性逻辑算子连用

句式 6:非……谁(1 例)

(1223) 碧莲口中不说,心上思量道:"二人将不利于孺子,为程婴、杵臼者,非我而谁?"(《李渔小说·无声戏》)

句式 7:非……何(1 例)

(1224) 这几个月当中,百姓不能餐风饮雪,非再得巨款接济,何以延此残生?(《官场现形记·第三十五回》)

4.4.4　总结

4.4.4.1　列表

将清代直接排除范畴和间接排除范畴的表达形式进行整理,见表 4.4。

表 4.4 清代排除范畴表达形式总结

	直接排除范畴表达形式		间接排除范畴表达形式
除 (65 例)	1. 除(19) （一）单用(5) （二）和总括性逻辑算子连用：都是(2)/ 都也(1) （三）和递进性逻辑算子连用：还(6)/又 (2)/仍(1)/再(1) （四）和关系性逻辑算子连用：便(1) 2. 除……外(11) （一）和递进性逻辑算子连用：还(3)/又 (2)/并(1) （二）和总括性逻辑算子连用：一齐(2)/ 一概(1)/俱(1)/所有(1) 3. 除……以外(2) 4. 除……之外(34) （一）单用(3) （二）和递进性逻辑算子连用：又(5)/还 (4)/亦(2)/另外(1)/另(1)/也(1) （三）和否定性逻辑算子连用：不(2)/无 (1)/未(1)/没有(1) （四）和限定性逻辑算子连用：只(2) （五）和总括性逻辑算子连用：都(1) （六）和关系性逻辑算子连用：就(3)/便(1) 固定搭配：除此之外(4)	非 (28 例)	（一）和否定性逻辑算子连用 句式 1：非……不(3) 非 X 不 K(5) 句式 2：非……不能(3) 句式 3：非……不行(3) 句式 4：非……不可(5) （二）和关系性逻辑算子连用 句式 5：非……即(2) （三）和疑问性逻辑算子连用 句式 6：非……谁(1) 句式 7：非……何(1)
除了 (111 例)	1. 除了 （一）单用(27) （二）和递进性逻辑算子连用：还(10)/ 也(7)/又（7）/再（3）/又（1）/仍 (1)/甚是(1)/另外(1)/亦(1) （四）和总括性逻辑算子连用：都(7) （五）和限定性逻辑算子连用：只(5)/只 是(1) （六）和关系性逻辑算子连用：就(3)/就 是(2)/宁可(1) （七）和否定性逻辑算子连用：不(6)/没 有(5)/无(1) （八）和疑问性逻辑算子连用：那(2)/那 里(1)/何(1)/难道(1) 2. 除了……之外 （一）和否定性逻辑算子连用：无(3)/不(1) （二）和递进性逻辑算子连用：更(2)/亦 (1) （三）和总括性逻辑算子连用：一齐(1) （四）和关系性逻辑算子连用：最(1)		

	直接排除范畴表达形式	间接排除范畴表达形式
除非 (36 例)	1. 介词用法： 　（一）单用(6) 　（二）和否定性逻辑算子连用：不(1)/不 可(1)/没有(1) 　（三）和递进性逻辑算子连用：再(1) 2. 作条件性连词： 句式 1：若要/如要……，除非……，（方） 才(4) 句式 2：若/要……，除非(10) 句式 3：欲……，除非(1) 句式 4：除非……，便(3) 句式 5：除非……，才(4) 句式 6：条件 + 结果(4)	
只除非 (12 例)	单用：(3) 句式 1：只除非……，才(1) 句式 2：只除非……，方才(6) 句式 3：只除非……，就(2)	
除非是 (2 例)	1. 介词： 　和总括性逻辑算子连用：都是(1) 2. 连词： 句式 1：要……，除非是(1) 句式 2：待要……，除非是(2) 句式 3：若(说)是……，除非是(3) 句式 4：若要……，除非是……，才(1) 句式 5：除非是……，才(5) 句式 6：除非是……，方才(1) 句式 7：结果 + 条件(2) 句式 8：条件 + 结果(1)	
只除 非是 (2 例)	1. 介词： 　单用(1) 2. 连词： 句式：只除非是……，方才(1)	
只除 (8 例)	1. 介词： 　（一）单用(3) 　（二）和否定性逻辑算子连用：不(3) 2. 连词： 句式 1：只除……，方(1) 句式 2：只除……，就(1)	
只除了 (8 例)	（一）单用(1) （二）和关系性逻辑算子连用：或是(1) （三）和总括性逻辑算子连用：俱(1)都(1) （四）和否定性逻辑算子连用：不(3) （五）和递进性逻辑算子连用：再(1)	

	直接排除范畴表达形式	间接排除范畴表达形式
除却 (1例)	句式：除却……便(1)	
除却了 (1例)	单用(1)	
除是 (4例)	1. 介词： 　　句式1：除是……，便(1) 　　句式2：除是……或是，便都(1) 2. 连词： 　　句式3：除是……方(1) 　　句式4：若……，除是(1)	
除去 (14例)	1. 动词：(9) 2. 介词： (一) 和递进性逻辑算子连用：还(2)/亦(1)/尚(1) (二) 和总括性逻辑算子连用：全(1)	
除掉 (53例)	1. 除掉 (1) 动词(1) (2) 介词： (一) 单用(4) (二) 与总括性逻辑算子连用：都(5)/通(1) (三) 和否定性逻辑算子连用：没有(3)/无(2) (四) 和排除性、总括性、否定性逻辑算子并用：其余……一……不(1) (五) 和递进性逻辑算子连用：还有(1)/又(1) (六) 和关系性逻辑算子连用：就是(1)/便是(2例) (七) 和疑问性逻辑算子连用：谁(1例)/何处(1)/那(1) (八) 和限定性逻辑算子连用：只有(1) 2. 除掉……之外 (一) 单用(2) (二) 和否定性逻辑算子连用：无(4)/没有(2)/未(1)/不(4) (三) 和总括性逻辑算子连用：都(2)/(一)概(2)/一齐(1)/没有一个不(1) (四) 和递进性逻辑算子连用：还(2)/亦(3) (五) 和关系性逻辑算子连用：便是(2)/就(1) (六) 和疑问性逻辑算子连用：谁(1) 3. 除掉……外(1)	

	直接排除范畴表达形式	间接排除范畴表达形式
之外 (28例)	1. 之外 　（一）单用(6) 　（二）和递进性逻辑算子连用：又(6)/还 　　(3)/另(2)/再(2)/仍(1) 　（三）和疑问性逻辑算子连用：哪里(1) 　（四）与关系性逻辑算子连用：便是(1) 2. 于……之外(6) 　（一）单用(1) 　（二）和递进性逻辑算子连用：又(2)/再 　　(1)//加(1) 　（三）和否定性逻辑算子并用：（一）无(1)	
此外 (38例)	（一）单用(8) （二）和否定性逻辑算子连用：无(6)/没有 　(2)/不(1) （三）和递进性逻辑算子连用：还有(9)/也 　(2)/尚(2)/再(1) （四）和总括性逻辑算子连用：都是(2)/尽 　俱(1)/一共(1)/共(1) （五）和总括性、否定性逻辑算子并用：一无 　(1)/一……未(1)	
以外 (2例)	（一）和递进性逻辑算子连用：还有(1) （二）和疑问性逻辑算子连用：那里(1)	

4.4.4.2　总结

4.4.4.2.1　直接排除范畴表达形式

清代的直接排除范畴表达形式仍以"除"类词和"外"类词为主。

1. "除"类词

其中"除"类词包括"除"（除……外、除……以外、除……之外）、"除了"（除了……之外、除了……以外）、"除非"、"只除"、"只除了"、"除掉"、"除去"等形式。

排除性介词"除"基本继承了元明时期单用表排除，或与总括性逻辑算子（如"都是"）、递进性逻辑算子（如"还/仍/又/再"）、关系性逻辑算子（如"便"）连用共同表示排除或追加功能。另外还和类同性、总括性的逻辑算子并用形成"除……都也"的句式。未见其表示条件性连词的用法。

　　框架结构"除……外"在清代主要和递进性逻辑算子(如"还/并/又")、总括性逻辑算子(如"俱/一概/一齐/所有")连用,而较少见与否定性、疑问性、关系性逻辑算子连用的句式,其句式类型和用例数量较元明时期大大减少。

　　框架结构"除……之外"在清代的句式类型和用例数量比元明时期大有所长,继承了和递进性逻辑算子(如"又")、否定性逻辑算子(如"无/不")连用的形式,还扩展了新的逻辑算子,如递进性逻辑算子"还/另外/另/亦/也"、否定性逻辑算子"未/没有"等。此框架结构还跟限定性逻辑算子(如"只")、总括性逻辑算子(如"都")、关系性逻辑算子(如"便/就")连用。元明时期的固定结构"除此之外"也继承并使用广泛。框架结构"除……以外"用例不多,我们只在调查语料中找到2例。

　　可见,与"除"有关的三个框架结构中,"除……之外"的用例最多,其次是"除……外"和"除……以外"。这大概与"之外"的虚化程度最高有关。

　　"除了"较元明时期用法用例更多,并超过了同时期"除"的用例。仅单用的例子就有27例,大大超过了元明时期,而且与更多的逻辑算子连用,如递进性逻辑算子(如"还/还有/又/也/仍/甚是/再/另外/亦")、总括性逻辑算子(如"都")、限定性逻辑算子(如"只/只是")、关系性逻辑算子(如"就/就是/宁可")、否定性逻辑算子(如"不/无/没有")、疑问性逻辑算子(如"何/那/那里/难道")等。其框架结构"除了……之外"也使用频繁,和否定性逻辑算子(如"不/无")、总括性逻辑算子(如"一齐")、关系性逻辑算子(如"最")连用表达排除功能,还跟递进性逻辑算子(如"更/亦")连用表达追加功能。

　　"除非"在清代表排除性介词的用法较元明时期有所增加,主要和否定性逻辑算子(如"不/不可/没有")、关系性逻辑算子(如"或是")连用表达排除功能,和递进性逻辑算子(如"再")连用表达追加功能。但是仍以条件性连词用法为主,它继承了元明时期的部分句

式,如"若要/要……除非"、"除非……才",还将这两种句式合并为
"若要/如要……,除非……,才/方才/方可",并有了"欲……,除非"
及单用的用例。

　　"只除非"继承了元明时期的用法,用例稍有减少,不过仍以单用
或与逻辑算子连用表示条件性连词,其构式主要有"只除非……才/
方才"、"若要……,只除非"。"除非是"在清代用例较元明时期有所
减少,只在语料中找到了没有明显标记的表示排除功能的 2 个用例。

　　"除非是"在清代与元明时期差不多,虽有排除性介词的用法,如
与总括性逻辑算子(如"都")连用,但仍以条件性连词为主,如"要/待
要/若(说)是……,除非"、"除非是……才/方才/即可"及二者的嵌合
形式"若要……,除非是……才"。"除非是"作为条件性连词还可以
单用,作为条件既可放在结果前面也可放在结果后面,语法位置较
灵活。

　　"只除非是"可以看作是"只"与"除非是"组成的复合虚词,可以
单用表达排除功能,也可以作条件连词形成"只除非是……方才",但
用例都很少。

　　"只除"在清代无论是作排除性介词还是条件性连词,用例都有
所减少。作排除性介词时,可以单用或与否定性逻辑算子(如"不")
连用表示排除功能;作条件性连词时,主要以构式"只除……方"和
"只除……就"为主。"只除了"在清代的用例则有所增加,都作排除
性介词。少数单用,多数与逻辑算子一起构成构式。如跟关系性逻
辑算子(如"或是")、总括性逻辑算子(如"俱/都")、否定性逻辑算子
(如"无不/没有不/不")连用表达排除功能,跟递进性逻辑算子(如
"再")连用表达递进功能。

　　"除却"在清代跟元明时期一样用例都不多,我们找到了 1 例与关
系性逻辑算子(如"便")连用表排除的用例,还找到 1 例框架结构"除
却……之外"与否定性逻辑算子"无"连用表排除功能的用例。我们
在语料中还发现了 1 例"除却了"表排除的用例,见于《醒世姻缘传》

中,这大概是"除去"与"除了"的复合形式,但仅是昙花一现。

　　"除是"的用法跟元明时期差不多,一方面以框架"除是……便"、"除是……或是,便都"表达排除功能,一方面以"若……除是"、"除是……方"表达条件性连词,但用例有所减少。

　　"除去"在清代有了较大改变,虽然仍保留了表示"去掉"或"脱下"的动作义,但是出现了排除性介词的用法,主要跟递进性逻辑算子(如"还/亦/尚")连用表达追加功能,少数跟总括性逻辑算子(如"全")连用表达排除功能。

　　这一时期还有一个新的排除性介词"除掉",可单用,也可以与总括性逻辑算子(如"都/通")、否定性逻辑算子[如"没有/(此外)无/不"]、关系性逻辑算子(如"就是")、疑问性逻辑算子(如"何处/那")连用表达排除功能,还与递进性逻辑算子(如"又/还有")连用表达追加功能。此时期,还有与其相关的框架结构"除掉……之外"和"除掉……外"。其中"除掉……之外"可单用表达排除,但主要与否定性逻辑算子(如"无/未/不")、总括性逻辑算子(如"都/一概/一齐/没有一个不")、关系性逻辑算子(如"便是/就")、疑问性逻辑算子(如"谁")连用表达排除功能,还可以与递进性逻辑算子(如"还有/亦")连用表达追加功能。框架"除掉……外"用例很少,我们只在语料中找到它单用的 1 个用例。不过,我们找到的"除掉"作排除性介词的用例都出现于《官场现形记》中,这恐怕是这本书特有的用法,不具有普遍性。

　　2. "外"类词

　　由于"外"在元明时期以机构完全虚化为表排除义的后置词,所以在清代主要作为框式结构"除……外"、"除掉……外"的构成成分出现。

　　"之外"在清代的虚化程度更高,比元明时期的应用更广泛。不仅单用,而且和递进性逻辑算子(如"又/还/另/仍/再")连用表达追加功能,和疑问性逻辑算子(如"哪里")、关系性逻辑算子(如"便是")连用表达排除功能。此时期的"之外"主要作为框架结构的构成成分,如"除……之外"、"除了……之外"、"除却……之外"、"除掉……之外"、"于……之外"等。其中"于……之外"可以和否定性逻辑算子(如"无")连用表达排除功能,和递进性逻辑算子(如"又/再")连用表达追加功能。

"此外"在清代进一步虚化,不仅单用,而且与逻辑算子连用的用法大增。如和否定性逻辑算子(如"无/没有/不")、总括性逻辑算子(如"尽俱/都是/一共/共")、总括+否定性逻辑算子并用(如"一无/一…未")连用表达排除功能,还跟递进性逻辑算子(如"再/还有/尚")连用表达递进功能。

"以外"在清代用例比"之外"和"此外"都少很多,在所调查到的语料中,除了作为框架结构"除……以外"的成分,还可以跟疑问性逻辑算子(如"那里")连用表达排除功能,和递进性逻辑算子(如"还有")连用表达追加功能。

3. "余"类

我们在清代语料中找到了318例"其余"的用例,已经基本涵盖了现代汉语中"其余"的所有用法,主要作定语和主语。"其他"与"其余"相比,用例使用频率上减少很多,但和现代汉语中的用法也差不多,可以作主语、定语或宾语。可见,"余"类词在清代已经发展得非常成熟了。

4.4.4.2.2 间接排除范畴表达形式

清代已经几乎没有"自非"的用例,"非"虽仍是主要的间接排除范畴表达形式,但句式类型和使用频率上都大大降低。主要是和否定性(如"不/无")、关系性(如"即")、疑问性(如"谁/何")等逻辑算子连用表达排除功能。其中在构式"非……不"中,除继承了"非……不可"构式外,还出现了"非……不能/不行"的用法。

4.5 本 章 小 结

本章主要按年代分期对近代汉语时期排除范畴的表达形式进行

了历时的详细描述和归纳分析。我们发现,在近代汉语时期,直接排除范畴表达形式发生较大演变的主要是"除"类、"外"类和"余"类,其中以"除"类和"外"类为主。"除"类词中有很多成员,它们的产生时间不尽相同:其中"除非"、"除却"、"除是"都产生于晚唐五代时期,"除了"、"除非是"、"只除"和"只除了"产生于宋代,"只除非"、"只除是"和"则除是"产生于元代,且到清代便消亡了。"只除非是"产生于明代,到清代也几乎消失。其语法功能也有差异,如"除"、"除却"、"除去"、"除了"等都主要作排除性介词,"除非"、"除非"、"除非是"、"除是"、"只除"都兼有介词和连词两种功能,而"只除非"和"则除是"都只具有连词功能等。另外"外"类成员中的"之外"、"以外"、"已外"、"余外"、"自外"等也在产生时间、使用频率等方面存在差异。(有关"外"类成员和"除"类成员详尽的历时演变过程,请参看5.1和5.2。)而且"除"类和"外"类不是完全孤立的两类,在很多情况下,它们既交织在一起,共同构成排除性框式结构,又相互竞争,在各个时期使用频率上的升降情况可以反映出它们竞争的程度。另外,近代汉语时期的间接排除范畴表达形式仍以"非"为主,不过在直接排除表达形式大大发展和成熟的同时,"非"类句式逐步萎缩,而"自非"则在宋以后就逐渐消亡了。

第 5 章
各时期排除范畴表达形式的发展情况总结

5.1 上 古 时 期

上古时期是各种排除范畴表达形式的萌发阶段。

5.1.1 直接排除范畴表达形式方面

在上古时期并没有专门的标记词来表示"排除"义,只是某些动词的语义中含有[＋去掉][＋排除]的语素,如"舍"、"去"、"除"、"外",可以把它们看作动词性的直接排除表达形式。另外当含有[＋排除]义的动词与否定性或疑问性逻辑算子相连形成句式时,整体的句式义也可以表达"直接排除义",如"舍……无/亡/谁/孰/何"。其中"舍"引导的排除项与逻辑算子引导的比较项构成一个论域,表明排除项具有某种特殊性,将其从论域中排除出去后,剩下的比较项在某种性质上具有内部一致性。这种整体句式义的语义基础来自句式中动词如"舍"隐含的[＋排除]因子,而将这种隐含因子激发出来的关键则是否定性逻辑算子或疑问性逻辑算子的制约作用,也就是使得论域中的比较项与排除项界限分明,凸显排除项与比较项的区别。

到东汉时期,除了"舍"类句式的进一步发展,一方面"除"表[＋排除]义的动词性用法增多,为其后来虚化出排除义介词奠定了坚实的语义基础;另一方面,"外"也开始用于表示直接排除义,不过其虚化程度很低,用例也较少。

5.1.2　间接排除范畴表达形式方面

主要表现为"非"与否定性、疑问性、关系性、总括性逻辑算子连用的句式,这些逻辑算子类型一直沿用到近代。其中以和否定性(表示一般性否定的"不"、"无"、"弗"和表示禁止性否定的"勿"、"毋")、疑问性逻辑算子(表人的"谁"、"孰",兼表人和物的"何")的连用为主。"非"还可以由同义副词"不"、"微"、"匪"所替代。

因此,在上古时期,排除范畴以间接排除范畴为主,直接排除范畴为辅。二者"排除"义的句式义或者来自"正面的排除"义,或者来自"反面的否定"义,而"排除"本身就意味着某种程度上的"否定",因此二者直接有密切的深层语义联系。

5.2　中　古　时　期

中古时期是排除范畴表达形式的发展阶段。

5.2.1　直接排除范畴表达形式方面

中古魏晋南北朝时期,主要的直接排除范畴表达形式为"除"类、"外"类和"自余"类,上古时期的"舍"在传世文献中已不多见。

其中"除"可以单用,也可以和总括性、排除性、否定性的逻辑算子连用,表达"排除特殊,强调一致"的排除功能;并在递进性逻辑算子"尚"、"且"的影响下萌发了"排除已知,补充未知"的追加功能。"除"在佛典文献中的动词性用法更多,和总括性逻辑算子的连用类型更丰富,主要表达排除功能。

"外"在这一时期由方位域后置词虚化为范围域后置词,萌发了"排除"语义,在此基础上,"外"类词大量发展,如"此外"、"以外"、"已外"、"自此以外"("自此以还")等。

其中"自此以外"多单用,"此外"和"已外"多和逻辑算子形成句式,"以外"既可以单用,也可以和逻辑算子形成句式。在表达功能上看,"此外"、"以外"在这一时期只表达排除功能,而"已外"则从排除功能的基础上萌发了追加功能。但是"外"类词在佛典文献中,除了"出此以外"、"自是以外"、"自此已外"这几个固定短语的少数例子外,其他成员的出现率都很低,这与"外"自身的虚化程度仍然较低有关。

另外,"自余"也是魏晋南北朝时期比较活跃的直接排除表达形式之一,既可以单用,也可以和总括性逻辑算子"悉、皆、一",否定性逻辑算子"未、不",分指性逻辑算子"各"连用构成句式。在表达功能上,都表达了"排除特殊,强调一致"的排除功能。

5.2.2　间接排除范畴表达形式方面

"非"仍然是中古时期最主要的间接排除范畴表达形式,不仅继承了上古汉语中的句式种类,还有了较大发展,句式达 15 种之多,用例达 93 例。

"自非"是魏晋时期新产生的虚词,而且一经产生便迅速发展起来,成为魏晋时期主流的直接排除范畴表达形式之一。其所连用的逻辑算子类型甚至比"非"更丰富,所连用的具体的逻辑算子也比"非"更多样,由其构成的句式达 19 种之多,其中一半以上的句式和"非"构成的句式接近,大有取代"非"之势。但是,很多与"自非"连用的逻辑算子在使用频率上很低,大多都只有孤例。而且在"非"和"自非"都能进入的句式中,如和否定性逻辑算子"不""无"的连用,"非"在使用频率上占有绝对优势。从这个角度上看,"非"并不会被"自非"完全取代。另外,由于"自非"的双音节形式使得它可以单用表示排除性假设,而"非"几乎无此用法,因此"自非"使用的灵活性成为二者在长时期内共存的重要原因。

在句式表达的语法功能方面,"非"和"自非"的句式都表示"排除特殊,强调一致"的排除功能。

另外,由于魏晋南北朝时期新产生了假设连词"脱",所以"脱非"也是此时期表达间接排除范畴的表达式之一,不过使用频率很低,根本竞争不过"自非",南北朝以后便消亡了。

5.3　近代汉语时期

近代汉语时期是排除范畴表达形式的成熟阶段。

5.3.1　直接排除范畴表达形式方面

1. 晚唐五代时期

晚唐五代时期是直接排除范畴表达形式极大丰富的时期,传世文献中至少有"除"类(除、除……外、除……之外、除……以外)、"除非"、"除却"、"外"类(外、之外、以外、已外、此外、自外、余外、自此以外)以及"其余"、"其他"、"自余"13个大类,佛典文献中至少有"除"类(除、除……外)、"除非"、"除却"、"外"类(外、之外、此外、自外)、"离"以及"其余"、"其他"、"自余"11个大类。

在"外"类词中,"外"的排除性用法有较大发展,不仅和分指性逻辑算子"各"、递进性逻辑算子"别"连用,表达排除和追加功能,还和总括性逻辑算子"凡"、限定性逻辑算子"唯"连用,形成框式结构"凡……外"、"唯……外",加强句式的排除功能的同时,也加快了"外"虚化为排除义后置词的过程。

随着"之外"、"以外"的虚化,排除性介词"除"在已有的"除……外"基础上,和"之外""以外"形成框式结构"除……之外"、"除……以外"。至此与"除"相关的三个框式结构都形成了,并一直沿用至今。"除"仍以排除性介词为主,但也出现了萌发连词的端倪。

"除非"、"除却"、"除是"是晚唐五代时期新产生的虚词,在传世文献中都主要作排除性介词,同时也萌发出作条件性连词的用法。三者的不同在于:"除非"的介词用法主要表达排除功能,而"除却"的介词用法以排除功能为主,兼有追加功能。而且在佛典文献中其追加功能的用法大有超过排除功能的用法之势。另外,"除是"以连词用法为主,介词用法较少。

在"外"类成员中,新增了"自外"和"余外"。其中"自外"在传世文献中以排除功能为主,兼有追加的功能;在佛典文献中主要表达排除的功能;而"余外"用例不多。"之外"较魏晋时期句式类型更加丰富,在传世文献中主要表达排除功能,也兼有追加功能;而在佛典文献中未见其追加功能的句式用法。

"自余"在晚唐五代时期不仅继承了魏晋时期的用法,而且有了发展。"其余"在晚唐五代时期大大发展,用例增多,并和多种逻辑算子形成句式,表达排除功能。在其基础上产生的"其他"用例虽然少于"其余",但句式类型也较丰富,兼有排除和追加双重功能。

2. 宋代时期

在宋代,由于"外"的虚化程度高于"之外"、"以外",因此"除"的框式结构"除……外"在使用频率上逐渐压倒"除……之外/以外"。

"除非"、"除却"、"除是"到宋代后,排除性介词用法大量减少,其连词用法成为主要功能。这与此时期新产生了大量表排除的介词有关,如"除了"、"只除"、"除非是"、"只除了"等。其中"除了"在"了"作为新的动态助词的影响下,在其动词用法的基础上引申出排除性介词的用法,主要与多种逻辑算子连用共同表示排除义,并产生出"除了……外"和"除了……之外"的框式结构,主要表达排除功能。"除非是"是由排除性介词"除非"与强调语气的副词"是"组成的,相当于"除非"。虽也有少数的介词功能,但以连词功能为主。"只除"和"只除了"都只是介词,但用例不多。"除去"在宋代仍以动词性为主,但也萌发出少数表排除的介词性用法。

3. 元明时期

框式结构"除……外"和"除……之外"经过宋代的缓慢发展到元明时期得到了复苏,其中,"除……外"无论使用频率还是使用形式上都非常成熟,远超过"除……之外"。

　　"除非"仍兼具介词和连词双重用法,但连词用法更加丰富成熟。并在此基础上产生了新的连词"只除非"。"除却"兼有动词性和介词性双重功能,其介词用法发展仍然很缓慢,"除非是"仍以连词功能为主,介词功能较少。

　　"除是"也仍兼有介词和连词功能,不过连词功能居主导地位。在此基础上新产生了"则除是"和"只除是"。其中"则除是"和"除是"一样,除了少量的介词用法外,以连词用法为主;"只除是"是对"则除是"在语音和语义上的替代,因此"只除是"的介词和连词功能的使用频率都高于"则除是"。

　　"只除"继承了宋代的介词用法,同时发展出连词用法,并主要作为连词使用;而萌发于宋代的"只除了"在元明时期发展几近停滞。

　　元明时期还产生了四音节的"只除非是",作介词,但用例不多。

　　4. 清代时期

　　"除"的使用频率和使用类型总体与元明时期差不多,不过其框式结构内部发生了调整。在清代,"除……之外"超过"除……外"成为"除"类框式结构的主要类型,"除……以外"仍然发展缓慢。这说明在清代"之外"已经完全虚化为一个排除义后置词了。

　　"除了"在清代更加成熟,不仅与其连用的逻辑算子更加丰富多样,而且"除了"不需要逻辑算子的辅助单独就可以独立表示排除义,可见其排除义介词的用法在清代已完全成熟。而且从其使用频率和灵活性来看,"除了"已经超过"除"成为清代最主要的直接排除范畴表达式。

　　"除非"、"除非是"、"除是"与元明时期类似,兼有介词和连词两种功能,但以连词用法为主。"只除非"在清代仍主要作连词使用,"只除"在排除性介词的用法下发展出连词的用法。"除却"、"只除了"、"只除非是"用例进一步减少。

5.3.2　间接排除范畴表达形式方面

　　在近代汉语时期,间接排除范畴表达形式大致经历了晚唐五代的顶峰期——宋元明的递减期——清代的衰落期。这与直接排除范畴表达形式的日益丰富和细化有关。

　　其中,"非"仍是间接排除范畴表达形式的主要代表。在晚唐五代时期,"非"在传世文献中的句式达 24 种之多,几乎和各种类型的逻辑算子都能连用,使用频率达 203 例,是魏晋南北朝时期使用频率的的 2 倍,因此无论其句式类型还是使用频率,在晚唐五代时期都达到顶峰。"自非"仍非常活跃,但相对于魏晋南北朝时期,其用法和使用频率都有所减少,不再与"非"平分天下。在佛典文献中,"非"的使用类型和用例数量虽然不及传世文献中的多,但是"非"的用例仍然远超过"自非","自非"在佛典文献中已很少使用,这预示了"自非"走向衰落的趋势。

　　自宋代到元明时期,无论是在本土文献还是禅宗文献中,"非"和"自非"在使用数量和类型上都较晚唐五代进一步递减,虽然"非"比"自非"相对活跃,但已无法阻挡走向衰落的趋势。到清代,"自非"已完全消亡,"非"虽然仍在使用,但多见于书面语较强的文体中,是中古时期汉语中"非"用法的遗存。

第 6 章
排除范畴表达形式的历时发展过程及机制探索

6.1 汉语排除义"外"类词的发展历程及机制演变

6.1.1 各个时期的"外"及"X 外"

6.1.1.1 先秦时期的"外"及"X 外"

6.1.1.1.1 先秦时期的"外"

"外"是一个意义、词性相对灵活的词,古已有之,在先秦时期就已广泛应用。可作为方位名词"外面、外边",可以单用,常与"内"相对,如:

(1) 所敬在此,所长在彼,果在外,非由内也。(《周礼·司关》)

(2) 景子曰:"内则父子,外则君臣,人之大伦也。"(《孟子·公孙丑下》)

(3) 其兄自外至,曰:"是鶃鶃之肉也。"(《孟子·滕文公下》)

(4) 仁,内也,非外也。(《孟子·告子上》)

(5) 有诸形于内,必形于外。(《黄帝内经》)

(6) 将入馆,郑人恶之,使行人子羽与之言,乃馆于外。(《春秋左氏传·昭公元年》)

(7) 当是时也,禹八年于外,三过其门而不入,虽欲耕,得乎?

（《孟子·滕文公上》）

（8）阜曰："数月于外，一旦于是，庸何伤？"（《春秋左氏传·昭公元年》）

"外"也可以作为方位词和处所名词构成短语，表示在某个处所的外面。这个处所一般由具体意义的名词充当。如"野外"、"门外"、"墙外"、"方城外"、"河外"、"境外"等，如：

（9）朝在野外，则守内列。（《周礼·地官·师氏》）

（10）入则无法家拂士，出则无敌国外患者，国恒亡。（《孟子·告子下》）

（11）围人苹自墙外与之戏。（《春秋公羊传注疏·庄公卷九》）

（12）半入，华元逃归，立于门外，告而入。（《春秋左氏传·宣公二年》）

（13）叶在楚国，方城外之蔽也。（《春秋左氏传·昭公十八年》）

（14）赂秦伯以河外列城五，东尽虢略，南及华山，内及解梁城，既而皆背之。（《春秋左氏传·僖公十五年》）

（15）对曰："能爱邦内之民者，能服境外之不善。"（《晏子春秋集释·卷第三》）

6.1.1.1.2　先秦时期的"X 外"

处所名词和方位词"外"之间也常用"之"进行衔接，表示在某个处所的外面，如"大门之外"、"塞关之外"、"四封之外"、"梁之外"等，如：

（16）子思不悦，于卒也标使者出诸大门之外，北面稽首再拜而不受。（《孟子·万章》）

（17）孟、仲之子杀诸塞关之外，投其首于宁风之棘上。（《春秋左氏传·昭公五年》）

（18）乙巳，郑伯及其大夫盟于大宫，盟国人于师之梁之外。（《春秋左氏传·襄公三十年》）

（19）九月，卫穆公卒，晋二子自役吊焉，哭于大门之外。（《春秋

左氏传·成公二年》)

（20）对曰："四封之内，百姓之事，蠡不如种也。四封之外，敌国之制，立断之事，种亦不如蠡也。"（《国语·越语下》）

除了处所名词与"之外"相联系外，表示距离的词也可以和"之外"相联系，如"千里之外"、"千万里之外"、"百步之外"等，如：

（21）兄弟之雠，辟诸千里之外。（《周礼·地官司徒》）

（22）是以数千万里之外，有为善者，其室人未遍知，乡里未遍闻，天子得而赏之。（《墨子·尚同中》）

（23）由射于百步之外也，其至，尔力也；其中，非尔力也。（《孟子·万章下》）

表示时间的名词也可以和"外"、"之外"相联系，表示在某个时间范围的外面，如"期外"、"二十年之外"、"旬之外"、"三年之外"等，如：

（24）国中一旬，郊二旬，野三旬，都三月，邦国期。期内之治听，期外不听。（《周礼·秋官司寇》）

（25）越十年生聚，而十年教训，二十年之外，吴其为沼乎！（《春秋左氏传·哀公元年》）

（26）凡卜筮日：旬之外曰远某日，旬之内曰近某日。（《礼记正义·曲礼》）

（27）娶在三年之外，则何讥乎丧娶？三年之内不图婚。（《春秋公羊传·文公二年》）

从上面的例句可以发现，先秦时期"外"除了单用外，主要跟表示处所的名词结合构成方位短语，表示在某个处所的外面，其次是跟表距离、时间的名词相结合，表示在某个范围（包括时间范围）的外面，不过这种情况下多用"之外"以示区别。

在先秦早期，"外"无论是和表处所义的名词结合，还是和表距离、时间的名词结合，这些名词都主要是具体名词，在战国后期开始和抽象名词相结合，不过用例不多。如：

（28）是故先王之治国也，不淫意于法之外，不为惠于法之内也。

（《管子·明法》）

（29）赏罚不信于所见,而求所不见之外,不可得也。（《韩非子·难三》）

6.1.1.2 两汉时期的"外"及"X 外"

6.1.1.2.1 两汉时期的"外"

两汉时期,"外"仍然可以单独作名词,表示"外边、外面",与"内"相对,如：

（30）情发于中,而声应于外。（《淮南子·卷十一》）

（31）天子以八极为境,其虑在外。（《盐铁论·卷第四》）

（32）于是尧乃以二女妻舜以观其内,使九男与处以观其外。（《史记·五帝本纪》）

另外,"外"作为方位词跟处所义名词的组合有所扩展,如"塞外"、"营外"、"宫外"、"宅外"、"野外"、"门外"、"关外"等,如：

（33）时独沛公与张良得入坐,樊哙在营外,闻事急,乃持铁盾入到营。（《史记·樊郦滕灌列传第三十五》）

（34）嘉弟为将,将卒居宫外。（《史记·南越列传第五十三》）

（35）至于犬乳,置之宅外,此复惑也。（《论衡·四讳篇第六十八》）

（36）阡伯屠沽,无故烹杀,相聚野外。（《盐铁论·卷第六》）

（37）孔子曰:"门外何有?"曰:"有如系练之状。"（《论衡·书虚篇第十六》）

（38）关中计宫三百,关外四百余。（《史记·秦始皇本纪》）

和先秦不同的是,两汉时期出现了"外"与表示身体部位的名词连用的用法,如"心外"、"身外"、"胸外"等,如：

（39）圣人有所于达,达则嗜欲之心外矣。（《淮南子·卷二》）

（40）夫生人之精在于身中,死则在于身外,死之与生何以殊? 身中身外何以异?（《论衡·论死篇第六十二》）

（41）一身之神,在胸中为思虑,在胸外为兆数,犹人入户而坐,出

门而行也。(《论衡·卜筮篇第七十一》)

6.1.1.2.2 两汉时期的"X外"

1. 之外

两汉时期,"之外"继承了先秦的用法,仍然可以和表处所、距离、时间的名词相结合构成短语,如:

(42) 吾与汗漫期于九垓之外,吾不可以久驻。(《淮南子·道应训》)

(43) 当丘欣之杀两蛟也,手把其尾,拽而出之至渊之外,雷电击之。(《论衡·龙虚篇第二十二》)

(44) 周时诸侯千七百九十三国,荒服、戎服、要服及四海之外不粒食之民。(《论衡·艺增篇第二十七》)

(45) 或客死千里之外,兵烧厌溺,气不相犯,相贼如何?(《论衡·偶会篇第十》)

(46) 昌门之与太山,非直帷薄之内、百里之外也。(《论衡·书虚篇第十六》)

(47) 秦兵之攻楚也,危难在三月之内;而楚恃诸侯之救,在半岁之外,此其势不相及也。(《史记·张仪列传》)

(48) 服气药之后,三日小饥,七日微饥,十日之外,为小成无惑矣,已死去就生也。(《太平经·辛部》)

在上面的例句中,我们可以看到,"之外"除了直接和处所名词连用外,还可以在处所名词前再加上"于"或"在",形成"于……之外"、"在……之外"的结构。

2. 外此

两汉时期,我们找到了"外此"成为更加紧密的结构的例子,其中,"此"指代前面的内容,"外此"表示"除此之外"、"除了前面说到的内容以外",如:

(49) 天下至大矣,而以与佗人;身至亲矣,而弃之渊;外此,其余无足利矣。(《淮南子·精神训》)

例句中"此"复指的是前面提到的"天下至大矣,而以与佗人;身至亲矣,而弃之渊",因为这部分内容较长,所以用指代词"此"来进行复指,与"外"连用表示除了这些提到的内容以外,后面用"其余"标记出论域中剩余的对象,而否定副词"无"表示剩余对象在特征上都"无足利",这样就将排除对象的特殊性凸显出来,同时也强调了剩余对象的一致性。

"此"指代的是前面提及的人或事物,因此"外此"可看作是一个篇章成分,把前后的叙述内容非常紧密地联系在一起。

6.1.1.3　魏晋时期的"外"及"X外"

6.1.1.3.1　魏晋时期的"外"

在魏晋南北朝时期,表示具体处所义的名词和方位词"外"构成的结构仍然非常普遍,例如:

(50) 家本蓟门外,来戏丛台下。(《玉台新咏·王僧孺·见贵者初迎盛姬聊为之咏》))

(51) 太祖却行,立于户外,复云:"得无尚可邪!"(《三国志·卷五·魏书五》)

(52) 辂曰:"君北堂西头,有两死男子,一男持矛,一男持弓箭,头在壁内,脚在壁外。"(《三国志·卷二十九·魏书二十九》)

除此外,"外"跟其他名词的组合也大大增加,特别是和抽象名词,如"尘嚣外"、"言外"、"度外"、"方外"、"事外"、"意外"等,如:

(53) 借问游方士,焉测尘嚣外!(《桃花源诗》)

(54) 谦贬居心,深承非饰,此诚此旨,久著言外;况复造席舒衿,迁翰绪意,推情顾己,信足书绅。(《南齐书·卷二十三·列传第四》)

(55) 自青德启运,款关受职,置之度外,不足结言。(《南齐书·卷四十·列传第二十一》)

(56) 阮方外之人,故不崇礼制。我辈俗中人,故以仪轨自居。(《世说新语·任诞》)

(57) 刘庆孙在太傅府,于时人士多为所构,唯庾子嵩纵心事外,无迹可间。(《世说新语·雅量》)

（58）后聊试问近事，答对甚有音辞，出济意外，济极惋愕。(《世说新语·赏誉》)

6.1.1.3.2　魏晋时期的"X 外"

1. 之外

"之外"继承了上古时期的特点，可以和表示处所、距离、时间的具体名词连用，如：

（59）孙盛曰："在礼，天子哭同姓于宗庙门之外。"(《三国志·魏书二》)

（60）闺闱之内，奉令于太妃；闾阖之外，受教于沛王。(《三国志·魏书二十》)

（61）授卿以精兵，委卿以大任，都护诸将于千里之外，欲使如楚任昭奚恤，扬威于北境。(《三国志·吴书六》)

（62）五年之外，十年之内，远者归复，近者尽力，兵不血刃，而大事可定也。(《三国志·吴书十四》)

（63）昭明历郡皆有勤绩，常谓人曰："人生何事须聚蓄，一身之外，亦复何须？"(《南齐书·卷五十三·列传第三十四·良政》)

也大量和抽象名词、甚至部分动词连用，如：

（64）由自知情深，在物无竞，身名之外，一概可蔑。(《南齐书·卷三十六·列传第十七·谢超宗 刘祥》)

（65）永明中，宫内坐起御食之外，皆为客食。(《南齐书·卷十九·志第十一·五行》)

（66）今郡通课此直，悉以还台，租赋之外，更生一调。(《南齐书·卷二十六·列传第七·王敬则 陈显达》)

（67）每至文林馆，气喘汗流，问书之外，不暇他语。(《颜氏家训·卷第三·勉学》)

（68）臣谓宜使所在各条公用公田秩石迎送旧典之外，守宰相承，有何供调，尚书精加洗核，务令优衷。(《南齐书·卷二十二·列传第三·豫章文献王》)

　　可见,在魏晋南北朝时期,"之外"前面的连接成分并不限于具体名词,已大大扩展到抽象名词,而且也不限于名词,已经扩展到动词。因此"之外"渐渐由范围义虚化出了排除义。"之外"除了少数的单用表示排除外,更多地是和限定性逻辑算子"唯"、递进性逻辑算子"更"、"亦"、总括性逻辑算子"一概""皆""率皆"等连用形成句式,如:

　　(69) 宋帝诏齐公十郡之外,随宜除用。(《南齐书·卷一·本纪第一》)

　　(70) 朝服之外,唯下铁钵刀一口。(《南齐书·卷二十二·列传第七·豫章文献王》)

　　(71) 今郡通课此直,悉以还台,租赋之外,更生一调。(《南齐书·卷二十六·列传第七·王敬则 陈显达》)

　　(72) 昭明历郡皆有勤绩,常谓人曰:人生何事须聚蓄,一身之外,亦复何须?(《南齐书·卷五十三·列传第三十四》)

　　(73) 由自知情深,在物无竞,身名之外,一概可蔑。(《南齐书·卷三十六·列传第十七》)

　　(74) 窃见顷之言便宜者,非能于民力之外用天分地也,率皆即日不宜于民,方来不便于公。(《南齐书·卷四十六·列传第二十七》)

　　2. "以外"和"已外"

　　除了"之外","以外"及其异体形式"已外"在这个时期开始萌芽,并大量和表示范围的处所名词、时间名词相结合,如:

　　(75) 石头以外,裁足自供府州,方山以东,深关朝廷根本。(《南齐书·卷二十六·列传第七》)

　　(76) 顷郊郭以外,科禁严重,匪直刍牧事罢,遂乃窀掩殆废。(《南齐书·卷四十·列传第二十一》)

　　(77) 臣辄按行,去堰五里以外,方石可得数万余枚。(《水经注·卷九·沁水》)

　　(78) 帝曰:"天下艰难,三年已外,岂能自保?"(《金楼子·卷一》)

　　(79) 吾当松棺二寸,衣帽已外,一不得自随,床上唯施七星板。

（《颜氏家训·终制第二十》）

还出现了"在……以外，无"、"除……以外，无"的句式，如：

（80）太祖闻其如此，与延之书曰："韬云卿未尝有别意，当缘刘家月旦故邪？"在州禄俸以外，一无所纳，独处斋内，吏民罕得见者。（《南齐书·卷三十二·列传第十三》）

（81）时王答言："此梦甚恶，但恐大祸殃及我身，除我以外，余无所惜，请为我说所须之物。"（《杂宝藏经·卷第九》）

在魏晋时期，"此外"仍表示"除此以外"，虽然用例仍然不多，但开始和总括性逻辑算子"悉"、否定性逻辑算子"无"连用，如：

（82）朔望菜食一盘，加以甘果，此外悉省。（《南齐书·列传第三·豫章文献王》）

（83）每事益利，此外无多损益也。（《幽明录》）

3. 固定短语

魏晋时期，还出现了"自此以外"、"自此以还"、"出此以外"、"自是以外"、"自此已外"类似固定短语的结构，都表示"除此之外"，如：

（84）秋，七月，辛丑，诏："丹阳所领及余二百里内见囚，同集京师；自此以外，委州郡决断。"（《南齐书·本纪第三·武帝》）

（85）诏："二百里内狱同集京师，克日听览，自此以外，委州郡讯察。"（《南齐书·本纪第三·武帝》）

（86）刘说："刘尹云：'萧祖周不知便可作三公不？自此以还，无所不堪。'"（《世说新语·赏誉第八》）

（87）庾道季云："思理伦和，吾愧康伯；志力强正，吾愧文度。自此已还，吾皆百之。"（《世说新语·品藻第九》）

（88）许其五失胡本。出此以外毫不可差。（《出三藏记集·卷第十》）

（89）自是以外非奴所知。（《百喻经·卷第一》）

（90）长者白王："初无奸杂而与往返，唯一婆罗门，长共出入，清身洁己，不犯世物，草叶着衣，犹还其主，自此已外，更无异人。"（《杂

宝藏经·卷十》)

6.1.1.4　晚唐五代时期的"外"及"X 外"

6.1.1.4.1　晚唐五代时期的"外"

从初唐开始,由于表"排除"义的"除"和带有"排除"义的"外"有共同的语义基础,二者较容易连用形成"除……外"的框式结构,使得"排除"义得到了加强。框式结构"除……外"在初唐到晚唐五代时期有了较大发展,不仅有了较多单用的例子,而且还和否定性(如"无"、"非"、"不")、总括性(如"一切"、"并")、递进性(如"更"、"别")、排除性(如"其余"、"其他")等逻辑算子构成句式一起使用,如:

(91) 今后除两税外,辄率一钱,以枉法论。(《旧唐书·卷十二》)

(92) 臣伏以天子之尊,除祭天地宗庙之外,无合称臣者。(《旧唐书·卷一百六十九》)

(93) 除此外,非顼所谋。(《大唐新语·卷一》)

(94) 此后除二社外,不得聚集,有司严加禁止。(《旧唐书·卷五》)

(95) 伏请准从前敕文,除铸镜外,一切禁断。(《旧唐书·卷四十八》)

(96) 除泚外,并从原宥。(《旧唐书·卷十二》)

(97) 百姓除随贯出榷酒钱外,更置官酤,一两重纳榷,获利至厚。(《旧唐书·卷一百七十八》)

(98) 忠武帅杜忭、天平帅王源中奏:当道常平义仓斛斗,除元额外,请别置十万石。(《旧唐书·卷十七》)

除此外,伴随着排除性介词"除却"("却"是唐代新产生的助词)的兴起,"外"也和"除却"形成"除却……外"的结构或单用,或与否定性(如"不")、疑问性(如"何")、递进性(如"又")等逻辑算子连用。如:

(99) 除却闲吟外,人间事事慵。(《全唐诗·李山甫·夜吟》)

(100) 除却同倾百壶外,不愁谁奈两魂销。(《全唐诗·杨凭·湘江泛舟》)

(101) 除却数函图籍外,更将何事结良朋。(《全唐诗·陆龟蒙·

奉和袭美卧疾感春见寄次韵》)

（102）除却今年仙侣外，堂堂又见两三春。(《全唐诗·崔颢·黄鹤楼》)

另外，"外"的进一步虚化还表现在它可以单独使用，也多与分指性（如"各"）、总括性（如"尽"）、递进性（如"别"）、排除性（如"余"）逻辑算子连用，并形成"凡……外"和"唯……外"的框式结构，如：

（103）三无数劫外，于一百劫中修相好业。(《敦煌变文集新书·卷二》)

（104）阿难问："师传佛金蝠外，别传个什摩?"(《祖堂集·卷一》)

（105）右军孙智永师自临八百本，散与人外，江南诸寺各留一本。(《书断列传·卷二》)

（106）度乃约法，唯盗贼、斗杀外，余尽除之，其往来者，不复以昼夜为限。(《旧唐书·卷一百七十》)

（107）开元七年八月初，敕中书门下厨杂料破用外，余有宜分取。(《通典·卷二十一·职官三》)

（108）凡荫除解褐官外，不在用限。(《通典·卷十七·选举五》)

（109）度乃约法，唯盗贼、斗杀外，余尽除之，其往来者，不复以昼夜为限。(《旧唐书·卷一百七十》)

在佛典文献中，还产生了"离……外"的框式结构，如：

（110）不得道一长，不得道三短，离此四句外，请师答某甲。(《祖堂集·卷十四》)

因此，无论是单用还是和"除"、"除却"组成固定搭配，无论是在传世文献还是佛典文献中，都表明"外"的"排除"义在晚唐五代时期开始得到较大发展。

6.1.1.4.2　晚唐五代时期的"X 外"

1."之外"

"之外"在晚唐五代时期的"排除"义进一步虚化，这表现在：

第一，和"除"在唐五代时期形成框式结构"除……之外"，不仅扩

展出"除此之外"的固定结构,还有很多相关的句式,如和否定性(如
"不"、"无")、总括性(如"皆"、"积")等逻辑算子连用。如:

(111)而云班《汉》皇后除王、吕之外,不为作传,并编叙行事,寄
出"外戚篇"。(《史通·外篇·卷十七》)

(112)谨按上自殷、周,傍稽故实,除因迁都之外,无别立庙之文。
(《旧唐书·卷二十六》)

(113)其令百僚各上封事,解西山之禁,蒲苇鱼盐除岁供之外,皆
无所固。(《晋书·卷一百六》)

(114)遂案旧籍,计除六年之外,积征其家三十年租庸。(《旧唐
书·卷一百二十二》)

第二,"之外"单用表排除的用法增加,并在魏晋时期和否定性、
递进性逻辑算子连用形式的基础上,不仅和更多类型的逻辑算子连
用,而且各类型的逻辑算子也更多样,如和否定性(如:"不"、"无"、
"莫")、总括性(如"悉"、"皆"、"率皆")、递进性(如"又"、"亦"、"尤"、
"复"、"别")、关系性(如"便")等算子连用。在佛典文献中如"外"一
样,也有"离……之外"的结构。

第三,两汉时期表范围义的框式结构"自……之外"、"在……之
外"在晚唐五代时期发展出了表排除语义的用法。

第四,"之外"在魏晋时期既具有排除功能,又兼有追加功能,到
了晚唐五代时期,其追加功能的用法大大增加,不过几乎都表现在传
世文献中,佛典文献中的"之外"差不多都是排除功能。

2."此外"

"此外"在晚唐五代时期继承了魏晋时期的用法,使用频率更高,
除了单用,更多是和否定性(如"无"、"未")、总括性(如"皆"、"尽")、
递进性(如"更")等逻辑算子连用,如:

(115)书中与思谦求巍峨,锴曰:"状元已有人,此外可副军容意
旨。"(《唐摭言·卷九》)

(116)唯有放生魂去,此外无计。(《玄怪录·卷三》)

（117）鸿以锥刀，暇日往往反资于肃，此外未尝以所须为意。（《唐摭言·卷三》）

（118）俄睹幕帘茵毯，华焕无比，此外松竹、花卉皆称是，钧之醲率毕至。（《唐摭言·卷三》）

（119）使者固邀，不得已而下床随行，不觉过子城，出开远门二百步，正北行，有路阔二尺已来，此外尽目深泥。（《玄怪录·卷三》）

（120）既而他室皆有人，唯正常以小绳系门，自牖而窥其厢，独床上有褐衾，床北有被笼，此外空然，更无他有。（《续玄怪录·卷三》）

3."自外"

"自外"在上古时期就已出现，多表示"在外边"，如：

（121）栾氏自外，子在位，其利多矣。（《春秋左氏传·襄公二十三年》）

但是"自外"具有排除义则是在晚唐五代时期才具有的，而且是晚唐五代时期所特有的。

"自外"作为排除性介词，不仅可以单用，而且多和否定性（如"不"、"莫"、"无"）、分指性（如"各"）、总括性（如"皆"、"咸"）、递进性（如"又"）等逻辑算子连用。如：

（122）自外有可录者，存之篇末。（《北齐书·卷四十五》）

（123）正第一品佩二玉环，自外不同也。（《旧唐书·卷四十五》）

（124）欲求官正国治，其可得乎？胄子以通经仕者唯博陵崔子发、广平宋游卿而已，自外莫见其人。（《北齐书·卷四十四》）

（125）以此言之，自外疏者，窃谓无罪。（《旧唐书·卷七十五》）

（126）自外各以资次迁授。（《旧唐书·卷四十二》）

（127）自外同闻语者数人，皆流配远方。（《北齐书·卷四十一·列传第三十三》）

（128）且明怀恩反者，独辛云京、李抱玉、骆奉先、鱼朝恩四人耳，自外朝臣，咸言其枉。（《旧唐书·卷一百二十一》）

（129）自外又置才人、彩女，以为散号。（《初学记·卷十》）

4. "以外"和"已外"

"以外"继承了魏晋时期萌发的"除……以外"的结构,并和分指性逻辑算子"分"、否定性逻辑算子"不"构成"除……以外,分"、"除……以外,不"的句式,都表示"排除特殊,强调一致"的排除功能。另外还增加了"……以外,各"的排除性句式和"……以外,犹"的追加性句式。如:

(130)遂良上疏曰:"昔两汉以郡国理人,除郡以外,分立诸子。"(《旧唐书·卷八十》)

(131)其姜师度除蒲州盐池以外,自余处更不须巡检。(《旧唐书·卷四十八》)

(132)今九人以外,犹宜增四。(《晋书·卷七十五》)

(133)北齐二人,分掌左右厢,所主朱华阁以外,各武卫将军二人贰之。(《通典·卷二十八·职官十》)

"已外"在晚唐五代时期用例很少,仅在所调查的语料中找到 1 例,如:

(134)宜量军国所须,置其员数,已外归之于农,教之战法,学者三年无成,亦宜还之于农,不可徒充大员,以塞聪俊之路。(《晋书·卷一百九》)

与此同时,魏晋时期大量并存的那些固定结构到晚唐五代时期仅有"自此以外"还存留,其他的形式都已不多见。

5. 余外

唐代还新产生了复合虚词"余外",是由表"剩余的、余下的东西"的"余"与表"之外"义的"外"连用而成的,在晚唐五代时期用例还不太多,如:

(135)性情渐浩浩,谐笑方云云,此诚得酒意,余外徒缤纷。(《韩愈·醉赠张秘书》)

6.1.1.5 宋代时期的"外"及"X 外"

6.1.1.5.1 宋代时期的"外"

"除……外"在宋代仍然非常活跃,除了单用外,多与排除性(如

"余")、限定性(如"只有")、递进性(如"更")、总括性(如"悉"、"都"、"凡")、疑问性(如"谁")等逻辑算子连用。如:

(136) 客茶交引钱,嘉祐三年,除元本及杂费外,得净利五十四万二千一百一十一贯五百二十四。(《梦溪笔谈・卷十二》)

(137) 时有令云:除守楼使臣军兵外,余人并不许上。(《靖康纪闻・卷上》)

(138) 孔门除曾子外,只有子夏守得规矩定,故教门人皆先"洒扫应对进退",所以孟子说:"孟施舍似曾子,北宫黝似子夏。"(《朱子语类・卷第四十九》)

(139) 除此外,都是后来人推说出来底。(《朱子语类・卷六十六》)

(140) 十二律配燕乐二十八调,除无徵音外,凡杀声黄钟宫,今为正宫,用六字;黄钟商,今为越调,用六字。(《梦溪笔谈・二十八》)

(141) 问:"诸家易除易传外,谁为最近?"(《朱子语类・卷第六十六》)

"除却"在宋代多以条件性连词用法为主,几乎未见到排除义框式结构"除却……外"的应用。因为助词"了①"在宋代的使用,新出现了"除了……外"、"只除了……外"的结构,"除了"实现了对"除却"的历时替换。如:

(142) 除了初六是过于畏慎无咎外,九二虽无不利,然老夫得女妻,毕竟是不相当,所以象言"过以相与也"。(《朱子语类・卷第七十一》)

在佛典文献中也还继承了晚唐五代时期的"离……外"的用法,如:

---

① 晚唐五代是"了"由动词向助词转化的关键时期。"了"的用法有三大变化:(1)"动词+宾语+了"格式大量出现;(2)有极少数的"了"作补语发生移位现象,出现了"动词+了+宾语"格式;(3)"动词+补语+了"或"动词+补语+宾语+了"格式出现,动词"了"首先在句尾语法化为助词。《祖堂集》中,"动词+了"式使用达47例,而"动词+宾语+了"式使用已达40例。晚唐五代时期,"了"最重要的变化应该是出现在"动词+补语+了"、"动词+补语+宾语了"等格式之中。这些格式中的动词已分别带上了补语,"了"不可能还是补语,而是变成了全句性的附带成分,成了句子的助词。

（143）曰：不得道一画长、三画短，离此四字外，请和尚答。（《五灯会元·卷第三》）

6.1.1.5.2　宋代时期的"X外"

1. 之外

"之外"一方面继承"除……之外"的用法，同时和新产生的"除了"、"只除了"构成"除了……之外"、"只除了……之外"，另一方面和逻辑算子连用的类型较晚唐五代时期更加丰富，如和递进性（如"尚"、"别"、"又"、"亦"、"更"、"犹"）、疑问性（如"何"、"谁"、"乎"）、总括性（如"皆"、"都"、"一切"）、限定性（如"惟"、"但"）、否定性（如"无"、"不"）、关系性（如"即"）、排除性（如"舍"、"离"）等逻辑算子连用。我们还发现了2例"非"与"之外"结合的句子，如：

（144）克己便能复礼，步步皆合规矩准绳；非是克己之外，别有复礼工夫也。（《朱子语类·卷第四十一》）

（145）又曰："优游餍饫，都只是深造后自如此，非是深造之外又别欲自得也。"（《朱子语类·卷第五十七》）

其中，"非"和"之外"连用，双重强调将论域中的某个对象排除出去，后面用"别"或"又别"进行补充说明，具有"排除已知，补充未知"的追加功能。

我们在宋代还发现了"自……之外"表排除的较早用例，它一方面模拟了魏晋时期"自此以外"、"自此已外"的格式成为"自此之外"，类似一个固定短语的结构，如：

（146）又问："自此之外，更无余法，亦无待于推矣。"（《朱子语类·卷第二十七》）

另一方面比"自此以外"之类的固定结构更灵活，其中间既可插入单音节或多音节的名词，也可插入动词，如：

（147）或问："河图自五之外，如何一便成六七八九十？"（《朱子语类·卷六十五》）

（148）自《孝经》之外，如《论语》，只取其面前明白者教之，何如？

曰:"亦可。"(《朱子语类·卷第七》)

(149)若论庙数,则自祧僖祖之外,由宣祖以至孝庙,方成九数,乃并宣祖而祧之!(《朱子语类·卷第九十》)

(150)然人之一身,大伦之目,自为人谋、交朋友之外,得无犹在所省?(《朱子语类·卷第二十一》)

因此"之外"是宋代"X外"类词中应用最广泛、使用频率最高的词,可能是这个原因,我们在宋代几乎没有看到"以外"和"已外"的用例。

2. 此外

"此外"在宋代基本定型。除了继承晚唐五代时期的用法外,用例更多,可连用的逻辑算子也更丰富,如和否定性逻辑算子(如"无"、"非"、"未")、递进性逻辑算子(如"复"、"更"、"又"、"亦"、"别")、总括性逻辑算子(如"悉"、"皆")等。

3. 余外

"余外"在宋代用例仍不很多,既可以单用,也可以组成"除……,余外更"的句式,如:

(151)只如今粗食助命,补破遮寒,渴则掬水吃,余外但是一切有无等法,都无纤毫系念。(《古尊宿语录·卷第一》)

(152)老僧行脚时,除二时斋粥,是杂用心力处,余外更无别用心处也。若不如此,出家大远在。(《古尊宿语录·卷第十三》)

4. 自外

我们在宋代时期找到了 36 例"自外"的例子,但是大多数例子表示"从外面",少数表示"自视为外人"之义,根本没有表示排除的用例。如:

(153)日至者,一日一至此;月至者,一月一至此,自外而至也。(《朱子语类·卷第三十一》)

(154)盖义本于心,不自外至。(《朱子语类·卷第五十二》)

(155)因不动,故言寂然;虽不动,感便通,感非自外也。(《河南

程氏遗书·卷二上》)

6.1.1.6 元明时期的"外"及"X外"

6.1.1.6.1 元明时期的"外"

我们在元明时期没有发现"外"单独表排除的用法,不过"除……外"结构更加成熟,除了继续单用外,多和递进性(如"尚"、"别"、"又"、"亦"、"更"、"复")、疑问性(如"谁"、)、总括性(如"皆"、"都"、"均"、"全"、"尽皆")、否定性(如"无"、"没")、分指性(如"各")、排除性(如"其他"、"其余"、"余")、关系性(如"便")等逻辑算子形成句式。(详见5.1.1)

"除了……外"在元明时期发展较缓慢,仅有少数单用和与递进性逻辑算子"也"连用的例子,如:

(156)城外那刘村里,管着他官人家庄土种田来,到秋,他种来的稻子,蜀秫、黍子、大麦、小麦、荞麦、黄豆、小豆、绿豆、豌豆、黑豆、芝麻、苏子诸般的都纳与了租税,另除了种子,后头,三停里,官人上纳与二停外,除了一停儿,卖的卖了,落下些个养活他媳妇、孩儿。(《朴通事》)

(157)除了牙税缴计外,也寻了加五利钱。(《老乞大》)

6.1.1.6.2 元明时期的"X外"

1. 之外

在元明时期继续使用"除……之外"的结构,或与否定性逻辑算子"无/不"、递进性逻辑算子"又"连用。而且还有"除此之外"的短语,如:

(158)夫人古儿别速行的法度严峻,我塔阳皇帝又柔弱,除放飞打猎之外,别无技能心性。(《元朝秘史·卷八》)

(159)父亲死,必竟连累妻女,是死则三个死,如今除告减之外,所少不及百担,不若将奴卖与人家,一来得完钱粮,免父亲监比;二来若有多余,父亲、母亲还可将来盘缠回乡,使女儿死在此处也得瞑目。(《型世言·第七回》)

（160）除中人酒水之外，着实修理，又用了五十余两，身边剩得百余金，樊氏甚是怨怅，道他没算计。（《型世言·第十五回》）

（161）纳牙也说："我只一心奉事主人，凡外邦得的美女、好马，都要献与主人，除此之外有别心呵，便死。"（《元朝秘史·卷八》）

"之外"相对于宋代时期，和逻辑算子连用的形式略微减少，但仍然与否定性（如"无"、"不"）、递进性（如"还又"、"又"、"别"、"还"）、排除性（如"舍"）等逻辑算子连用。如：

（162）殡殓之外，做些功德超度，自不必说。（《喻世明言·第一卷》）

（163）你惟情之外别无想，除睡人间总不知。（《新校元刊杂剧三十种·李太白贬夜郎》）

（164）无垢道："多谢女菩萨，小僧三餐之外，别不要甚的。"（《型世言·第三十五回》）

（165）东道、歇钱之外，还又撺掇他打首饰，做衣服，借下债负岂止千金。（《型世言·第十五回》）

（166）玄德曰："舍此之外，备实不知。"（《三国演义·第三卷》）

2. 此外

"此外"在元明时期较多单用，另外，"此外……都"是对宋代"此外……皆/悉"的替换，如：

（167）卢大来诉说："都是一班鞑子，不省得我汉人言语，又不认得汉人文字，那个晓尊师重傅？"（《型世言·第十四回》）

3. 只此以外

我们在宋代几乎没有发现"以外"的用法，在元明时期也仅发现了1例"只此以外"的用例，估计是对魏晋时期"只此以外"的一种模拟和继承，如：

（168）孩儿这里所干已成完备，得了照会，待两个月，衣锦还乡，喜面相参，孝顺父母，光显门间，只此以外，别无所怀。（《朴通事·卷三》）

4. 自外

我们在调查的元明语料中,共找到 43 例"自外"的用例,但都是表示"从外面"的意思,没有表排除的用法,如:

(169) 忽见一人自外而入,大笑曰:"伯符何故如此?"(《三国演义·第十五回》)

(170) 一日,汲自外归,弟妻以为其夫也,迎而呼之,不应,即时詈之,遂批其颊。(《五杂俎》)

(171) 初有犬自外衔一死狐而入,置之地,狐忽跃起,犬亦人立与之相搏。(《庚巳编》)

(172) 吹不了半只曲儿,举目见个侍女自外而至,深深地向前道个万福。(《雨窗集》)

6.1.1.7 清代的"外"及"X外"

6.1.1.7.1 清代的"外"

"除……外"在清代用例不多,在所调查的语料中仅有"除……外,还"和"除……外,俱"两种句式,如:

(173) 素姐道:"每位除二十两银子外,每人还要两匹尺头。"(《醒世姻缘传·第九十六回》)

(174) 除施氏死罪不减外,晁源、伍圣道、邵强仁俱杖八十,徒五年。(《醒世姻缘传·第十三回》)

6.1.1.7.2 清代的"X外"

1. 之外

"除……之外"在清代发展得更加成熟,可以单用,但更多是和逻辑算子连用构成句式,如和递进性(如"又"、"还")、否定性(如"无"、"不"、"未")、排除性(如"另")、限定性(如"只")等。如:

(175) 所以王笁生的家事共有三千,他除供给杂用之外,净得一千五百两。(《李渔小说·无声戏》)

(176) 除货价之外,又封十二两银子送他,做遮羞钱。(《李渔小说·十二楼》)

（177）碧莲搅些女工针指不住地做，除三口吃用之外，每日还有羡余，时常买些纸钱，到坟前烧化，便宜了个冒名替死的万子渊，鹦鹦突突在阴间受享，这些都是后话。（《李渔小说·无声戏》）

（178）最上一层极是空旷，除名香一炉、《黄庭》一卷之外，并无长物，是他避俗离嚣、绝人屏迹的所在，匾额上有四个字云：与天为徒。（《李渔小说·十二楼》）

（179）从此以后，伙计二人轮班来取，或是三日一至，或是五日一来，莫说银子不见一两，清茶没有一杯，连回复的说话也贵重不过，除"知道了"三字之外，不曾增出半句话来。（《李渔小说·十二楼》）

（180）那一方的妇人，除老病不堪之外，未有不遭淫污者，舒娘子亦在其中。（《李渔小说·十二楼》）

（181）还亏得告在我这边，除常律之外，另有一个断法。（《李渔小说·十二楼》）

（182）终日淡扫蛾眉，坐在兰房，除女工绣作之外，只以读书为事。（《李渔小说·十二楼》）

另外，"除了……之外"也常和否定性逻辑算子"不/无"连用，如：

（183）他拿定这个主意，所以除了置产之外，不肯破费分文。（《李渔小说·十二楼》）

（184）只因除了此人别无售主，不好与他争论。（《李渔小说·十二楼》）

"之外"在清代使用频率又有所增加，不仅单用，还可以和递进性逻辑算子（如"又"、"还"、"另"、"仍"）、疑问性逻辑算子（如"哪里"）连用，而且"于……之外"结构也开始发展，既可以单用，也可以与递进性逻辑算子"又"连用，如：

（185）庄户极其恭敬，束修之外，往家中供送柴米，管顾衣裳。（《醒世姻缘传·第九十八回》）

（186）只是正旦之外又添了一脚小旦，你却不要多心。（《李渔小说·十二楼》）

（187）小楼道："不瞒列位讲，我这张馋嘴原是馋不过的，茶饭酒肉之外，还要吃些野食，只为一生好嚼，所以做不起人家。（《李渔小说·十二楼》）

（188）当不得肥鸡之旁现有壮鸭，美食之外另放佳肴。（《李渔小说·十二楼》）

（189）料草尽派里下，原额之外，仍多派三千有奇，将一千表赏衙官衙役以。（《醒世姻缘传·第十七回》）

（190）一边说："我至戚之外，哪里来这两门野亲？"（《李渔小说·十二楼》）

（191）从良密议，订于四五年之前；聘美重资，浮于百二十之外正欲请期践约，忽然负义寒盟。（《李渔小说·无声戏》）

（192）不期今日始读异书，但恨出题者不得一见；若得一见，必于《西厢》之外又增一部填词，不但相思害得稀奇，团圆做得热闹，即捏臂之关目，比传书递柬者更好看十倍也。（《李渔小说·十二楼》）

2. 此外

"此外"在清代有了较大发展，较多和逻辑算子如否定性（"无"、"没有"）、递进性（如"再"）、疑问性（如"甚么"）、总括性（如"尽俱"）等连用。

（193）此外无名可纪，但四十三次万倍乘之，即是都大数，零中数不与。（《梦溪笔谈·卷十八》）

（194）大抵易只是一个阴阳奇耦而已，此外更有何物？（《朱子语类·卷七十五》）

（195）大率高下五等，通有百家，皆谓之士族，此外悉为庶姓，婚宦皆不敢与百家齿，陕西李氏乃皇族，亦自列在第三，其重族望如此。（《梦溪笔谈·卷二十四》）

3. 以外

我们在元明时期较少见"以外"的用例，但在清代其用法略有复苏。或者和"除"及"除了"形成"除……以外"、"除了……以外"的结

构,或者和某些逻辑算子连用,如:

（196）狄希陈做了三四年官,回到家内,算那除盘搅以外,净数带回家的不多不少,正合那石槽底下五千之数。(《醒世姻缘传·第一百回》)

（197）晁夫人除了这地土以外,要工钱有了五两的银,要吃饭有了五石粮食。(《醒世姻缘传·第五十一回》)

（198）但要自己有些本事,以外还有帮手。(《醒世姻缘传·第七十一回》)

（199）单单的只交付了前日的那封银子,我看也不敢看他一眼,原封取与你了,以外还那里再有银子!"(《醒世姻缘传·第四十一回》)

4. 自外

在所调查的在清代语料中,共有 11 个"自外"的例子,其中没有一个表排除的用法,有 3 例是"自外而至"、"自外而入"、"自外下马进来",其他的都表示"自视为外人、自行疏远"之义,如:

（200）孝移道:"雅蒙台爱,岂敢自外。"(《歧路灯·第九回》)

（201）师四老爷道:"既然老哥说到这里,兄弟亦不敢自外,兄弟这里谢赏了。"(《官场现形记·第三十六回》)

6.1.2 "外"及"X 外"的历时演变过程

"外"及"X 外"类词的运用贯穿自先秦到清代的各个朝代,它们在各个朝代此消彼长的现象反映出其虚化历时过程。

6.1.2.1 "X 外"排除义后置词①

6.1.2.1.1 "外"

"外"本义是"外面、外边",作为方位名词自古可以单用,常与"内"相对,表示"外面、外边",如:

---

① 我们认为,"排除义后置词"在语义上表示"排除",在语法上是后置词。排除义后置词"X 外"指"X 外"置于实词后面,跟实词结合在一起,表示"将……排除在外"的语法关系和语法意义。本书对"排除义后置词"的定义参考了刘丹青(2003)和邱斌(2008)相关理论的介绍。

（202）当是时也,内无怨女,外无旷夫。(《孟子·梁惠王下》)

（203）仁,内也,非外也。(《孟子·告子上》)

也可以与介词"自"、"于"、"在"连用,表示"从(在)外面",如:

（204）自内出者无匹不行,自外至者无主不止。(《春秋公羊传·宣公三年》)

（205）秋,筑王姬之馆于外。(《春秋公羊传·庄公元年》)

（206）萧叔朝公。其言朝公何? 公在外也。(《春秋公羊传·庄公二十三年》)

"外"还可以和处所名词构成方位短语,表示"在某个处所的外面",如:

（207）对曰:"能爱邦内之民者,能服境外之不善。"(《晏子春秋集释·卷第三》)

也可以与介词"自"或"于"组合构成"自(于)+处所名词+外"的结构,表示"从(在)…处所外面",如:

（208）围人萃自墙外与之戏。(《春秋公羊传注疏·庄公卷九》)

（209）半入,华元逃归,立于门外,告而入。(《春秋左氏传·宣公二年》)

"外"也可以和时间名词连用,表示"在……时期外"、"超出某个时期",如:

（210）国中一旬,郊二旬,野三旬,都三月,邦国期。期内之治听,期外不听。(《周礼·秋官司寇》)

"外"也可以和表示距离的名词连用,表示"在某段距离之外"、"超出某段距离",如:

（211）运筹帷帐中,决胜千里外,子房功也。(《史记·卷五十五》)

两汉时期,"外"开始和表示身体部位的名词搭配,使得"外"指示具体处所方位的语义开始减弱,如:

（212）圣人有所于达,达则嗜欲之心外矣。(《淮南子·卷二》)

（213）夫生人之精在于身中,死则在于身外,死之与生何以殊?

身中身外何以异?(《论衡·论死篇·第六十二》)

(214) 一身之神,在胸中为思虑,在胸外为兆数,犹人入户而坐,出门而行也。(《论衡·卜筮篇·第七十一》)

到魏晋南北朝时期,"外"和表示具体处所义名词的结合仍然很普遍,但跟其他名词搭配的组合也大大增多,特别是和抽象名词组成了如"尘嚣外"、"言外"、"度外"等结构,如:

(215) 借问游方士,焉测尘嚣外!(《桃花源诗》)

(216) 谦贬居心,深承非饰,此诚此旨,久著言外;况复造席舒衿,迂翰绪意,推情顾己,信足书绅。(《南齐书·卷二十三》)

(217) 自青德启运,款关受职,置之度外,不足结言。(《南齐书·卷四十》)

和抽象名词的连用,使得"外"在语义上由表示具体的空间义、范围义扩展到了抽象的范围义。这里的"外"很难确定所指示的具体位置和范围,与抽象名词连用共同表示处所或范围,主要用来标记抽象名词在句中的用途。由于"外"在以上各组搭配中都位于介词或名词之后,因此,这里的"外"具有了后置性和黏着性的特点,与置于前面的名词处于不同的语法地位,"外"开始由方位名词向方位后置词①虚化。

同时,在这一时期,"外"的"排除"语义开始萌芽,如:

(218) 六月,癸未,诏:"昔岁水旱,曲赦丹阳、二吴、义兴四郡遭水尤剧之县,元年以前,三调未充,虚列已毕,官长局吏应共偿备外,详所除宥。"(《南齐书·卷二》)

由于"外"萌发的"排除"语义与"除"在此时虚化出的"排除"语义具有相同的语义基础,因此二者开始连用,构成表排除义的框式结构"除……外",如:

---

① 参考邱斌(2008)第 294 页:方位后置词不能单独充当句子成分,只能和其他词语构成方位短语之后才能充当句子成分。

（219）天下州各量定酤酒户，随月纳税。除此外，不问官私，一切禁断。（《唐通典》）

唐代开始，"除……外"表排除义的框式结构有了较大发展，并随着排除性介词"除却"的兴起，形成了"除却……外"的框式结构。它们或单用，或与逻辑性算子连用，如：

（220）今后除两税外，辄率一钱，以枉法论。（《旧唐书·卷十二》）

（221）此后除二社外，不得聚集，有司严加禁止。（《旧唐书·卷五》）

（222）除却闲吟外，人间事事慵。（《全唐诗·李山甫·夜吟》）

（223）除却今年仙侣外，堂堂又见两三春。（《全唐诗·崔颢·黄鹤楼》）

另外，此时"外"的语义进一步虚化，表现在"外"可以单独用来表示排除义的用例增多，以及"外"可以和分指性（如"各"）、总括性（如"尽"）、递进性（如"别"）等逻辑算子连用表示排除义，如：

（224）三无数劫外，于一百劫中修相好业。（《敦煌变文集新书·卷二》）

（225）右军孙智永师自临八百本，散与人外，江南诸寺各留一本。（《书断列传·卷二》）

（226）阿难问师："传佛金蝠外，别传个什摩？"（《祖堂集·卷一》）

在唐代的佛典文献中，还出现了"离……外"的结构，如：

（227）不得道一长，不得道三短，离此四句外，请师答某甲。（《祖堂集·卷十四》）

在宋代，框式结构"除……外"仍很活跃，"除却……外"却较少见，原因是"除却"在宋代多作为条件性连词使用。但这一时期，"外"又和新的排除性介词"除了"、"只除了"构成新的排除义框式结构"除了……外"、"只除了……外"，"除了"逐渐代替了"除却"的排除义功能。如：

（228）时有令云："除守楼使臣军兵外，余人并不许上。"（《靖康

纪闻》)

（229）除了初六是过于畏慎无咎外，九二虽无不利，然老夫得女妻，毕竟是不相当，所以象言"过以相与也"。（《朱子语类·卷第七十一》）

（230）看得道理熟后，只除了这道理是真实法外，见世间万事，颠倒迷妄，耽嗜恋著，无一不是戏剧，真不堪著眼也。（《朱子语类·卷八》）

这一时期的佛典文献中继承了晚唐五代时期的"离……外"的用法，如：

（231）曰：不得道一画长、三画短，离此四字外，请和尚答。（《五灯会元·卷第三》）

元明时期，"外"单独表排除的用法几乎消失，"外"已完全虚化为表排除义的后置词。此时框式结构"除……外"更加成熟，除单用外，常与递进性（如"尚"、"别"、"又"、"亦"、"更"、"复"）、疑问性（如"谁"、）、总括性（如"皆"、"都"、"均"、"全"、"尽皆"）、否定性（如"无"、"没"）、分指性（如"各"）、排除性（如"其他"、"其余"、"余"）、关系性（如"便"）等逻辑算子构成句式。而框式结构"除了……外"发展较缓慢，仅有少数单用和与逻辑算子"也"连用的例子，如：

（232）除了牙税缴计外，也寻了加五利钱。（《老乞大》）

清代，随着"之外"虚化程度的加深，框式结构"除……外"的使用频率远低于同时期的框式结构"除（除了）……了"，在我们统计的语料中，"除（除了）……之外"共有45例，而"除……外"仅有11例，如：

（233）素姐道："每位除二十两银子外，每人还要两匹尺头。"（《醒世姻缘传·第九六回》）

（234）所有的随员，除两位老夫子及黄同知留守大船外，周、文二位一概随同前去。（《官场现形记·第一四回》）

6.1.2.1.2　"之外"

上古时期，处所名词与方位词"外"之间也常用助词"之"进行衔接，形成"处所名词＋之外"，用"诸/于/在＋处所名词＋之外"结构表示"在某个处所范围的外面"。距离名词（如"千里"、"千万里"、"百步"）、时间名词（如"十年"、"旬"、"三年"）也可以和"之外"连用，表示"在某个距离范围或时间范围的外面"，即"超出某个距离或时间的范围"。在这方面，"之外"比"外"更普遍，而且和"外"一样，"之外"也由指示处所范围扩大到了指示距离和时间的范围。如：

（235）子思不悦，于卒也标使者出诸大门之外，北面稽首再拜而不受。（《孟子・万章下》）

（236）九月，卫穆公卒，晋三子自役吊焉，哭于大门之外。（《春秋左氏传・成公一年》）

（237）兄弟之仇，辟诸千里之外。（《周礼・地官司徒》）

（238）由射于百步之外也，其至，尔力也；其中，非尔力也。（《孟子・万章下》）

（239）秦兵之攻楚也，危难在三月之内；而楚恃诸侯之救，在半岁之外，此其势不相及也。（《史记・张仪列传》）

（240）越十年生聚，而十年教训，二十年之外，吴其为沼乎！（《春秋左氏传・哀公元年》

魏晋时期，"之外"开始和抽象名词、甚至动词频繁连用，出现了如"身名之外"、"租赋之外"、"问书之外"、"迎送旧典之外"等结构。如：

（241）由自知情深，在物无竞，身名之外，一概可蔑。（《南齐书・卷三十六》）

（242）每至文林馆，气喘汗流，问书之外，不暇他语。（《颜氏家训・卷三》）

至此，"之外"从范围义中虚化出排除义。除少数单用外，"之外"多与限定性（如"唯"）、递进性（如"更"、"亦"）、总括性（如"一概"、"皆"、"率皆"）等逻辑算子连用，凸显其"排除"义，如：

（243）朝服之外，唯下铁钚刀一口。（《南齐书・卷二十二》）

（244）今郡通课此直，悉以还台，租赋之外，更生一调。（《南齐

书·卷二十六》)

　　(245) 昭明历郡皆有勤绩,常谓人曰:人生何事须聚蓄,一身之外,亦复何须?(《南齐书·卷五十三》)

　　晚唐五代时期,"之外"进一步虚化,一方面形成框式结构"除……之外"和固定结构"除此之外",另一方面或单用或与相关逻辑算子连用,兼具排除功能和追加功能。如:

　　(246) 谨按上自殷、周,傍稽故实,除因迁都之外,无别立庙之文。(《旧唐书·卷二十六》)

　　(247) 除此之外,更相褒赏,明敕慰劳,以起兵募之心。(《旧唐书·卷八十四》)

　　(248) 然而感恩之外,窃所忧惕者,未知相国之旨何哉?(《宣室志》)

　　(249) 于是择癸丑日,艮宫直音,空其室,陈设焚香之外,悉无外物。(《玄怪录》)

　　(250) 过此之外,又何求哉!(《大唐新语·卷三·极谏第三》)

　　在这一时期的佛典文献中,还出现了"离……之外"表排除义的用法,如:

　　(251) 离此之外,为老僧说。(《祖堂集·卷十四》)

　　在宋代,框式结构"除……之外"和新框式结构"除了……之外"、"只除了……之外"都可表示排除义,但使用频率均不高,这一时期主要使用的是框式结构"除……外",如:

　　(252) 草药上品,除五芝之外,赤箭为第一。(《梦溪笔谈·卷二十六》)

　　(253) 除了熟之外,无不可说者。(《朱子语类·卷一百一十七》)

　　(254) 今观孔子诸弟子,只除了曾颜之外,其它说话便皆有病。(《朱子语类·卷九十三》)

　　另外,这一时期"之外"和逻辑算子连用表排除义的类型较晚唐五代时期更加丰富,可以与递进性(如"尚"、"别"、"又"、"亦"、"更"、

"犹")、疑问性(如"何"、"谁"、"乎")、总括性(如"一切"、"皆"、"都")、限定性(如"惟"、"但")、否定性(如"无"、"不")、关系性(如"即")等逻辑算子连用,兼表排除和追加功能。如:

(255) 持志却是养心,也不是持志之外别有个养心。(《朱子语类·卷五十二》)

(256) 问:"学者讲明义理之外,亦须理会时政。"(《朱子语类·卷十三》)

(257) 人但知人境中事耳,人境之外,事有何限?(《梦溪笔谈·卷二十》)

(258) 顺初起,悉召乡里富人大姓,令具其家所有财粟,据其生齿足用之外,一切调发,大赈贫乏;录用材能,存抚良善;号令严明,所至一无所犯。(《梦溪笔谈·卷二十五》)

(259) 先左丞平居,朝章之外,惟服衫帽。(《老学庵笔记·卷二》)

这一时期还出现了框式结构"自……之外"表排除义的较早用例,而且其中间可插入的成分非常灵活,可以是单音节或双音节名词,也可以是动词,如:

(260) 又问:"自此之外,更无余法,亦无待于推矣。"(《朱子语类·卷二十七》)

(261) 自孝经之外,如论语,只取其面前明白者教之,何如?(《朱子语类·卷七》)

(262) 然人之一身,大伦之目,自为人谋、交朋友之外,得无犹在所省?(《朱子语类·卷二十一》)

通过考察,我们认为"之外"在宋代已经发展得非常成熟,比排除义"外"使用范围更广、使用频率更高。

元明时期,由于"外"在此时已完全虚化为表排除义的后置词,其框式结构"除……外"更加成熟,因此框式结构"除……之外"及"……之外"自身虽然仍然活跃,但使用频率和与逻辑算子连用的类型都相对有所减少。

到清代,框式结构"除(除了)……之外"不仅有所复苏,而且发展得更加成熟,除单用外,也可以和递进性(如"又"、"还")、否定性(如"无"、"不"、"未")、排除性(如"另")、限定性(如"只")等逻辑算子连用。另外,"……之外"与其他逻辑算子的连用也得到了复苏,而且在《官场现形记》中还出现了"除掉……之外"的特殊用法。因此到清代,"之外"的虚化程度达到顶峰,"除(除了)……之外"战胜"除……外",成为表排除义的主流结构。如:

(263)他拿定这个主意,所以除了置产之外,不肯破费分文。(《李渔小说·十二楼》)

(264)只是正旦之外又添了一脚小旦,你却不要多心。(《李渔小说·十二楼》)

(265)所以姊妹两个,都是他心坎上的人,除掉打盹之外,总得有一个常在跟前。(《官场现形记·第十二回》)

6.1.2.1.3 "以外"和"已外"

据陈昌来、朱峰(2009)考察,"以外"早在西汉时期就开始使用,它的语义和"之外"相同,表示"某个处所的外面",属于空间范畴,如:

(266)令天子之国以外五百里甸服:百里赋纳总,……五百里米。(《史记·卷二》)

魏晋南北朝到隋唐时期,"以外"和"已外"可置于普通名词后面,此时它们从表示具体的空间范畴义虚化出表示排除的范围范畴义,如:

(267)石头以外,裁足自供府州,方山以东,深关朝廷根本。(《南齐书·卷二十六·列传第七·王敬则 陈显达》)

(268)吾当松棺二寸,衣帽已外,一不得自随,床上唯施七星板;至如蜡弩牙、玉豚、锡人之属,并须停省,粮罂明器,故不得营,碑志旒旐,弥在言外。(《颜氏家训·终制第二十》)

有时"以外"和"已外"还和"在"、"除"、"自"搭配以更清晰地标记

"在某个范围之外",因而形成了框式结构"在……以外"、"除……以外"、"自……以外",如:

（269）在州禄俸以外,一无所纳,独处斋内,吏民罕得见者。（《南齐书·卷三十二·列传第十三王琨 张岱 褚炫 何戢 王延之 阮韬》）

（270）时王答言:"此梦甚恶,但恐大祸秧及我身,除我以外,余无所惜,请为我说所须之物。"（《杂宝藏经·卷九》）

（271）自神武皇帝以外,吾诸父兄弟无一人得至四十者,命也。（《北齐书·列传第三》）

这时期还出现了"自此以外"、"出此以外"、"自是以外"、"自此已外"、"出此以外"等类似固定短语的结构,它们都表示"除此以外"的排除义,如:

（272）夏,四月,己亥朔,诏:"三百里内狱讼,同集京师,克日听览,此以外委州郡讯察。"（《南齐书·本纪·卷六》）

（273）许其五失胡本,出此以外毫不可差。（《出三藏记集·卷第十》）

（274）自是以外,非奴所知。（《百喻经·卷一》）

（275）长者白王:"初无奸杂而与往返,唯一婆罗门,长共出入,清身洁己,不犯世物,草叶着衣,犹还其主,自此已外,更无异人。"（《杂宝藏经·卷十》）

（276）许其五失胡本。出此以外毫不可差。（《出三藏记集·僧伽罗刹集经后记第七》）

到晚唐五代时期,"以外"继承了魏晋时期萌芽的框式结构"除……以外"表示"排除特殊,强调一致"的排除功能,也增加了用"……以外,犹"句式表示"排除已知、补充未知"的追加功能。

（277）曰:"昔两汉以郡国理人,除郡以外,分立诸子。"（《旧唐书·卷八十》）

（278）今九人以外,犹宜增四。（《晋书·卷七十五》）

但是"以外"的异体形式"已外"在此时已几乎消失了。

到了宋代,"以外"的用例骤减,这与"X外"类词中"外"和"之外"的虚化程度增强有关。这种状况一直延续到元明时期,直到清代其用法才略有复苏。如:

(279) 狄希陈做了三四年官,回到家内,算那除盘搅以外,净数带回家的不多不少,正合那石槽底下五千之数。(《醒世姻缘传·第一百回》)

(280) 晁夫人除了这地土以外,要工钱有了五两的银,要吃饭有了五石粮食。(《醒世姻缘传·第五十一回》)

(281) 但要自己有些本事,以外还有帮手。(《醒世姻缘传·第七十一回》)

6.1.2.2　"X外"连词

6.1.2.2.1　外此①

"外"在上古就可作动词表示"疏远、排斥",如:

(282) 而升降之有变易也,天地不外此例。(《易经·遯卦》)

例中的"外"和"此"分属于句子中的两个不同的句内成分,"外"是动词,"此"是指代词。

在两汉时期,我们找到"外此"成为更加紧密结构的例子,"此"指代前面的内容,"外此"表示"除此之外"、"除了前面说到的内容以外",如:

(283) 天下至大矣,而以与佗人;身至亲矣,而弃之渊;外此,其余无足利矣。(《淮南子·精神训》)

在这个例子中,"此"指代前面提到的两部分内容,"外"表示将前面提到的内容排除在外,"其余"表示"剩下的部分",其语法功能是把说话人的预设范围自然划分成两部分,并进行对比,而"无"进一步否定了预设范围的"其余部分",从而达到了肯定"排除部分"的目的。

虽然"外此"后来被"此外"代替,但在汉语史中仍有自己的发展

---

① "外此"虽然不属于"X外"类词,但因与"此外"密切相关,故讨论。

历程。

在宋代,"外此"既可以是一个动词性短语,表示"超出这个",如:

(284) 自月初三为震,上弦为兑,望日为乾,望后为巽,下弦为艮,晦为坤,亦不外此。(《朱子语类·卷六十五》)

(285) 因说佛老氏却不说著气,以为此已是渣滓,必外此然后可以为道。(《朱子语类·卷九十八》)

更多时候"外此"是一个介词性短语作连词,可以单用表示"除此以外",也可以和逻辑算子连用,如表示"除此之外,不/皆/只"等,这种用法的"外此"一直沿用到清代,如:

(286) 若其人半间不界,与其人本无求益之意,故意来磨难,则不宜说。外此,说尽无害。(《朱子语类·卷一百二十三》)

(287) 且言得月钱一千,为监人所得,供其所需,外此皆监人受之也。(《大宋宣和遗事·贞集》)

(288) 其制虽有详略,要亦青蓝之别也。外此则圭表、壶漏而已。(《明史·天文志》)

(289) 吾于五七古学社韩,五六律学杜,此二家无一字不细看,外此则古诗学苏黄,律诗学义山,此三家,亦无一字不着。(《曾国藩家书》)

6.1.2.2.2　此外

由于中古时期"外"表"排除"语义开始萌芽,所以"此"与"外"常组成短语表示"除此以外",这时的"此"回指前面提到的具体内容,如:

(290) 每事益利,此外无多损益也。(《幽明录》)

(291) 朔望菜食一盘,加以甘菓,此外悉省。(《南齐书·卷二十二·列传第三·豫章文献王》)

晚唐五代时期,"此外"延续了中古时期和否定性、总括性逻辑算子连用的用法,使用频率略有增加,如:

(292) 唯有放生魂去,此外无计。(《玄怪录·卷三》)

(293) 鸿以锥刀,暇日往往反资于肃,此外未尝以所须为意。

(《唐摭言·卷三》)

（294）俄睹幕帘茵毯，华焕无比，此外松竹、花卉皆称是，钧之醲率毕至。(《唐摭言·卷三》)

到宋代，"此外"除了继承晚唐五代时期的用法外，用例更多，可连用的逻辑算子也更丰富，否定性、递进性、总括性等逻辑算子都可与之连用，如：

（295）味道问："'过此，几非在我者'，疑横渠止谓始学之要，唯当知内外宾主之辨，此外非所当知。"(《朱子语类·卷三十一》)

（296）曰："卿受田六十邑，乃当二百四十井，此外又有'圭田五十亩'也。"(《朱子语类·卷五十五》)

（297）大率高下五等，通有百家，皆谓之士族，此外悉为庶姓，婚宦皆不敢与百家齿，陕西李氏乃皇族，亦自列在第三，其重族望如此。(《梦溪笔谈·卷二十四》)

我们分析发现，这一时期，"此"所指代的对象已经没有那么具体了，只是泛指前面提到的事项或整个内容，开始出现虚化的趋势。另外，这一时期的"此外"也开始由词组向转承连词虚化，主要是用在后续句前面连接句子或小句，如：

（298）人至行权处，不少巽顺，如何行得？此外八卦各有所主，皆是处忧患之道。(《朱子语类·卷七六》)

（299）极北之地，人甚少。所传有二千里松木，禁人斫伐。此外龙蛇交杂，不可去。(《朱子语类·卷八六》)

到元明清时期，"此外"进一步成熟，用例也更多，如：

（300）卢大来诉说："此外都是一班鞑子，不省得我汉人言语，又不认得汉人文字，那个晓尊师重傅？"(《型世言·第十四回》)

（301）咱娘舅道："你只赔我卖买，还我的人就完了，此外没有别的话说。"(《官场现形记·第五十回》)

（302）但就本部而论，就有好几个差使，此外还有几处，都是吃粮不管事的。(《官场现形记·第二十八回》)

（303）席散之后，黄胖姑又赶到贾大少爷寓处，同做说客一样，又叫他拿出几千银子，为的军机上不止华中堂一位，此外尚有三位，别处也得点缀点缀才好。（《官场现形记·第二十五回》）

（304）此外俄国有道胜银行，日本有正金银行，以及何兰国、法兰西统通有银行，共有几十家呢。（《官场现形记·第三十三回》）

我们认为"此外"最终取代"外此"，原因有二：第一，随着"外"虚化出排除义后置词的用法，"之外"、"以外"也都虚化出排除义，在这些"X外"类词的类推下，"此外"更容易进入"X外"格式；第二，将"此"置于"外"之前，可以与前面所指称的内容在语序上更加贴近，便于听话人更顺畅地理解"此"的指称意义。因此，"此外"取代"外此"并不是词序的简单调整，而是汉语双音化趋势和语言经济要求的结果。

6.1.2.2.3 余外

"余外"是由表"剩余的、余下的东西"的"余"与表"之外"义的"外"连用而成的，我们在东晋找到其较早的用例，如：

（305）余外妇姊夫蒋士，有佣客，得疾，下血；医以中蛊，乃密以襄荷根布席下，不使知，乃狂言曰："食我虫者，乃张小小也。"（《搜神记·卷十二》）

唐代用例较少，如：

（306）性情渐浩浩，谐笑方云云，此诚得酒意，余外徒缤纷。（韩愈《醉赠张秘书》）

宋元时期，"余外"的用例开始增多，除了和逻辑算子"无"、"皆"连用表示"除此之外"，还可以和"的"连用组成"的"字结构作主语，如：

（307）只如今粗食助命，补破遮寒，渴则掬水吃。余外但是一切有无等法，都无纤毫系念。（《古尊宿语录·卷一》）

（308）老僧行脚时，除二时斋粥、是杂用心力处、余外更无别用心处也。（《古尊宿语录·卷十三》）

（309）吾祖宗二百年基业，一旦罹外国之膻膻，祸起奸臣之手，一

家三千余口,今惟有汝一人在此,余外骨肉流落,闻之皆为奴婢。(《大宋宣和遗事·贞集》)

(310) 这漆器家伙,一半是要布裹的,一半是要胶漆的。再有些工夫不到的不要。余外的都是这布裹的。是主顾生活,余外的都是寻常卖货,是平常的。(《老乞大新释》)

明清以后,"余外"的例句增多,可单用,也可跟总括性(如"全")、否定性(如"不")、递进性(如"又"、"还"、"更")等逻辑算子连用,如:

(311) 行者心中暗喜道:"葫芦换葫芦,余外贴净瓶,一件换两件,其实甚相应!"(《西游记·第三十三回》)

(312) 一溜十二只"江山船",整整摆了十二桌整饭,仍旧是统领坐船居中,随员及老夫子的船夹在两旁,余外全是首县办的。(《官场现形记·第十四回》)

(313) 又兼刘振白那乔腔歪性,只知道自己,余外也不晓得有甚么父母妻子,动不起生桎实砸,逐日尽是不缺。(《醒世姻缘传·第八十二回》)

(314) 幸喜伺候那几同号的老号军,是个久惯当过这差使的,见公子是个大家势派的人,一进来就把例赏号军的饹饹钱赏了不算外,余外又给了个五钱重的小银锞儿,乐得他不住问茶问水的殷勤。(《儿女英雄传·第三十四回》)

(315) 时长青又说道:"吴相公你这匹异兽除了走得快,余外还有何能?"(《小八义·第七十回》)

(316) 讲到姐姐今日这喜事,不但有媒有妁,并且不请得是成双成对的媒妁,余外更多着一位月下老人。(《儿女英雄传·第二十六回》)

清代还继承了"的"字结构"余外的"的用法,如:

(317) 你想他们的出身本是卑微,又不是什么世家公子,更兼候补的时候只晓得磕头请安、大人卑职这一套仪注,余外的事情,都是昏天黑地,一事不知。(《九尾龟·第二十六回》)

（318）道经天盖山，有数十强徒，手持利刃，要打劫东西，却被李继英抢了钢刀一口，杀死几人，余外的四散奔逃，亦有逃走回山中去的。（《狄青演义・第十四回》）

6.1.2.2.4　自外

"自外"在上古时期多表示"在（从）外边"，如：

（319）栾氏自外，子在位，其利多矣。（《春秋左氏传・襄公二十三年》）

也可表示"自视为外人"、"自行疏远"，如：

（320）光窃不自外，言足下于太子也。愿足下过太子于宫。（《史记・刺客列传第二十六》）

（321）朕遗射钩，卿无自外。（《梁武帝・答袁昂诏》）

晚唐以后，随着"外"的虚化和"外此"、"此外"虚化出"除……以外"的语义，"自外"也虚化出排除义，表示"在前文所叙述的人或事物之外"。另外，"自外"还多和否定性（如"不"、"莫"）、分指性（如"各"）、总括性（如"皆"、"咸"）、递进性（如"又"）等逻辑算子连用，如：

（322）自武平之后，令萱母子势倾内外矣。庸劣之徒皆重迹屏气焉。自外杀生予夺不可尽言。（《北齐书・列传第四十一》）

（323）正第一品佩二玉环，自外不同也。（《旧唐书・卷四十五》）

（324）胄子以通经仕者唯博陵崔子发、广平宋游卿而已，自外莫见其人。（《北齐书・卷四十四》）

（325）太子左右谕德为清官，自外各以资次迁授。（《旧唐书・卷四十二》）

（326）及问景皓，与豫所列符同，获免。自外同闻语者数人，皆流配远方。（《北齐书・列传第三十三》）

（327）武成好内，并具其员，自外又置才人、采女，以为散号。（《北史・卷十三》）

"自外"表排除义的用法在晚唐五代以后再也没有出现过，成为晚唐五代时期所特有的直接范畴表达形式，其表示"从外面"或"自视为外人"的用法继续沿用到后代。不过,"自外"表排除义为"自……外"等格式转变为"除……外"奠定了语义基础。在这种用法的"自外"中间插入指示代词、名词或名词性结构、动词或动词性词组作"自"的宾语,就成为"自……外",再在"外"前用连词"之"、"以"、"而",就成为"自……之外"、"自……以外"、"自……而外",意义就演变为"除……外"。

6.1.2.3　小结

"外"与"之外"都是在魏晋时期由范围义虚化出排除义的,在历史的长河中此消彼长,互相促进又互相竞争。我们根据调查的文献语料将不同时期的"外"和"之外"单用①及与"除"的构式的使用频率列表如下,见表6.1。

表 6.1　不同时期"外"、"之外"与"除"构式的使用频率

	外(单用)	之外(单用)	除……外	除……之外
魏晋南北朝	1	7	1	0
晚唐五代	5	40	55	11
宋　代	1	38	19	3
元　明	0	11	30	4
清　代	0	28	11	34

从上表可以看出,从魏晋南北朝开始,"之外"由于有"之"和其他名词进行衔接,它虚化表示"排除"义的速度远快于"外",更多地单用或与其他逻辑算子连用表示"排除"义,而"外"更需要进入和"除"(包括后来的"除了"等)组成的构式中一起表示"排除"义,因此从晚唐五代到元明时期,构式"除……外"的使用频率远高于构式"除……之外"。到元明时期,"外"完全虚化为排除义后置词,构式"除……之外"成为主流的直接排除表达形式,"之外"在单用数量略微减少的过程中,到清代虚化速度加快,"除……之外"最终战胜"除……外"成为

---

① 这里的"单用"包括和其他逻辑算子连用的用例。

更具优势的直接排除表达形式。

我们根据调查的文献语料将不同的"X 外"类词①的历时使用情况列表如下,见表 6.2。

表 6.2 不同时期"X 外"类词的历时使用情况

	外	之 外	以外/已外	外此/此外	余 外	自 外
魏晋南北朝	2	7	6/3	1/2	0	0
晚唐五代	60	51	4/1	0/13	1	27
宋 代	20	41	0/0	6/17	2	0
元 明	41	11	1/0	0/6	0	0
清 代	11	62	2/0	1/38	0	0

从上表可以看出,"以外"的使用频率略高于其异体形式"已外",但远不如"外"和"之外";"此外"战胜"外此"成为表排除的连词,使得句子间的连接更加紧密、自然,并符合语言的节约原则。这与"外"逐渐虚化为排除义后置词有关。

6.1.3 演变机制分析

6.1.3.1 排除义后置词:从处所词到后置词——方位范域的扩展及其"排除"语义的衍生

6.1.3.1.1 语法功能的引申机制:语法化与类推

1. 实词语的自身条件

实词语的自身条件指一个实词在演变前所处的语法、语义和语境条件。"外"本义"外面、外边",与"自"、"于"、"在"连用,表示"从(在)外面"。置于处所名词后表示"某个处所的外面",如"境外",形成构式"自/于/在 + 处所名词 + 外"表示"从(在)某个处所外面",如"自墙外"、"于门外"。随着"外"置于表示距离或时间的名词之后,特别是汉代大量置于身体名词、抽象名词之后,如"期外"、"身外"、"言

---

① 这里的用例包括和"除"类词的构式及"出此以外"等短语的使用情况。

外"、"度外","外"可标记的方位范域逐渐扩大和模糊,由表示"具体的某个方位外面"虚化出"在抽象的某个范围之外"的语义,这就为"外"虚化出排除义奠定了语义基础,又由于"外"与其前面的名词处于不同的语法地位,"外"由方位名词虚化为了方位后置词。

同时,由于动词性的"外"具有"将某物排斥到某范围之外"的语义,以及魏晋南北朝时期动词"除"也虚化出一个表排除义的介词,这样,"除"所具有的"除去、排除"义与"外"的"排斥"义都具有了"在某个范围之外"的语义,因此二者形成了框式结构"除……外"来凸显"排除"语义。随着这种构式的频繁使用,到元明时期,"外"逐渐完成了虚化为排除义后置词的过程。

这一过程可以总结为:

置于"外"前的名词扩展斜坡为:

处所名词>距离/时间名词>身体部位名词/抽象名词>范围名词

"外"的历时发展斜坡为:

处所名词>具体方位后置词>抽象范围后置词>排除范围后置词

由此可见,"外"排除语义的虚化在语法、语义和语境上都具有充足的条件。语法上,随着其标记范域的逐渐扩大和抽象,从处所域延伸到范围域,"外"与前面的名词处于不同的语法地位;语义上"外"自身的动词性"排斥"语义具有"排除性语义";语境上,构式"除……外"的使用加快了"外"由范围义后置词向排除义后置词的演化进程。

2. 语法系统的相关变化

"外"作为方位词系统中的成员,其虚化历程不是孤立的,而是受到了整个方位词系统虚化的影响。

在上古时期,方位结构中的方位词,其方位意义都是相对确定且比较实在的。如:

(328) 井上有李,螬食实者过半矣,匍匐往,将食之。(《孟子·滕文公下》)

由于使用"于+处所词"来代替"处所词+方位词"的结构,如:

（329）乃生男子,载寝于床。（《诗经·小雅·斯干》）

到汉代后,高频率方位词在使用中慢慢淡化了原来相对确定、实在的意义,因而当一些名词有需要时,便可以带上方位词构成方位结构来表达,从而奠定了方位词在表示处所意义时的特殊地位,如:

（330）犹行途上,求南西北皆逢触人。（《论衡·难岁》）

（331）非狂妄顽嚚,身中无一知也。（《论衡·艺增》）

在这两例中,很难说出"上"、"中"所表达的具体位置,它们与名词共同表示处所,具有确定名词在句中功能的作用。

在两汉时期,特别是到魏晋南北朝时期,使用频率较高的方位词都开始和抽象名词组合,方位词本身的意义因而更加淡化,如:

（332）数四交,不觉入其玄中。（《世说新语·文学第四》）

而且,与"外"类似,"上"、"下"也形成了"之上"、"之下"、"以下"等形式,如:

（333）更有名花嫩蕊,生于觉悟之傍;瑞鸟灵禽,飞向精舍之上。（《敦煌变文集新书·卷六》）

（334）终当使系嗣死于钟虡之间,大子毙于金酒之中,小子困于枯木之下。（《搜神记·卷九》）

（335）江陵刘氏,以卖鳝羹为业。后生一儿头是鳝,自颈以下,方为人耳。（《颜氏家训·卷五》）

（336）京师东西二十里,南北十五里,户十万九千余。庙社宫室府曹以外,方三百步为一里,里开四门;门置里正二人,吏四人,门士八人,合有二百二十里。（《洛阳伽蓝记·卷五》）

由此可以看出,"外"经历的"方位名词〉方位后置词"的虚化过程以及"之外"、"以外"的产生和运用,其实是整个方位词系统内部成员平行虚化进程中的一步,只是它后来虚化出的排除义来自名词性"外面"和动词性的"排除"义而已。正如李宗江（2009:198）所说的:"具有相同语义特征的实词往往平行地演变为某一类虚词。"

此外,上古前置主流介词"于"在西汉以后的衰减也是一个重要契机。因为"于"标记的脱落,使得"外"等处所标记的功能进一步加强,凸显了它作为后置处所标记的重要性。

3. 使用频率

石毓智(2006)指出:"一个词汇还必须在合适的句法环境中具有足够高的使用频率,才能诱发它的语法化过程。"

表 6.1 和表 6.2 清晰展现了"X 外"在不同发展时期的使用情况。"外"和"之外"在晚唐五代时期的使用频率都已经很高,这为"外"和"之外"虚化为排除义框式结构的后置词提供了句法环境,不过"之外"在使用频率上略低于"外",其虚化速度略慢于"外",直到宋代其虚化历程才稍微加快,到清代以后成为最重要的排除性后置成分。

因此,构词层面的"X 外"类词语法化为排除义后置词的历程,不仅源于实词语的自身条件,并受到语法系统相关变化的类推影响,而且高频率使用使其地位得到了巩固。

6.1.3.1.2 语义引申机制:容器隐喻

根据前面所述,我们发现"X 外"在语义指向上有泛化或虚化的趋势,与其前面可连接的词的扩展有关,即"方位名词>时间名词>身体部位名词>抽象名词>动词",相应地,"X 外"从较为具体的空间方位概念,通过隐喻发展出较为抽象的空间、时间、范围概念,在认知上经过了空间隐喻>时间隐喻>范围隐喻的过程,这符合人类认知心理及方位词系统发展的一般规律。

邱斌(2008:89)认为:"隐喻作用的过程是不同概念域之间的作用过程,即从源概念域向目标概念域映射的过程。在这种跨概念域的映射过程中,源概念域往往是人们熟悉的、具体的、有形的概念,人们往往通过这些源概念域来认知那些不熟悉的、抽象的、模糊的概念,即以隐喻的方式,用源概念域来组建目标概念域。"空间概念是人类最基本的概念,是人们最熟悉的概念,因此人们习惯通过空间概念域来认知其他的概念域,如时间概念域、范围概念域等。

最典型和最具代表性的隐喻是容器隐喻。每个物体都像一个容器一样,有内外之别。因此,能和"外"相结合的名词都被看作是容器,其中宫室建筑是最典型的三维封闭空间,其次是城池疆域,面积、距离是进一步抽象了的空间范围,甚至时段也可以看作容器,即在时间进程中取任意两个不同的点,这两点所构成的一个封闭的时段是一个容器。这可以解释为什么先秦时期和"外"相结合的名词都表示处所、距离和时间。除此外,人体本身也可看作是一个容器,有内外之别,因此会产生"身外"、"胸外"等词汇。

除了这些有形的实在的实体外,抽象的、无形的事物、事件、行为、活动也渐渐被看作一个容器。因此到魏晋南北朝时期,"外"可以和抽象名词、表动作行为的动词相结合。

6.1.3.2 "X 外"连词:从词到词内成分——词义的虚化和连接功能的衍生

"X 外"连词与"X 外"排除义后置词的区别之一在于,"X 外"连词不必和"除"、"在"等标记范围的词连用形成框式结构,可以独立表示"在某个范围之外"的排除意义,并虚化出连接功能。以"此外"为例,其演变机制主要来自自身词义的虚化(包括"外"由具体的"排除"义向抽象的"排除"义虚化;"此"由具体指代某个内容虚化为泛指前面提到的事项或整个内容)和句法位置的影响。

6.1.3.2.1 词义虚化

指示代词"此"表示"近指",与"彼"相对。可以与名词连用,如 6.1.2.2.1 例(279)中的"此例",共同指代前面提到的"升降之有变易也";也可以单独使用,如例(280)的"此"独立指代前面所提到的"天下至大矣,而以与佗人;身至亲矣,而弃之渊"这整一部分。

"此"作为近指性指示代词,最初用来回指前面提到的具体内容,如:

(337) 多病所须唯药物,微躯此外更何求。(杜甫《江村》)

随着"此"所指内容的增多和范域的扩大,逐渐地,"此"找不到对

应的具体对象,只是泛指前面提到的事项或整个内容,如:

（338）若今岁罢役,不过枉费九百万物料,虚役二万兵工。若更接续兴修,则来岁当役数十万人,仍费三千余万。此外民劳之极,变故横生,嗟怨之声,足以复致水旱。(《续资治通鉴长篇·卷四百十四》)

在"此"指代功能泛化的同时,"外"的词义也由具体的"排斥"义虚化出抽象的"排除"义,二者的频繁组合使得"此"由一个独立的代词向词内成分虚化,"此外"本身"逐渐脱离源词意义而开始向连词演化"①。在语用层面上,实在的词汇意义"排除"义弱化,而语法意义、篇章连接功能得到突显。

6.1.3.2.2　句法位置

在句法位置上,"外此"、"此外"常处于前后两个独立的小句中间,起到连接功能,而这正是连词的位置和功能,这为"外此"、"此外"后来语法化为连词提供了语法基础。"此外"最终替代"外此",也受到语法位置的影响,因为将"此"置于"外"之前,可以与前面所指称的内容在语序上更加贴近,便于听话人更顺畅地理解"此"的指称意义,更好地起到连接语句、篇章的功能。

由此可见,"此外"的语法化程度要高于排除义后置词"之外"等,有凝固成词的趋向。但是我们认为,"此外"目前还没有完全彻底词汇化为一个固定的词汇单位,因为还有"除此外"、"除此之外"等说法,其连词功能还没有完全发展成熟。

6.1.3.3　小结

经过以上分析可以看出,排除义的"X外"系统内有两个层面:排除义后置词的"外"、"之外"、"以外/已外"在容器隐喻机制的推动下,都大致经过了处所词＞方位域后置词＞范围域后置词＞排除域后置词的语法化历程,而篇章层面的"此外"、"余外"、"自外"则随着

---

①　引自席嘉:《近代汉语连词》,北京:中国社会科学出版社,2010。

指示代词指代范域的扩大,与排除义"外"在自由组合过程中逐渐固定,衍生出了篇章连接功能。但无论是哪个层面的"X 外",都多少经历了语法化或词汇化的过程,并受到同类系统或相关系统类推的影响。

6.2　汉语排除义"除"类词的
发展历程及机制探索

6.2.1　各个时期的"除"及"除"类成员

6.2.1.1　先秦时期的"除"

经过对先秦语料的调查,"除"在上古时期主要作动词,表示"去除、废除、扫除、脱下、授予官职"等。见表 6.3。

表 6.3　"除"在上古时期的动词用法及使用频率

"除"的语义	扫除清除	除掉去掉	脱　下	废　除	免　除	授予官职	排　除
用　例	16	50	2	1	1	1	2

(339) 仇由之君大说,除道将内之。(《韩非子·说林下第二十三》)

(340) 救宋而除其害,又何求?(《春秋左氏传·昭公二十二年》)

(341) 久之,聂政母死,既葬,除服。(《战国策·韩傀相韩》)

(342) 彗所以除旧布新也。(《春秋左氏传·昭公十七年》)

(343) 徭役多则民苦,民苦则权势起,权势起则复除重,复除重则贵人富。苦民以富贵人,起势以藉人臣,非天下长利也。(《韩非子·备内第十七》)

(344) 能得爵首一者,赏爵一级,益田一顷,益宅九亩,一除庶子一人,乃得人兵官之吏。(《商君书·境内第十九》)

(345) 料大王之卒,悉之不过三十万,而厮徒负养在其中矣,为除守徼亭鄣塞,见卒不过二十万而已矣。(《战国策·张仪为秦连横说

韩王》)

可见,在先秦时期,表示实在动词意义"除掉"义的"除"在数量上占绝对优势,并常带有强烈的感情色彩,所带宾语常带有贬义,如"贼"、"害"、"难"等;其次是表示"扫除"或"清除"的动词义;表"排除"义的"除"数量很少,仅为萌芽阶段。

6.2.1.2　两汉时期的"除"

在两汉时期,"除"仍主要作动词,把几部语料中的"除"按常见的动词义列表如下,见表6.4。

表6.4　"除"在两汉时期的动词用法及使用频率

	扫除清除	除掉除去	脱下脱掉	废除	免除	授予官职	除以	排除
春秋繁露		14			3	1		7
淮南子	4	28	1	1			5	
史记	17	28	5	74		9	2	3
论衡		7						
韩诗外传	1	6	0	0	0	0	0	0

可以看出,在两汉时期,"除"仍以表"除掉"和"废除"的语义居首,但与此同时,表"排除"义的动词性用法开始增多,而且汉译佛经中也较多选用"除"来对译梵文中表排除的用法。如:

(346) 亦三分除其一,定得田方百里者六十六。(《春秋繁露·爵国·第二十八》)

(347) 是时,李悝为魏文侯作尽地力之教,以为地方百里,提封九万顷,除山泽邑居参分去一,为田六百万晦,治田勤谨则晦益三升,不勤则损亦如之。(《汉书·食货志》)

(348) 民或乏绝,欲贷以治产业者,均授之,除其费,计所得受息,毋过岁什一。(《汉书·食货志》)

(349) 除其宿罪不请,余不能动。(《支谶·道行般若经》)

(350) 其人却后除在恶师边,正使善师,所其功德不足言。如是

辈人,与恶师从事。(《支谶·般舟三昧经》)

另外,"除"用在连动结构的例句逐渐地多起来,如:

(351)忧恤黔首,朝夕不懈。除疑定法,咸知所辟。(《史记·卷六·秦始皇本纪第六》)

(352)当除去,而善神可致。(《史记·卷六·秦始皇本纪第六》)

(353)与父老约,法三章耳:杀人者死,伤人及盗抵罪。余悉除去秦法。诸吏人皆案堵如故。(《史记·卷八·高祖本纪第八》)

(354)诛乱除害,兴利致福。(《史记·卷六·秦始皇本纪第六》)

从以上例句可以看出,两汉时期"除"的意义进一步泛化,其表现为:第一,从构词角度来看,与"除"组合的双音节词增多,如"除去"、"清除"、"骚除"等词;第二,从词语搭配的角度看,出现的宾语多样化了,先秦时期主要是"害"、"灾"、"疾"等一类词,到此时新增了更为抽象的名词作宾语,例如"疑"、"名"、"禁锢"等词;第三,从"除"所处的连动结构来看,上古两汉时期,"除"与动词直接组合在一起,而此时"除"和另外一个动词后面都出现了名词,完整的连动结构出现了即:"除+N+V+N"形式,例如"除疑定法"等。因此,在两汉时期,"除"的"排除"义为"除"由动词性向介词性虚化提供了语义基础,而其搭配成分的多样化及进入连动结构都为"除"的介词性虚化提供了语法基础。

6.2.1.3　魏晋南北朝时期

到了魏晋时期,在"V除"结构中的很多词中,"除"不仅表示"清除、去掉"的意思,而且发展出"避免、去掉"的意思,即把某个东西阻挡在自身之外,如"断除烦恼"表示将烦恼阻挡在自身之外,"涤除嗜欲"表示把嗜欲阻挡在自身之外,"屏除左右"表示把周围的人阻挡在自身之外。因此,随着"除"的搭配成分发生变化,从早期的带有贬义的人或事发展到中性的人或事,甚至抽象的心理和感情,"除"的词义开始泛化和抽象,动词性进一步减弱,主要对前面动作行为进行的方式补充结果。这些都表明"除"的意义开始虚化了。

另外,"除"表"排除"义的动词性用法增多,尤其在汉译佛典中较

多使用,如:

(355)凡五千九百二字。除后六行八十字不在计中。(《出三藏记集序·卷十》)

(356)除繁弃末慕存归本造述明论厥号成实。(《出三藏记集序·卷十一》)

(357)十方佛土中,唯有一乘法,无二亦无三。除佛方便说,但以假名字,引导于众生,说佛智慧故。(《妙法莲华经·方便品第二》)

除了"排除"义的动词性用法逐渐增多外,还产生了多种由"除"和其他逻辑算子构成的句式,如和总括性逻辑算子"皆"、"一切",递进性逻辑算子"尚"、"且",排除性逻辑算子"其余",否定性逻辑算子"不"等,并形成了"除……外"和"除……以外"的框式结构。这些句式及框式结构的产生使得"除"在魏晋南北朝时期正式虚化为排除性介词。如:

(358)自臣昔客始至之时,珠崖除州县嫁娶,皆须八月引户,人民集会之时,男女自相可适,乃为夫妻,父母不能止。(《三国志·卷五十三》)

(359)今除所作子书,但杂尚余百所卷,犹未尽损益之理,而多惨愤,不遑复料护之。(《抱朴子外篇自叙》)

(360)或曰:"方术繁多,诚难精备,除置金丹,其余可修,何者为善?"(《抱朴子内篇校释·卷六·微旨》)

(361)大智诸佛教诸外道,除其常见,一切诸法念念生灭,何有一识常恒不变。(《百喻经·二卷》)

(362)除言天命,且以人事论之:今称帝者数人,而洛阳土地最广,甲兵最强,号令最明。观符命而察人事,它姓殆未能当也。(《后汉书·窦融传》)

(363)一切但依此法,除虫灾外,小小旱,不至全损。(《齐民要术·杂说》)

(364)时王答言:"此梦甚恶,但恐大祸殃及我身,除我以外,余无

所惜，请为我说所须之物。"(《杂宝藏经·卷第九》)

因此，我们认为排除性介词"除"在西晋就已出现，从而将太田辰夫(1987：249)、向熹(1993：288)"引进排除的介词'除'始见于六朝"的结论提前了三百多年。

而且我们也认为，在魏晋南北朝时期，在"除"刚开始萌发排除性介词的时候，主要以"排除特殊、强调一致"的排除功能为主，但"排除已知，补充未知"的追加功能也已萌芽。

6.2.1.4　晚唐五代时期

晚唐五代时期是"除"虚化为排除性介词的大发展时期。除继承魏晋南北朝时期的表排除的动词性用法，它与更多的逻辑算子连用形成排除义的句式。如：和否定性逻辑算子(如"未")、总括性逻辑算子(如"皆"、"凡")、排除性逻辑算子(如"别")等连用。而且，"除"还萌发出连词的用法，但用例很少。另外，萌发于魏晋时期的框式结构"除……外"在晚唐五代时期得到了广泛应用，不仅有大量单用的用例，还开始和否定性逻辑算子(如"无"、"非"、"不")、总括性逻辑算子(如"一切"、"并")、递进性算子(如"更"、"别")、排除性算子(如"其余"、"其他")等连用。同样发端于魏晋时期的框式结构"除……以外"也在晚唐五代时期继续发展，虽然没有"除……外"应用得广泛，但也和分指性(如"分")、否定性(如"不")等逻辑算子连用形成句式。另外，随着"之外"在这一时期的虚化，也形成了"除……之外"的框式结构及"除此之外"的固定短语，它在"除……外"及"除……以外"的类推下，也尝试与否定性(如"不")、总括性(如"皆")等逻辑算子连用形成句式。

晚唐五代时期还产生了排除性介词"除非"和"除却"。其中，"除非"在框式结构"除……以外"的类推下，由框式结构"除……以外"和"非……不"相互叠用形成了"除非……以外，不"的新句式。此外，作排除性介词，"除非"还主要和否定性(如"无"、"不")、疑问性(如"谁"、"何")、排除性(如"此外")、关系性(如"即")等逻辑算子连用，无一例外地表达"排除特殊、强调一致"的排除功能。在唐代，由于和假设性条件标记"若"或"要"的连用,"除非"也萌发了连词用法,不过仍以排除性介词功能为主,并且都表达"排除特殊,强调一致"的排除功能。

"除却"一经产生,也应用较广,在使用频率上高于"除非"。在传世文献中,它不仅单用,还多和否定性(如"不"、"无"、"莫"、"未"、"没")、疑问性(如"何"、"谁")、关系性(如"便"、"即")、总括性(如"尽")等逻辑算子连用。并且也产生了"除却……外"的框式结构,不仅单用,还和否定性(如"不")、疑问性(如"何")、递进性(如"又")等逻辑算子连用。无论是单用还是形成句式,"除却"在晚唐五代时期都以表达"排除特殊,强调一致"的排除功能为主,但也萌发了"排除已知,补充未知"的追加功能。另外,"除却"和"除非"一样,也虚化出了连词功能,不仅有"除却……,若"和"若……,除却"的句式,而且还单用,多出现在诗句中。在佛典文献中,"除却"也大量使用,除了更多的单用用例外,也和否定性(如"莫")、疑问性(如"谁")、总括性(如"一切")、递进性(如"更")等逻辑算子连用。框式结构"除却……外"则多和递进性逻辑算子(如"亦")连用。根据我们的调查,在佛典文献中,"除却"表达追加功能呈上升趋势,并几乎未见到其连词的用法。

"除是"也是晚唐五代时期新产生的排除性介词,其中"除"相当于"除……外",而"是"相当于"除非"中的"非"用来表示强调语气,用例不多,主要有"除是……,又"的句式。而且也和"除非"一样,虚化出连词功能,主要有"若……,除是"的句式。

6.2.1.5　宋代时期

在宋代,"除"及框式结构"除……外"在总体的使用频率上比晚唐五代时期有所减少。在传世文献中,"除"主要和排除性逻辑算子"余"、总括性逻辑算子"都"连用,共3例。"除……外"主要和排除性(如"余")、限定性(如"只有")、疑问性(如"谁")、总括性(如"悉"、"都"、"凡")、递进性(如"更")等逻辑算子连用,共18例。在佛典文献中,"除"除了单用,主要和否定性(如"不"、"无")、递进性(如"犹")、疑问性(如"何")等逻辑算子连用,共 8 例。"除……外"则与否定性(如"不")、总括性(如"尽")等逻辑算子连用,共 2 例。另外,在佛典文献中还出现了"除此之外"的固定结构,主要与递进性逻辑算子"亦"和"也"连用,共 2 例。

"除非"继承了晚唐五代时期萌发的连词功能,几乎不作排除性介词使用。在传世文献中,除了少数的"除非……方"、"除非……便"的用例外,更多的是单用,共 16 例。在佛典文献中,除了同样使用"除非……方"、"除非……便"外,主要与否定性逻辑算子(如"莫"、"不")连用,共 5 例。

在宋代"除却"的动词性用法和介词性用法并存,其中以动词性用法为主,介词性用法较晚唐五代时期减少。在传世文献中,主要是和关系性(如"便")、递进性(如"更")、限定性(如"只")等逻辑算子连用。在佛典文献中,主要和疑问性(如"何")、递进性(如"更")、总括性(如"总")等逻辑算子连用。

"除了"是宋代新产生的排除性介词,与其动词性用法并存,一直沿用至今。"除了"在宋代发展非常迅速,主要和总括性(如"皆"、"统")、关系性(如"便"、"是")、递进性(如"亦"、"犹")、限定性("只")等逻辑算子连用。另外,也产生出"除了……外"和"除了……之外"的框式结构,其中后者多和疑问性逻辑算子"何"、否定性逻辑算子"无"组成句式一起使用。"除了"以排除功能为主,兼有追加功能。

"只除"和"只除了"也是宋代新产生的排除性介词,用例都不多。其中"只除"有"只除……乃是"的句式,仅有 1 例;"只除了"有"只除了……,便"的句式,并有框式结构"只除了……外","只除了……之外,便"的句式,共 3 例。它们在佛典文献中都很少见。

"除是"在宋代继承了排除性介词的用法,用例仍然不多,主要用作连词,如"结果在前,条件在后"的"要/不……,除是","条件在前,结果在后"的"除是……,方"及"除是……,则"。

宋代还产生了排除性介词"除非是",是由排除性介词"除非"与强调语气的副词"是"组成的,相当于"除非"。和"除非"差不多,"除非是"也有少数的介词功能,如句式"除非是……,不"、"谁……除非是",但多以连词功能为主,如句式"要……,除非是"或"结果＋条件"句等。

　　"除去"在宋代仍以动词性为主,在传世文献中有 21 例,均来自《朱子语类》),也有少量的排除性介词的用法,主要有和限定性逻辑算子、关系性逻辑算子形成的"除去……,只"和"除去……,便是"的句式,共 2 例。在佛典文献中,共有 3 例动词性用法,没有介词性用法。

　　可见,虽然"除"在宋代的发展略微缓慢,但是宋代是"除－"或"－除"类词的大发展时期。

6.2.1.6　元明时期

　　在元明时期,"除"及框式结构"除……外"得到了复苏,在总体的使用频率上不仅超过了宋代,也超过了晚唐五代时期。其中"除"除了继续单用外,和更多类型、更加多样的逻辑算子连用。如排除性(如"其余"、"余")、疑问性(如"何")、递进性(如"又")、否定性(如"无"、"没")、总括性(如"积"、"并")、总括性(如"都"、"尽""尽皆"、"俱")、限定性(如"只有")等逻辑算子,共 22 种。而且在这一时期,"除"继承了作为连词的用法,如"除……,方"。框式结构"除……外"除了单用外,主要和递进性逻辑算子(如"更"、"又"、"别"、"尚"、"复"、"亦")、分指性逻辑算子(如"各")、疑问性逻辑算子(如"谁")、总括性逻辑算子(如"均"、"都"、"尽皆"、"全")、排除性逻辑算子(如"余"、"其余"、"其他")、否定性逻辑算子(如"无"、"没")、关系性逻辑算子(如"便")等连用,共 37 例。因此,无论是使用频率还是使用形式上,框式结构"除……外"在元明时期都已经非常成熟。而萌发于晚唐五代时期的"除……之外"框式结构经过宋代的消沉期后进入了元明的发展期。既可以单用,又可以和否定性逻辑算子(如"无"、"不")、递进性逻辑算子(如"又")等连用。另外,由其扩展出的固定短语"除此之外"也在缓慢发展中。

　　"除非"在元明时期仍兼具连词和介词双重功能。其中介词功能的用例比宋代时期减少,除了少数单用,就是和否定性逻辑算子"无"形成句式。但是其连词功能在元明时期大大发展,使用频率增多,主要有"(若)要……,除非"、"不……,除非"、"除非……方"、"除非……才"、"除非……,必"等形式。

在"除非"的基础上,还新产生了"只除非"。不过,"只除非"只继承了"除非"作连词的用法,除较多单用外,主要有"(若)要……,只除非"、"只除非……方才/方"、"只除非……便"等形式。

"除却"继承了宋代的用法,仍兼有动词性排除义和介词性排除义双重用法,不过用例进一步减少。作为介词,主要与疑问性逻辑算子"谁"、否定性逻辑算子"无"连用。

"除了"在元明时期继续发展,除了单独表示排除性介词外,还主要和否定性逻辑算子(如"不"、"无")、总括性逻辑算子(如"俱"、"都")、递进性逻辑算子(如"还"、"也"、"在")、限定性逻辑算子(如"只")连用,共 15 例。其中仍以排除功能为主,但追加功能呈上升趋势。而框式结构"除了……外"发展略有退步,仅有单用及和递进性逻辑算子"也"连用的 2 例。这大概是由于受到同时期框式结构"除……外"使用频率大幅度增长的影响。

"除是"虽有用句式"除是……,都"来表现排除义的介词功能,但是其连词功能早已居主导地位,除了"若/要……,除是"和"除是……便"这两种主要形式,更多的是不借助逻辑算子单用的用例,这表明"除是"的连词性功能更加成熟。

"除非是"继承了宋代表排除性介词的用法,主要以"除非是……谁"的形式,但用例很少。在元明时期,"除非是"主要作连词,除了继承宋代"结果＋条件"和"要……,除非是"的形式外,还新增了"除非是……,方才"、"待……,除非是"、"若(是)……,除非是"等形式,使用频率也有所增多。

在元明时期,出现了两个新的复合虚词"只除是"和"则除是"。其中"只除是"既可以作排除性介词,与否定性逻辑算子(如"不")、递进性逻辑算子(如"又")、疑问性逻辑算子(如"怎")连用,又可以作条件性连词,形成"若(要)……,只除是"、"欲待要……,只除是"、"只除是……方"、"只除是……便"、"只除是……就"等形式,并且还用"前问后答"的特殊形式表达唯一性条件义。而"则除是"除了少数用"则除是……,何"表排除性介词外,主要用作连词,如"若/要……则除是"、"则除是……便"、"则除是……才"等句式和大量的单用用例。

"只除"在元明时期进一步发展,既可作介词,又主要作连词。作介词时,可与关系性、总括性逻辑算子连用;作连词时,既可以单用,又可以形成多种句式,如"只除……方才/才/方"、"只除……便"、"只除……可/可以"、"只除……必"、"要……,只除"等。另外,它也常采用"前问后答"的格式来表达唯一的条件性。

萌发于宋代的"只除了"在元明时期用例很少,几乎消亡,主要表现为"只除了……何"这种句式形式。

"除去"在元明时期均为动词性用法,几乎未见排除性介词的用法。

6.2.1.7　清代时期

"除"在清代与元明时期的用法及使用数量上都差不多,除了单用,主要与总括性(如"都是")、类同性(如"也")、排除性(如"其余"、"不算"、"不消上数")、递进性(如"还"、"仍"、"又"、"再")等逻辑算子连用。框式结构"除……外"在清代已不占优势,主要与递进性"还"、总括性"俱"一起连用,共 2 例。虽能偶然看到框式结构"除……以外"的用例,但几乎是孤例,估计这是对晚唐五代时期的一种复古用法。框式结构"除……之外"经过元明时期的发展进入了成熟期,除单用外,多和递进性(如"又"、"还")、否定性(如"无"、"不"、"未")、排除性(如"另")、限定性(如"只")等逻辑算子连用,共 15 例。可见,在清代,框式结构"除……之外"成为由"除"构成的框式结构中使用最普遍的结构。

"除了"在清代发展得更加成熟,光单用就有 17 例,完全不需要其他逻辑算子的配合就独立表达排除义,这是其完全虚化为排除性介词的重要体现。除此外,"除了"几乎可以和各种逻辑算子连用,如排除性逻辑算子(如"其余"、"别的")、递进性逻辑算子(如"又"、"还"、"也"、"仍"、"甚是"、"再")、总括性逻辑算子(如"都")、限定性逻辑算子(如"只"、"只是")、关系性逻辑算子(如"就"、"就是"、"便"、"宁可"、"才")、否定性逻辑算子(如"不"、"无"、"没有")、疑问性逻辑算子(如"那"、"那里"、"难道")等。框式结构"除了……之外"和"除了……以外"也都有所应用。因此,清代毫无疑问是"除了"综合继承以前用法的集大成时期。

"除非"在清代和在元明时期差不多,仍兼有介词和连词双重功能。作为排除性介词,多单用;作为连词,主要是继承了元明时期的用法,如"若要/如要……,除非……,(方)才"、"若/要……,除非"、"欲……,除非"、"除非……便"、"除非……才"等。

"只除非"在清代仍主要用作连词,除单用外,主要通过"只除非……才"、"只除非……方才"、"只除非……就"等几种形式来表现。

"除非是"继承了元明时期作介词的用法,但用例不多,仍主要作连词,如"要……除非是"、"待要……,除非是"、"若(说)是……,除非是"、"若要……,除非是……,才"、"除非是……,方才/才"等。

"只除"的排除性介词用法在清代较宋代有所发展,除单用外,主要与否定性逻辑算子"不"构成"只除……,不"、"只除……,无论……没有不"的句式。另外,还萌发出连词性功能,主要表现为"只除……方"和"只除……就"两种形式。

"只除了"的排除性介词用法在清代也较宋代有所发展,与其连用的逻辑算子类型更加丰富,如关系性逻辑算子(如"或是")、总括性逻辑算子(如"俱"、"都")、否定性逻辑算子(如"不")、递进性逻辑算子(如"再")等。

"除是"在清代继承了元明时期的介词和连词用法,其中仍以连词功能的用例居多,如"除是……方"、"要……除是"等。

"除却"在清代的用例进一步减少,仅发现1例"除却……便"的用例。我们还发现1例"除却了"的用法,但不成气候。

6.2.1.8　列表总结

表 6.5　"除"类成员在各个时期的用法总结

	魏晋南北朝	晚唐五代	宋	元　明	清　代
除 (249)	1. 除(10) 　1) 单用(2) 　2) 除…… 　　皆/一切/尚 　　且/其余/未 　　皆/其余/未(8) 2. 除…… 　外/以外(1) 3. 除…… 　余(1)	1. 除(10) 　介词: 　1) 单用(3) 　2) 除…… 　　皆/凡/别/更(36) 　　连词: 　　若要……(2) 2. 除……外(54) 　1) 单用(18) 　2) 除……外、无/非/更别 　　/不/一切/并/其他/ 　　其余/(2) 3. 除……以外、无/不/ 　皆/君(4) 4. 除……之外、无/君(4) 5. 除此之外(3)	1. 除(3) 　1) 单用(1) 　2) 除…… 　　余/都(2) 2. 除……外(17) 　1) 单用(9) 　2) 除……外、余 　　只有/更/悉/都/凡 　　/准(8) 3. 除……之外(1)	1. 除(23) 　介词: 　1) 单用(6) 　2) 除……其余/余/何/又/ 　　无/没/积/并/尽/尽 　　只有(16) 　连词: 　除……方(1) 2. 除……外(38) 　1) 单用(12) 　2) 除……外、更/又/别/尚/复 　　/亦/各/均/都/皆/全 　　其余/余/其他/没(26) 3. 除……之外、无/不/又(4) 　1) 单用(1) 　2) 除……之外(1) 　除此之外(1)	1. 除(22) 　1) 单用(4) 　2) 除……都/是/都/也/其余/又 　　/不算/不消/上数/还/仍/又 　　/再/便(18) 2. 除……外(11) 　1) 单用、还/非/又/俱/一 　　概/一/齐/所有 3. 除……之外(34) 　1) 单用(3) 4. 除……之外、又/还/另/外/有 　/以外(8) 　/亦/不/无/不/未/没有 　只/亦/便/就(26) 　除此之外(5)
除非 (87)		除非 1. 介词(9) 　1) 单用(3) 　2) 除非……无/不 　　/谁/阿/此/外/即是 　　(6) 2. 连词(4) 　若要……、除非(2) 　除非……方(2) 　除非……以外、不(1)	连词: 1. 单用 　1) 条件+结果(6) 　2) 结果+条件(2) 2. 除非……方/便(5) 　若要……(1)	介词: 除非……无(1) 连词: 若要……、除非(1) 不……、除非(5) 除非……方(2) 除非……才(1) 除非……必(1) 除非……无(1) 除非(13)	介词:(11) 除非……不/不可/没有(4) 除非……再(1) 连词:(26) 若要/如奈、除非(10) 才(4) 欲……、除非(3) 除非……便(3) 除非……才(4) 条件+结果(4)

续表

	魏晋南北朝	晚唐五代	宋	元	明	清代
除却 (73)		1. 除却：(49) 介词： 1）单用(12) 2）除却……不/无/便/莫/未/没/何/谁/一切(37) 连词：(4) 1）单用(2) 2）除却……，若(1); 除却……外(13) 2. 除却： 1）单用(1) 2）除却……外、不/何/又(12)	介词： 除却……只/便/更(3)	介词： 除却……谁/无(3)		除却……便(1)
除了 (145)			1. 除了(14) 除了……皆/统/便/是/亦/只(14) 2. 除了……外(1) 3. 除了……之外、何/无(2)	1. 除了(20) 1）单用(4) 2）除了……、在/只(16) 2. 除了……外(2) 1）单用(1) 2）除了……外、也(1)	1. 除了 1）单用(17) 2）除了……，无/不/俱/都/还/也/仍/是/只(16)	1. 除了 1）单用(17) 2）除了……，其余/别/的/另/就/外/又/亦/再/是/便/没/是/便/宁/可/才/无/不/没/有/那/里/难道/何(78) 2. 除了……之外、无/更/亦/其他/其余/一齐/最(11)
除是 (38)		介词：(1) 除是……又(1) 连词：(1) 若……，除是(1)	1. 介词：(1) 单用(1) 2. 连词：(9) 要/不……，除是(2) 除是……、方(6) 除是……则(1)	介词：(1) 连词： 除是……，都(21)	除是……、都(1) 2）若要……，除是(5) 除是……便(1)	介词：(1) 除是……或是/便都(1) 连词： 除是……(3) 除是……方 若……，除是(2)

续　表

表达形式	魏晋南北朝	晚唐五代	宋	元明	清代
除去 (40+8)		动词(2) 介词: (1) 除去……,其余(1)	动词(21) 介词: (2) 除去……,只/便是(2)	动词(8)	动词(9) 介词: (5) 除去……,还/尚/亦/全(5)
除非是 (46)			介词: (4) 1. 除非是……,不(1) 2. 谁,除非是(3) 连词: (7) 1. 要……,除非是(1) 2. 结果+条件(6)	介词: (1) 除非是……,谁(1) 连词: (11) 1. 除非是……,方才(1) 2. 要……,除非是(2) 3. 待……,除非是(1) 4. 若(是)……,除非是(2) 5. 结果+条件(3)	介词: (1) 除非是……,其余·都是(1) 连词: (19) 1. 要……除非是(1) 2. 待要……,除非是(2) 3. 若(说)是……,除非是(3) 4. 若要……,除非是,才(1) 5. 除非是……,才(5) 6. 除非是……,方才(2) 7. 结果+条件(3) 8. 条件+结果(1)
只除 (53)			只除……,乃是(1)	介词: (3) 只除……,便/尽/皆(3) 连词: (42) 1. 单用(16) 2. 句式 只除……,方才(4) 只除……,才(2) 只除……,便(5) 只除……,可/可以(7) 只除……,必(1) 只除……,方(1) 要……,只除(5) 3. 前问后答(5)	介词: (5) 1) 单用(1) 2) 只除……,不(3) 只除……,无论……,没有不(1) 连词: (2) 只除……,方(1) 只除……,就(1)

续 表

	魏晋南北朝	晚唐五代	宋	元 明	清 代
只除了 (12)			1. 只除了……便(1) 2. 只除了……外(1) 3. 只除了……之外(1)	只除了……向(1)	1. 单用(1) 2. 只除了……或是/俱是/都/不/再(7)
只除非 (29)				连词: (17) 1) 单用(10) 2) 若/要……,只除非(4) 只除非,方才/方(2) 只除非,便(1)	连词: (12) 1) 单用(3) 2) 只除非……才(1) 只除非……方才(6) 只除非……就(2)
只除是 (26)				1. 介词: (5) 2. 连词: (21) (一)句式: 若(要)……,只除是(5) 欲待要……,只除是(1) 只除是……方(7) 只除是……便(2) 只除是……就(5) (二)问句 + 答句(1)	

续 表

魏晋南北朝	晚唐五代	宋	元 明	清 代
则除是(18)			1. 单用(12) 2. 若/要……则除是(4) 则除是……便(1) 则除是……才(1)	
除却了(1)				
除掉(54)				1. 除掉(28) 1) 动词单用(1) 2) 介词单用(6) 3) 除掉……都/通/没有/此外无/其余、不/又/还有/便是/那/处/问/只有(21) 2. 除掉……之外(25) 1) 单用(2) 2) 除掉……之外、无/没有/未/一个/还/一都/亦/便一齐/一无/一概/就/准 3. 除掉……外(1)
只除非是(5)			单用(4)	单用(1)

6.2.2 "除"及"除"类成员的历时演变过程

6.2.2.1 "除"

"除"自魏晋南北朝开始虚化出排除义后,在后面的几个朝代中都既可以单用,也可以和多种逻辑算子相连形成句式,不过其单用的用例不占主流。另外框式结构"除……外""除……之外""除……以外"也都在魏晋南北朝时期形成雏形。

魏晋南北朝时期和"除"相连的逻辑算子限于总括性(如"皆"、"一切")、否定性(如"不")等,共同表达排除功能,和递进性逻辑算子(如"尚"、"且")连用表达追加功能;到晚唐五代时期,"除"进一步虚化为排除性介词。除单用外,它与更多的逻辑算子连用形成排除义句式,如和否定性(如"未")、总括性(如"皆"、"凡")、递进性(如"别")等逻辑算子连用。到了宋代时期,由于受到"除了"的影响,"除"的发展略缓,直到元明时期有所恢复,除了继续单用外,和更多类型、更加多样的逻辑算子连用。如疑问性(如"何")、递进性(如"又")、否定性(如"无"、"没")、总括性(如"都"、"尽"、"尽皆"、"俱")、限定性(如"只有")等 22 种逻辑算子连用,以表达排除功能为主。到清代,"除"的用法及使用数量与元明时期都差不多,除了单用,主要与总括性(如"都是")、类同性(如"也")、排除性(如"不算"、"不消上数")、递进性(如"还"、"仍"、"又"、"再")等逻辑算子连用,其中表达追加功能的用例有所增加。

框式结构"除……外"自魏晋萌芽后,在晚唐五代时期发展迅速,多和否定性(如"无"、"不")、总括性(如"一切"、"并")连用表达排除功能,和递进性(如"更"、"别"、"仍")连用表达追加功能。在宋代,"除……外"不仅大量单用,延续了晚唐五代时期和否定性(如"不"、"无")、递进性(如"更"、"犹"),总括性(如"悉"、"都"、"凡")逻辑算子连用的用法,还增加了和限定性(如"只有")、疑问性(如"何")逻辑算子连用的用法。在元明时期,"除……外"大量和递进性逻辑算子相连用,除了继承了宋代时期和"更"的连用外,还和"又"、"别"、"尚"、"复"、"亦"等大量连用,表达追加功能。在表达排除功能方面,主要与总括性(如"都"、"尽皆"、"全")、否定性(如"无"、"没")、疑问性(如"谁")、关系性(如"便")逻辑算子连用。在清代,"除……外"的用例比元明时期减少,主要与递进性逻辑算子(如"还"、"并"、"又")表示追加用法,与总括性逻辑算子(如"俱"、"一概"、"一齐"、"所有")连用表达排除功能。

框式结构"除……之外"自晚唐五代时期萌发,便和否定性(如"不"、"无")及总括性(如"皆"、"积")逻辑算子连用,用例超过了"除……以外",还扩展出"除此之外"的固定搭配。到宋代,由于当时框式结构"除……外"的大量发展,"除……之外"发展缓慢,用例非常少;到元明时期,"除……之外"用例仍不太多,主要与否定性(如"无")、递进性(如"又")逻辑算子连用,"除此之外"仍作为固定短语使用,用例也不多。到了清朝,"除……之外"的用例大大增加,用法也丰富起来,成为"除"类框式结构中使用频率更高的结构。除了单独使用表示排除外,和否定性(如"不"、"无"、"未"、"没有")、限定性(如"只")、总括性(如"都")、关系性(如"便"、"就")连用表达排除功能,还大量和递进性(如"又"、"还"、"另外"、"另"、"也"、"亦")连用表达追加功能。固定搭配"除此之外"除单用外,也可以和限定性逻辑算子(如"只有")、否定性逻辑算子(如"没有")、总括性逻辑算子(如"都")连用表达排除功能。

框式结构"除……以外"在中古时期的佛典文献中就已出现,和否定性逻辑算子"无"连用,在唐五代时期除与否定性逻辑算子(如"不")连用外,还单用或者和分指性逻辑算子(如"分")连用。不过与结构"除……外"和"除……之外"相比,用例不多。随着"外"和"之外"虚化程度的提高,排除义"以外"逐渐少用起来,随之相关的框式结构"除……以外"在宋朝、元明时期少见,仅在清朝偶然出现。

　　我们将"除"及其框式结构在各个时代的使用频率进行对比,如 6.6 表所示。

表 6.6　"除"及其框式结构在各朝代的使用频率对比图

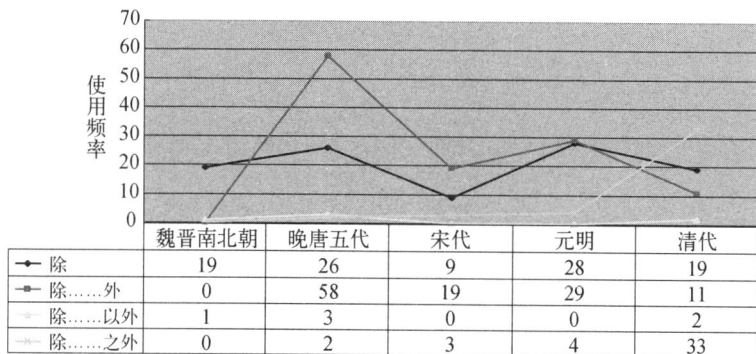

	魏晋南北朝	晚唐五代	宋代	元明	清代
除	19	26	9	28	19
除……外	0	58	19	29	11
除……以外	1	3	0	0	2
除……之外	0	2	3	4	33

　　由此可见,在"除"及其三个框式结构中,魏晋南北朝时期以"除"为主,晚唐五代时期框式结构"除……外"用例猛增,成为首选的框式结构,其次是"除","除……以外"与"除……之外"都用例不多;在宋代,"除……外"用例较晚唐五代时期减少很多,但仍占绝对优势,"除"的用例也较晚唐五代时期大大减少,"除……以外"几乎消失;到了元明时期,"除……外"和"除"的用例都有所回升,用例频率不相上下,"除……外"稍占优势,"除……之外"用例仍然不多;到清代,"除……之外"用例猛增,超过"除"稳居首位,"除"居于次位,"除……外"用例大大减少,"除……以外"的使用频率最低。

　　"除"及其三个框式结构在各朝代中表现出来的增减趋势实际上反映了它们相互竞争的结果和语法化程度。同时,也与"外"、"以外"和"之外"的语法化程度有关,与同时期出现的"除了"等新词的发展有关。

6.2.2.2　除非、除是;除非是、只除、只除了;只除非、只除是、则除是

　　"除非"在晚唐五代时期以排除性介词功能为主,多和否定性(如"无"、"不")、关系性(如"即是")、疑问性(如"谁"、"何")等逻辑算子

连用表达排除功能,并在此时也萌发除作条件连词的用法,如框式结构"要……,除非",在晚唐五代的佛典文献中还有框式结构"除非……方"的用例表示条件连词的用法。到宋代的笔记体、语录及戏曲平话文献中,"除非"几乎无排除性介词的用法,主要作为连词使用,一方面继承了晚唐五代禅宗文献中"除非……,方"的句式用法,另外还产生了新的句式"除非……便"、"若要……除非",在宋代的禅宗文献中,"除非"还保留了排除性介词的用法,但用例也很少。到元明时期,"除非"的排除性用法虽没有完全消失,但用例不多,在调查语料中只有 3 个用例。其连词功能得到发展,除单用外,还有句式"(若)要……,除非"、"不……,除非"、"除非……,方"、"除非……才"、"除非……必"等。到清代后,"除非"的排除性介词用法有所增加,和否定性(如"不"、"不可"、"没有")、关系性(如"或是")连用表达排除功能,和递进性(如"再")连用表达追加功能,但它的连词用法更加成熟,而且其使用频率大概是作为介词用法的 2 倍。句式多为"若要/如要……,除非……,方才/才/方可"、"若要/要……,除非"、"欲……,除非"、"除非……才"等。

　　"除是"较早出现在东汉汉译佛经中,不过用例很低,它的发展期大概仍是在晚唐五代时期。除了发展出排除性介词功能外,"除是"在晚唐五代时期也萌发了连词功能,主要有"若……,除是……"的句式。到了宋代,"除是"的排除义介词用法无明显发展,但其连词性用法发展迅速,其使用频率略低于同时期"除非"的连词性用法("除是"9 例,"除非"14 例),几乎相当。其主要句式有"要……,除是"、"除是……方/则"。到了元明时期,其连词性用法继续发展,使用频率上和"除非"势均力敌("除是"21 例,"除非"22 例);继承了句式"若/要……,除是"的用法,且多为单用,结构上大多是"结果在前,条件在后",而且多为消极条件,从反面强调条件的不可缺少性。到了清代,"除是"的使用频率则直线下降,在所调查语料中共 4 例,其中 2 例是表示介词性的,2 例是连词性的。同时期的"除非"(共 26 例)最终稳中求胜。

产生于宋代的有"除非是"、"只除"和"只除了"。其中"除非是"是由"除非"和表示强调语气的"是"组合而成的,在语法功能上相当于"除非",兼有介词和连词的双重功能,到宋代晚期,"除非是"连词功能的使用频率高于介词功能的使用频率。到元明时期,虽有"除非是"和疑问性逻辑算子"谁"连用表达排除性介词功能的个别用例,但此时期"除非是"已经发展为一个成熟的连词了,句式主要有"除非是……,方才"、"要……,除非是"、"待……,除非是"、"若是……除非是"等。在清代,"除非是"已发展为成熟的条件连词,我们只找到了1例"除非是"作排除性介词的用例,其他的用例都是"除非是"作条件性连词的用法,主要形式有"要/待要/若要……,除非是"、"若(说)是……,除非是"、"除非是……才(方才)"、"除非是,即可"等。

"只除"是宋代在"除"的基础上加上"只"形成的,在产生之初是一个排除性介词,如句式"只除……乃是",但用例非常少。到元明时期,其介词功能略有发展,增加了和总括性(如"尽"、"皆")、关系性(如"便")逻辑算子的连用,表达排除功能,但是用例仍不多。同时,萌发出连词功能,并且发展迅猛,在使用数量和形式上都非常丰富,"只除"在元明时期已经虚化为一个成熟的表条件性的连词。除大量单用外,常用句式为"只除……方才/才/便/方"、"只除……可/可以/必"、"要……只除"等。但到清代,"只除"的用例大大减少,其介词功能和连词功能的使用频率差不多。

"只除了"在宋代是在"除了"的基础上再加上"只"的结果,产生之初也仅作为排除性介词运用,其中"只"表示强调。虽用例不多,但已经和"外"、"之外"组成框式结构。在元明时期,其介词用法也发展缓慢,而且刚产生的框式结构有消亡之嫌。但是和假设性逻辑算子"若"连用萌发了其连词功能的用法。到了清代,其排除性介词用法稳步发展,用例稍有增多,可单用,也可和关系性(如"或是")、总括性(如"俱"、"都")、否定性(如"无不"、"没有不"、"不")、递进性(如

"再")等逻辑算子连用表达排除功能和追加功能。

"只除非"是明代新产生的复合虚词,是"除非"与范围副词"只"的组合。"除非"是正面的直接进行排除,而限定性范围副词"只"是从反面间接地进行排除,因此二者共同具有的"排除"义为二者的结合提供了语义基础。但是一正一负的组合削减了"除非"自身的直接排除义,在具有加强唯一性语气作用的"只"的强化下,"只除非"在语义上倾向于表达"只有",因此便主要继承了"除非"作为必要条件连词的用法,既可以单用,又可以构成句式,如"(若)要……,只除非"、"只除非……方才/方"、"只除非……便"等。不过到了清代,其表连词的功能略有萎缩,在使用频率上不占优势。仍可以单用,或者构成句式"只除非……才/方才"、"若要……,只除非"等。

当"则"和"除是"连用时,"则"的功能是对"除是"进行强调,因此"则除是"无介词用法,仅是一个条件性连词。使用频率上和"只除非"差不多,略低于"只除是"(其中"只除非"在元代作为连词共17例,"只除是"共21例,"则除是"共18例)。不过到清代后就消亡了。

"只除是"是元明时期新出现的复合虚词,似于"除是"。"只"在语义和语法功能上与"则"相似,是对"则"的一种替换,也表示进一步强调。"只除是"的形成路径与"只除非"相似,可以看作是"只+除是=只除是"的过程。不过与"只除非"略有不同的是,"只除是"除了主要作连词外,也继承了"除是"的介词用法。这可能是由于表强调语气的"是"在某种程度上抵消了表强调语气"只"的作用。作条件性连词时的主要句式有"若(要)……,只除是"、"欲待要……,只除是"、"只除是……,方/便"等;作排除性介词时主要与否定性(如"不")、疑问性(如"怎")、递进性(如"又")等逻辑算子连用,用例不多。"只除是"到清代后逐渐消亡了。

关于四字复合虚词"只除非是",我们在清代找到了"只除非是"的几个用例,其中有作为排除性介词单用的,也有1例作为条件性连词的,框式结构为"只除非是……方才"。

6.2.2.3　"除却"和"除了"

"除却"产生于晚唐五代,是一个并列式合成动词虚化而来的排除性介词。表达排除性介词功能时既可以单用,也可以和否定性(如"不"、"无"、"莫"、"未"、"没")、疑问性(如"何"、"谁")、关系性(如"便是"、"即")、总括性(如"尽")等逻辑算子连用形成句式。另外,由于和条件性逻辑算子"若"的连用,"除却"也萌发了连词的用法,句式如"除却……若"、"若……除却"等。框式结构"除却……外"也在这一时期产生,并与递进性(如"又")、否定性(如"不")、疑问性(如"何")逻辑算子相连用。在宋代,"除却"的动词性用法和介词性用法并存,其中以动词性用法为主,其介词性用法较晚唐五代时期减少。继承了和关系性逻辑算子"便是"连用的用法,发展出和递进性逻辑算子"更"、限定性逻辑算子"只"连用的用法。而且由于受到"除非"连词作用的制约,"除却"几乎没有连词性用法了。在元明清时期,"除却"的排除义介词用法减少,从所调查的语料中,只见和疑问性、否定性、关系性逻辑算子连用的句式,未见和其他逻辑算子连用的句式。

产生于宋代的"除了"可看作是对"除却"更替的结果。其中"了"的动态助词义是从其表"完了"、"了结"、"终了"义的动词"了"虚化而来的。"除了"一经产生,便迅速发展起来,不仅和总括性(如"皆"、"统")、关系性(如"便"、"是")、递进性(如"亦"、"犹")、限定性(如"只")逻辑算子连用形成句式,而且还产生了框式结构"除了……外"及"除了……之外"。在元明时期,"除了"的使用频率有明显增长,大量单用外,还和否定性(如"无"、"不")、总括性(如"俱"、"都")、递进性(如"还"、"也"、"在")等逻辑算子连用。框式结构"除了……外"偶有使用,"除了……之外"很少运用。到清代,"除了"更加成熟,与其连用的逻辑算子在类型和数量上都大大超过了以前,而且使用非常频繁。同时,框式结构"除了……之外"也迅速发展起来,成为主要的形式之一。"除了"还出现了大量单用的用例,这说明在清代,"除了"

可以不需要其他逻辑算子的协助独自表达"排除"义,它已完全虚化为一个排除义介词了。

6.2.2.4　小结

6.2.2.4.1　发展辐射图

通过分析"除"及"除"类词各成员的历时发展过程,我们可以将其大概的发展辐射过程大致表现如图6.1所示。

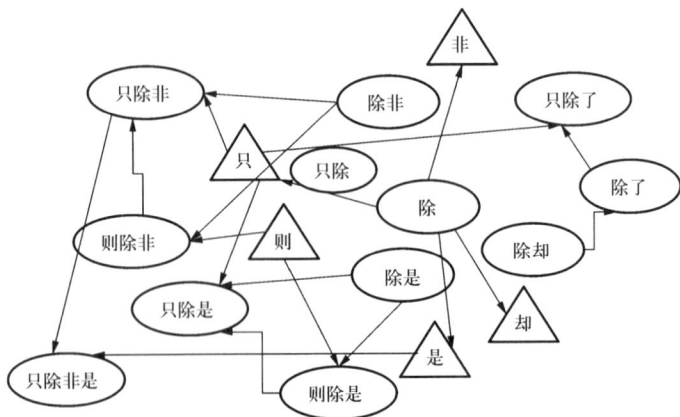

图6.1　"除"类成员的发展辐射图

图例解释:

1. 三角符号里的"只"、"非"、"则"、"却"、"是"或与"除"具有相同的语义基础,或从另一个角度表示强调,它们作为一个重要因子,在语法层面上与"除"相结合,引发了"除"类词的产生;

2. 椭圆符号里的"只除"、"除非"、"则除非"、"除是"、"则除是"、"只除非是"、"除却"、"只除了"是三角符号里的因子在语义基础上与"除"在语法层面上相结合的结果,其中用单箭头表示方向;

3. 椭圆符号里的"只除非"、"只除是"、"除了"是对"则除非"、"则除是"、"除却"的替代。

6.2.2.4.2　"除"类成员内部的差异性

通过对"除"类词各个成员历时发展历程的梳理,我们发现"除"类词内部各个成员间存在内部差异。

第一,产生时期不同。其中"除"产生时间最早,在上古时期便已有萌芽,但虚化速度较缓慢,直到魏晋南北朝时期才正式虚化为介词。"除是"萌芽于东汉,但发展期在晚唐五代,"除非"、"除却"都产生于晚唐五代时期,"除了"、"除非是"、"只除"和"只除了"产生于宋代,"只除非"、"只除是"和"则除是"产生于元代,且到清代便消亡了。"只除非是"产生于明代,到清代几乎消失。

第二,使用频率不同。从我们调查的结果来看,"除"一共有249 例,"除了"145 例,"除非"87 例,"除却"73 例,"除掉"54 例,"只除"53 例,"除非是"46 例,"除是"38 例,"只除非"29 例,"只除是"26 例,"则除是"18 例,"只除了"12 例,"除去"8 例(另动词性有 40 例)。"只除非是"5 例,"除却了"1 例。可见,"除"和"除了"是"除"类词内部成员中使用频率最高的两个。其次是"除非"和"除却",再次是"除掉"、"只除"、"除非是"、"除是","只除非"、"只除是",然后是"则除是"、"只除了"和"除去",使用频率较低的是"只除非是"和"除却了"。

第三,功能不同。除了在元明时期偶然见到的 1 例"除"作为条件连词的孤例外,"除"和"除了"自从虚化出排除义以后,不论是否与"外"类词结合构成框式结构,"除"和"除了"都是一个排除性介词,以"排除特殊,强调一致"的排除功能为主,同时兼有"排除已知,补充未知"的追加功能。"只除了"虽然产生较晚,但与"除了"一样,都只有介词性排除功能。"除非"、"除却"和"除是"在产生之初都兼有介词和连词双重功能,不过"除非"的连词功能自宋代以后远超过介词功能,这不但成为"除非"的主要语法功能,更使得"除非"成为"除"类词表条件性连词用法的各成员中的佼佼者。而"除却"的连词功能自宋代后逐渐消亡,但是其介词用法也逐渐衰弱。"除是"自晚唐至元明期间一直兼具介词和连词的双重功能,不过其连词的使用频率略高于其介词的用法,但到清代其连词功能逐渐弱化了。"除非是"自宋代产生到清代,也一直兼有介词和连词的双重功能,不过其连词功能逐渐增强,远超过介词功能。"只除"在宋代仅有介词用法,不过用例较少;到元明时期引申出了连词的用法,并且在此时期由于使用频率猛增,使用形式特别丰富而达到顶峰,但是到清代以后其连词用法逐渐减弱。产生于元明的"只除是"也是兼有介词和连词双重功能,其中以连词功能为主,不过到清代以后,这两种功能能逐渐消亡。同样产生于元明时期的"只除非"和"则除是"都只具有连词功能,不同在于"只除非"到清代继续使用,而"则除是"在清代逐渐消亡。

第四,音节差异。其中"除"是单音节,"除非"、"除是"、"除却"、"除了"、"只除"、"除去"都是双音节,"则除非"、"则除是"、"只除非"、"只除是"、"除却了"、"除非是"都是三音节。不过三音节的词到清代后大多数都消亡了,虽然"只除非"仍继续使用,但到现代汉语中也早已无踪迹,最终能发展到清代并且沿用至今的仍以双音节为主。在"除"类成员中,还有些较固定的四字短语,如"除此以外"、"除此之外"、"出此之外"、"出此已外"等,都表示"除了这个以外",经过历时演变中同义词的竞争,最终"除此之外"和"除此以外"获胜。

6.2.3　演变机制的探索

综观"除"及其"除"类成员的产生和语法化过程,主要有以下几种机制共同作用:

6.2.3.1　语义认知机制:隐喻机制

赵艳芳(2001)指出,"语言形式层面上可以分为名、动、形容词等,但在语义和认知层面上,名词并不只是表示事物,也可以表示过程或动作。"①因此从认知语言学上来看,我们可以将过程和动作看作事物。Lakoff(1989)认为,隐喻是从"源域"向"目标域"的跨域映射。这种映射遵循的原则是:隐喻映射保留源域的认知布局,又在某种程度上与目标域的内在结构保持一致。也就是说,两个域之间必须对应。

———————————

①　赵艳芳:《认知语言学概论》,上海:上海外语教育出版社,2001。

就"除"而言,其本义是"宫殿的台阶",因此"台阶"是它的源域,当我们上、下台阶的时候,走一个台阶就会少一个台阶,也就是"去除"了一个台阶。这样,我们就把"源域"(具体事物"台阶")向"目标域"(抽象动作"去除")进行了跨域映射,即当我们关注的焦点由事物"台阶"本身转换为"上下台阶"的动作及其产生的结果时,动词"去除"义便自然而然产生了,并且一直作为"除"的基本义贯穿古今。

"去除"义作为"除"的基本义,可以看作"除"的"动作域",当我们"去除"某一事物时,其实是将这一事物从某一个范围中排除出去,因此就将"动作域"与"范围域"建立了某种联系,当我们从"动作域"向"范围域"进行映射的时候,表示"不计算在内"的介词"除"的出现也就在情理之中了。

由此可见,"除"由名词>动词>介词的语法化过程其实是从"事物域">"动作域">"范围域"不断映射的过程。目标域越来越抽象,其所显现的语义也越来越抽象。因此,隐喻机制是"除"语法化为排除性介词的重要语义认知机制。

6.2.3.2　语法化机制:重新分析和类推

重新分析是语法化和词汇化过程中的一个重要机制,Langacker(1977)对其进行的界定是:"重新分析是一个表达结构的变化,不会立刻改变表层形式,常常导致成分之间边界的创立、迁移或者消失。"("change in the structure of an expression or class of expressions that does not involve any immediate or intrinsic modification of its surface manifestation.")①而"类推"则是"结构关系的泛化"②。我们认为"除"及"除"类词的语法化过程是重新分析和类推作用的结果。

---

① Charles N. Li. *Mechanisms of Syntactic Change*, Texas: University of Texas Press,1977. P57-139

② Paul J. Hopper and Elizabeth Closs Traugott. *Grammaticalization* (second edition). the United Kingdom at the University Press: Cambridge.2003.

1. 动词向介词的语法化过程

在"除"类词中,"除"、"除去"、"除却"、"除掉"等在产生之初都是动词,都具有动词"去除"义,而双音节复合词"除去"、"除却"、"除掉"的形成又与"去"、"却"、"掉"自身具有的动词义"去除"有关,是一种同义组合。

根据前面对"除"的详细论述,我们知道"除"在虚化过程中的第一步源于其语法位置的变化和语义的抽象化。在上古初期,"除"多与带有贬义色彩的名词相连,其"消灭生命或改变位置"的"去除"义动作性很强,后来其动作涉及的对象逐渐由贬义性名词向中性名词甚至向抽象名词扩展,这使得"除"的动词性减弱,逐渐由具体的"消灭生命或改变位置"义引申出模糊的"使某个对象不靠近,排除在外"之义。这为"除"的语法化提供语义基础。另外,上古常见的"除 V"结构也较多转变成"V 除"结构,"除"说明主要动词 V 动作行为的结果,再加上进入连动结构中,使得它在语法位置上进一步由主要动词变成次要动词,由陈述的焦点转化为对另一个谓词性词语起修饰作用。至此,"除"由一个动作性强的普通动词演变为动词性弱的次要动词。完成这一轮的重新分析后,"除"继续虚化。而这第二步的关键就是进入了与"外"相连的框式结构中。"外"在魏晋南北朝时期受到整个方位词系统的平移的影响,开始由方位后置词虚化为范围后置词,表示"排除"义,而"除"与"外"都具有的"排除"义隐含因子,使得二者的相连成为可能,"除"成为框式结构中的前置词,再加上它们与其他逻辑算子的连用,更加巩固了这种排除义,因此"除"由次要动词逐渐又失去了动词的语法特征,最终虚化为介词了。所以"除"的语法化路径大概为:普通动词>次要动词>次要动词失去动词的语法特征>介词。不过"除"刚语法化为介词时还不太成熟,判定其是否成熟,还要考虑到使用频率。据我们统计,"除"在魏晋南北朝时期刚虚化为介词时仅有 12 例用例,而到晚唐五代时期猛增为 85 例,因此"除"作为介词成熟于晚唐五代时期。

其他双音节复合词"除去"、"除却"、"除掉"也基本经过了这样一个语法化的过程,不过比"除"要简单一些。

因此,在"除"类成员由动词向介词的语法化过程中,语义、句法位置、使用频率这三个因素缺一不可,其中语义是基础,句法位置是关键,使用频率是保证。而在句法位置方面,它们遵循的是时间的一维性原则。正如石毓智(1995)所说:"在时间一维性的作用下,那些语义范畴与动作行为特征密切相关的动词,经常用作次要动词,长期使用的结果退化掉了与指示时间信息有关的动词句法特征,最后演变成了介词。"①

2. 介词向连词的语法化过程

在"除"类词中,"除非"、"除却"、"除是"、"只除"、"除非是"、"只除是"都兼有介词和连词双重功能,并且连词功能是由介词功能引申而来的。

先看"除非"的语法化过程。如我们前面所论述的,"除非"的形成可看作是框式结构"除……外"与"非……不"叠加套用的结果。二者之所以可以套用,是因为深层语义的相近性。"非……不"自先秦产生时起,就是一个非常活跃的句式,主要表示唯一性条件,即间接排除其他一切条件的可能性;而"除……外"在魏晋产生后,成为直接排除某种条件的代表,二者在深层语义上都隐含了[＋否定]和[＋排除]的语义,具有紧密的语义相关性。

"除非"在产生之初,不仅可以进入框式结构"除非……以外",还和否定性、疑问性、排除性、关系性逻辑算子连用。其中疑问性的逻辑算子(如"谁"、"何"等)多用于反诘语气,"谁"、"何"自身的疑问性削弱,转化为表示任指性的代词,与"除非"相连后表示"除了……以外,任指人/事物都……"。而"除非"与关系性逻辑算子"即是"连用形成的"除非……即是"表面上看是一种析取关系,即"除了 A 就是

---

① 石毓智：时间的一维性对介词衍生的影响,《中国语文》,1995(1)。

B",可能性不在"A 和 B"的范围之外,但从一个更高的层面上看,它实际上是将"A 和 B"作为一个整体,(表假设)并从其他可能性中排除、凸显出来,因此可以看作是一种更高层面的排除关系。因此,无论是否定性、疑问性还是排除性、关系性的逻辑算子,它们具有一个共同的功能,即凸显出一个范围,具体说就是凸显一个与排除对象相补充的剩余对象的范围,并凸显排除对象和剩余对象之间的关系,"突出排除对象的特殊性,强调剩余对象的一致性"。因此在这些逻辑算子的制约下,"除非"具有了排除性介词的功能。

而当与"除非"连用的逻辑算子不再凸显范围后,"除非"便进入了重新分析的进程。这类的逻辑算子主要是引导一个假设性的结果,如"若"、"要"、"方",语义为"如果要产生某种结果,只有具有某种条件"或"只有在某种条件下,才能产生某种结果"。在这种逻辑算子的制约下,"除非"便逐渐引申出"只有"的条件义了。如我们所说,"只有"义和"排除"义在深层语义上是相通的。因此"若/要……除"所表达的"如果要产生某种结果,只有具有某种条件"语义其实是经过了"如果要产生某种结果,除了某种条件外,其他的一切条件都不可以"的过滤后产生的引申义。因此介词"除非"很自然地语法化为"只有"义的连词了。

另外,"除是"的连词性质,据席嘉(2010)推测:"'除是'表示必要条件是词内成分'是'直接附着于连词 '除'产生的。理由有三:一是条件连词'除'和'除是'大致都出现于晚唐五代时期;二是介词'除'一般不能与'是'组合,不可能是'除是'的来源,而连词'除是'的'是'最初就不表判断。三是'是'在唐宋时期已经常用作连词的词内成分,产生了'只是'、'既是'、'若是'等一批连词。"①我们不同意这样的推测。因为:第一,虽然条件连词'除'和'除是'大致都出现于晚唐五代时期,但是"除是"在此之前已有表介词的用法,和递进性逻辑算子

① 席嘉:《近代汉语连词》,北京:中国社会科学出版社,2010。

"又"连用表示追加功能,因此"除是"可以看作是对介词"除"的一种继承。第二,"是"在唐宋时期的确已经常用作词内成分,如"只是"、"既是"、"若是"等,但是在晚唐五代时期,"是"还没有完全虚化为词内成分。以"若是"为例,根据董秀芳(2004)①的考察,"若是"在唐代仍是两个分立的单位,"'若'是一个连词,而'是'是一个判断词,其前面有一个主语,这个主语或者与'若是'在一个小句中,或者在前文中出现,因而在该小句中以零形式出现。"如"汝若是神,速听明教,若是鬼魅,何敢相干?(唐·载孚《广异记·狄仁杰》)"、"若是女,当为天子。(唐·刘肃《大唐新语》卷13)"而"除"在晚唐五代佛典文献中萌发了作连词的用法,形式为"若要……,除","除是"便在"除"的类推下也由其介词性萌发出连词的用法,其形式为"若……,除是"。由此看来,"除是"的介词性和连词性都是在"除"的类推下产生的,但是它的连词性并不是由连词性"除"直接产生的,仍是在"除是"介词性的基础上,在"除"连词性的类推下产生的。

　　"除非是"的虚化路径与"除是"大致相似,其他如"只除"、"只除非"、"只除是"、"则除是"的虚化路径在前面章节中都已详述,这里不一一赘述。

6.2.3.3　小结

　　通过以上分析可以看出,在"除"及"除"类成员总体上从动词>介词>连词的语法化过程中,隐喻的认知机制、重新分析和类推的语法化机制都起到了不可忽视的作用。但是,在语法化进程中,一个词的动词性、介词性或连词性的界限并不是截然分明的,这是由于语法化的过程是渐进性的,旧的重新分析结束后可能会进入新一轮的重新分析,再加上使用频率的影响,在某个时期内,一个词的动词性和介词性,或者介词性和连词性会并存。

---

　　①　董秀芳:"是"的进一步语法化:由虚词到词内成分,《当代语言学》,2004(1)。

6.3　间接排除表达形式"非"类句式的历时发展过程及演变机制

　　汉语史上表达间接排除范畴的形式主要有"非"和"自非"两个，其中"自非"产生于魏晋南北朝时期，并有较大发展，几乎能进入和"非"相同的句式中，但宋代以后大大削减，元明时期仅有少数用例，到清代几乎完全消亡了。这可能与"自非"自身的文言色彩有关。因此，只有"非"是贯穿古今的最具代表性的间接排除范畴表达形式。在这一节，我们以"非"为例，探讨它和其他逻辑算子连用构成句式所具有的排除义的使用情况和使用机制。

6.3.1　"非"与否定性逻辑算子连用的机制及使用情况

　　"非"作为间接排除范畴的主要表达形式，与否定性逻辑算子的连用是最早、也是最常用的，并一直沿用至今。在上古时期，"非"多为否定性副词，表"不"义，但是和相关逻辑算子连用形成句式后，句式的整体义具有的"排除"语义，便赋予"非"以新的语义，具体分析如下：

6.3.1.1　句式的形成机制

　　"非"和否定性逻辑算子连用形成句式，由于句式本身具有语法意义，所以句式"非 X 不（弗/勿/无/莫）K"有独立于否定性副词"非"的整体意义，即"如果不是 X 就不能 K"，而这种语法意义是在其表层结构"双重否定"和深层的假设条件"如果……就"的共同作用下形成的，并与排除范畴建立了联系。

　　先看深层结构。在逻辑学中，如果有事物情况 A，则必然有事物情况 B；如果没有事物情况 A，则未必有事物情况 B，那么 A 就是 B 的充分条件。我们在生活中常用"如果……就"、"若……则"等表假设条件的框式表示充分条件，因此在"非 X 不（弗/勿/无/莫）K"中，"X"是"K"产生的充分条件。以下面这句话为例：

　　（365）且至言忤于耳而倒于心，非贤圣莫能听。（《韩非子·难言

第三》)

"非圣贤莫能听"的深层结构就是,"如果是圣贤,就一定能听"。可见,"圣贤"是产生"听"这种结果的充分条件。

再看表层的双重否定结构。在逻辑学中,如果没有事物情况 A,则必然没有事物情况 B;如果有事物情况 A 而未必有事物情况 B,那么 A 就是 B 的必要而不充分的条件,简称必要条件。我们在生活中常用"只有……才"、"不……不"表示必要条件。仍以上面的例句为例,"非圣贤莫能听"的表层结构表达的意思是,"如果不是圣贤就一定没有人听",即如果没有事物情况 A("圣贤")就必然没有事物情况 B("听"),可见"圣贤"是产生结果"听"的必要条件,可以表示为,"只有圣贤才会听"。

深层结构所衍生出的充分条件和表层结构所衍生出的必要条件相结合,就产生出充分必要条件。在逻辑学中,如果有事物情况 A,则必然有事物情况 B;如果没有事物情况 A,则必然没有事物情况 B,那么 A 就是 B 的充分必要条件。因此我们可以把例句分析为:

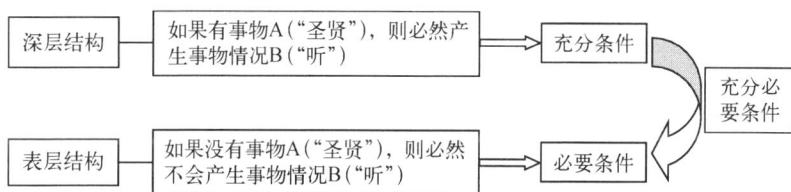

图 6.2

在句式"非 X 不(弗/勿/无/莫)K"中,"X"就是"K"的充分必要条件。当我们选择"X"作为"K"的充分必要条件时,其实是在心中已有的预设范围中从反面将其他与此条件不符合的一切条件排除后的结果,即在例句中,说话人是将心中已有的在"人"这一整体范围内将"圣贤"这种人作为特殊的一类凸显出来,然后将其他一切与之不同类的人都排除掉。在这个过程中,"排除"起了凸显特殊类的重要作用,并将这种句式的"条件关系"和"排除范畴"建立了联系,因此句式"非 X 不(弗/勿/无/莫)K"可以看作间接排除范畴的表达形式之一。

6.3.1.2　句式中否定性逻辑算子的历时使用情况

我们将句式中否定性逻辑算子在各个朝代的历时使用情况进行整理,见表6.7。

表6.7　否定性逻辑算子在句式中的历时使用情况及使用频率总结

	先秦	两汉	魏晋—初唐(传世/佛典)	晚唐五代(史书/口语俗文学)	宋代(笔记体、语录及戏曲平话文献/禅宗)	元明	清代
不	23	14	62/22	84/7	46/15	33	7
弗	1		1	1			
勿	4			3	17	1	
无	4	8	4	13/1	5/3		1
莫	8	4	6/3	2	4/5	6	
毋	2	2					
罔			0/1				
不可		2			3	7	4

从上表可以看出,在上古时期,"非"就与否定性逻辑算子频繁连用表示"排除"的句式义,其中否定性逻辑算子种类繁多,以"不"为主,其次还有"莫"、"无"、"勿",另外"弗"、"毋"也偶尔运用,并出现了框式结构"非……不可"。而且,"非"还可以被同音或近义的"匪"、"微"、"不"所替换形成句式。中古时期是"非"与否定性逻辑算子大发展的时期。这个时期,无论是魏晋南北朝还是晚唐五代,"不"的使用频率猛增,仍居于所有否定性逻辑算子成员之首,"无"、"莫"仍居次位,"勿"、"弗"使用频率最低。其中上古偶尔用的"毋"在两汉以后逐渐消失,由同音同义的"勿"完全替代。到近代汉语时期,"不"的总体使用频率较中古时期有所下降,但仍在否定性逻辑算子所有成员中占绝对优势,其次是"莫",而"无"已较少使用,这是因为"没"和"没有"已经替换了"无",但是由于文体和音节的关系,又不和"非"搭配。"勿"也运用较少,仅是上古和中古汉语的遗存形式。框式结构"非……不可"已完全固定,框式结构"非……不行"也基本定型,不过

其中间可插入的成分还较少,多以"非钱不行"为例。

6.3.2　"非"与疑问性逻辑算子连用的机制及使用情况

6.3.2.1　句式的形成机制

我们认为句式"非……谁(孰、庸、何、曷)"具有"除了排除对象,所有人都不(什么都不、怎么都不)"的整体意义,也可以看作排除范畴的特殊表达形式之一,其中特指性疑问代词"谁、孰、庸、何、曷"等由于反诘语气成为表任指的逻辑算子。我们认为这种具有排除义的整体意义的形成关键有三步:第一步是这类特指性疑问代词在反诘句式中的任指用法;第二步是反诘句式所具有的否定功能;第三步是句式"非(自非)……谁(孰、庸、何、曷)"深层的唯一性语义。下面我们将从这三步分别阐述。

在阐述之前,先引入一个概念:"特指性反诘句式"。

我们把带有特指性疑问代词的反诘句式称为特指性反诘句。特指性反诘句是特指性疑问句和反诘句的融合,所以在特点和用法上受到二者的影响和制约。其中,特指性疑问句是用疑问代词或由它组成的短语来表明疑问点,属于强势问句,所以要求对方必须针对疑问点给予特定的回答。而用来表示反诘的反诘句式不需要回答,所表达的确切含义寓于问话的反面,即否定句用反诘语气说出来就表达肯定的内容,肯定句用反诘语气说出来就表达否定的内容。因此作为特指性反诘句,就既要在形式上有所否定(肯定的变为否定,否定的变为肯定),还需要对特指部分(疑问点)进行否定。

1. 第一步:反诘句式中特指性疑问代词的任指性

我们知道,"'疑问'表达的是非线性的、超结构的语法范畴,是一种属于全句的功能范畴。"[①]疑问代词在本质上具有[疑问]和[不定]的语义特征,表明疑问点,说明说话人心中有一个关于人、事物、情

---

① 徐杰、李英哲,焦点和两个非线性语法范畴:"否定""疑问",《中国语文》,1993(2)。

况、方式等的预设范围,只是不明确在这个预设范围内具体是哪一个人、哪一件事、哪一种情况、哪一种方式,所以要求对方必须针对疑问点给予特定的回答,因此承担"传疑"功能,但是"询问"的功能则要由句子重音、疑问语调、疑问语气词等因素来共同决定。

在反诘句式中,反诘句式的反诘语气决定了这种句式不需要回答,说话人实际上已对疑问信息有所了解,因此疑问代词在反诘句式中实际上已经丧失了[疑问]的特征,其传疑功能淡化,变成了"无疑而问"。而疑问代词本身便由"指代一定预设范围内的特定的某个人、某件事、某种情况、某种方式"转变成"指代一定预设范围内的任何人、事物、方式、情况",从而被赋予了任指性,可以说成"任何人都、任何事物都、任何方式都、任何情况都"等。因此反诘句式是特指性疑问代词衍生出任指性指代功能的关键。

反诘句式的反诘语气之所以可以决定这种句式不需要回答,是因为反诘语气消解了疑问代词自身具有的[焦点]特征[1]。疑问代词自身固有一个[＋焦点]特征,在现代汉语中,如果一个句子包含有疑问代词,那么只有这个疑问代词才可以加焦点标记"是",[2]如:

(366) 谁喝了我的水? ——是谁喝了我的水?

(367) 你怎么来的? ——你是怎么来的?

但在反诘句式中,疑问代词前不能加"是"来标记它的疑问性焦点特征了,这说明在反诘句式中疑问代词丧失了焦点地位,其[焦点]特征被反诘语气消解掉。如:

(368) 谁能不知道呢? ——＊是谁能不知道呢?

(369) 你怎么来得了? ——＊你是怎么来得了?

---

①　石毓智、李讷(2001):"我们认为,疑问代词的固有词义里含有一个焦点特征[＋F],而一般词语的焦点特征是根据所使用的语言环境决定的。"(《汉语语法化的历程》,北京大学出版社)

②　石毓智:《语法的形式和理据》,南昌:江西教育出版社,2001。

2. 第二步：反诘句式所具有的否定功能

关于反诘句式的否定功能，语言学界很早就有论述。如王力（1950）：“反诘语可以当否定语用，这是很自然的道理，不过反诘语的语意更重罢了。”吕叔湘（1982）：“反诘实在是一种否定的方式：反诘句里没有否定词，这句话的用意就在否定；反诘句里有否定词，这句话的用意就在肯定。”[①]他们指出反问句的主要特点是意在否定，这一点极为重要，因为它揭示了反诘句式的表层结构形式与深层语义内容的不一致性以及两者之间的纽带。在整个反问句式的深层结构中存在着“肯定—否定”的相互转化机制。

如反诘句式“谁知道他会来呢”的深层语义预设应该是“有人知道他会来”，而反诘句式的反诘语气通过否定句子的深层语义预设来强化否定功能，即“没有人知道他会来”，再加上疑问代词在反诘句式中已获有的任指性，那么这个深层语义预设就变成了“任何人都不知道他会来”。

3. 第三步：句式“非……谁（孰、庸、何、曷）”深层的唯一性语义

因为特指性疑问代词“谁、孰、庸、何、曷”在反诘句式中具有的任指性和否定性，形成了“任何人都不、任何事都不、任何方式都不、任何情况都不”的语义，因此句式“非……谁（孰、庸、何、曷）”就转变成了“不是 X，任何 Y 都不”的语义，也就是说，句式“非……谁（孰、庸、何、曷）”的整体意义在深层语义上和“非 X 不（弗/勿/无/莫）K”取得了一致，二者是相统一的，经过前面的论述，句式“非 X 不（弗/勿/无/莫）K”整体意义上有排除义，所以句式“非……谁（孰、庸、何、曷）”的整体意义自然也具有排除义，当然可以看作间接排除范畴的表达形式之一。

4. 小结

句式“非……谁（孰、庸、何、曷）”在表层结构上是否定副词“非”

① 吕叔湘：《中国文法要略》，北京：商务印书馆，1982，第 296 页。

和特指性疑问代词的结合,但在深层语义上是将心中预设的一定范围内把一定对象作为特殊类凸显出来,并通过排除掉范围内的其他类而达到肯定说话人心目中已确定了的特殊类,而这种"凸显—排除—肯定"的心理过程是通过反诘句式的否定功能达到的。

6.3.2.2　句式中疑问性逻辑算子的历时使用情况

我们将句式中疑问性逻辑算子各成员的历时使用情况进行整理,见表6.8:

表6.8　疑问性逻辑算子在句式中的历时使用情况及使用频率总结

	先秦	两汉	魏晋南北朝—初唐(传世/佛典)	晚唐五代(史书/口语俗文学)	宋代(笔记体、语录及戏曲平话文献/禅宗)	元明	清代
谁	1	5	3/1	18/7	0/6	1	1
庸		1		1			
孰		1	3/15	16	4/2		
岂			3	2/2	1/5		
安			2	3	3	5	
何			1/2	10/1	16/8	12	
那			1	1			
如何			1		0/2	1	
胡			1				
乎			2	6/1			
欤				1			
焉				1	1	1	
奈何				1			
乌					1		

从上表可以看出:

1."谁"是疑问性逻辑算子中唯——个从古至今一直沿用的算子,也是使用最早的疑问性逻辑算子之一。它在上古时期开始使用,到中古时期达到顶峰,进入清代后使用频率下降,成为对上古和中古用法的沿用和遗存。

2. "孰"和"何"是使用频率居于其次的两个疑问性逻辑算子。其中"孰"产生早于"何",在中古时期,虽然二者的使用频率都相对较高,但"孰"的使用频率无论在传世文献还是在佛典文献中均高于"何"。到宋代后,"孰"的使用频率直线下降,"何"的使用频率反而高于中古时期,并远远高于同时期的"孰"。进入元明时期,"何"继续与"非"连用,而较少见到"孰"与"非"连用的用例了。

3. 再其次与"非"常连用的疑问性逻辑算子就是"岂"与"安"了,这与它们常引导反诘句、具有反诘语气有关。二者都出现于中古时期,在魏晋、晚唐五代、宋代三个朝代中,"岂"与"非"的连用频率都略高于"安",不过进入元明以后,"岂"就不常用了,"安"仍然使用。

4. "乎"、"焉"、"钦"这样的疑问语气词也常和"非"连用,其中"乎"的使用频率较高,"钦"最不常用。

5. 总之,在上古时期,和"非"连用的疑问性逻辑算子不多,主要是"谁"、"庸"、"孰"。中古时期是各种疑问性逻辑算子大发展的时期,不仅使用频率增高,而且使用类型更丰富,很多算子如"岂"、"安"、"何"、"那"、"如何"、"胡"、"乎"、"钦"、"焉"、"奈何"都与"非"连用形成排除义的句式。宋代以后,与"非"连用的疑问性逻辑算子在种类和使用数量上都有所下降,不过"谁"、"孰"、"岂"、"安"、"何"、"如何"、"焉"等仍和"非"形成句式继续活跃,而到元明至清代,几乎不见与"非"连用的疑问算子了,都较少运用,这主要是由于进入元明后,直接排除范畴的表达形式大大发展,间接排除范畴表达式"非"的相关句式都整体减少。

6.3.3　"非"与总括性逻辑算子连用的机制和使用情况

6.3.3.1　句式的形式机制

"皆"和"悉"是上古汉语中最早与"非"连用形成句式的总括性逻辑算子。无论是着眼于对象整体性的"皆",还是强调无一遗漏的"悉",在句式"非……皆/悉"中,"非"具有的否定语义将其引导对象的特殊性凸显出来,"皆/悉"具有的总括性或遍及性将后面引导的部分所具有的一致性凸显出来,"非"和"皆/悉"共同强化了二者引导部分的区别,使得句式在整体语义上具有"除了……,所有的都/一个一个都"的排除语义。

6.3.3.2 句式中总括性逻辑算子的历时使用情况

我们将总括性逻辑算子各成员的历时使用情况进行整理,见表6.9。

表6.9 总括性逻辑算子在句式中的历时使用情况及使用频率总结

	先秦	两汉	魏晋南北朝—初唐(传世/佛典)	晚唐五代(史书/口语俗文学)	宋代(笔记体、语录及戏曲平话/禅宗)	元明	清代
皆		5	2	14/3	3		
悉		1		2			
一切			0/1				
都				0/1			

由此可见,"皆"是与"非"连用的总括性逻辑算子中使用最早、时间最长、用例最多的一个。与其产生于同时代的"悉"次之,但在使用频率上大大低于"皆"。而"一切"由于双音节的原因,较少与"非"连用。同样始见于东汉、兴盛于六朝的"都"仅在晚唐五代时期才与"非"连用形成句式,且用例也大大低于"皆"。

6.3.4 "非"与关系性逻辑算子连用的机制和使用情况

6.3.4.1 句式的形成机制

与"非"连用的关系性逻辑算子中,使用较早的是"则"。句式"非A则B"表示"不是A就是B",很多学者都认为这是一种析取关系,表示"选择项不在A或B之外",只有这两种选择的可能性。但我们认为,这种句式义的深层含义,其实是将"选择项A和B"作为一个整体,从其他所有可选择的可能性中排除出来,从而否定其他所有的可能性,凸显"选择项A和B"的特殊性。因此这种句式是一种更高层次上的排除。

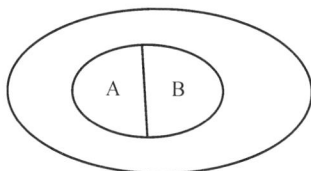

图 6.3　关系性逻辑算子展示图

从小的论域范围内,我们可以看出"排除对象 A"和"比较对象 B"其实是一种加合关系,它们在某种性质上具有共同性。但是从大的论域范围看,这个句式实际上是将"排除对象 A"和"比较对象 B"作为一个整体,以和大论域内的其他对象相区别,凸显其特殊性,因此从这个层面上看,这个句式也具有"凸显特殊性,强调一致性"的排除功能。

6.3.4.2　使用的历时情况

表 6.10　句式中关系性逻辑算子的历时使用情况及使用频率总结

	先秦	两汉	魏晋南北朝—初唐(传世/佛典)	晚唐五代(史书/口语俗文学)	宋代(笔记体、语录及戏曲平话/禅宗)	元明	清代
则	2	2	1/1	16	2/1		
乃				3			
即				0/1		9	2

可见,与"非"连用的关系性逻辑算子从古至今主要有"则"、"乃"和"即"。其中"则"是使用最早,且使用频率较高的一个,特别是在中古时期,大量使用,但到近代后基本被后出现的"即"所替代。

6.3.5　小结

间接排除范畴表达形式"非"虽然自古至今都在运用,但其内部各种形式的产生时间、使用频率、表达功能和消亡时间都不尽相同。

第一,从产生时间、使用频率和消亡时间来看,"非"和否定性、疑问性、总括性和关系性逻辑算子的连用都产生时间较早,在上古时期,特别是东汉时期就有所应用,使用频率相对较高;而且基本都到晚唐五代时期使用频率达到最高。宋代以后,逐渐递减。

第二,在表达功能上,和否定性、疑问性、总括性逻辑算子的连用都表达"排除特殊,强调一致"的排除功能,和递进性逻辑算子的连用表达"排除已知,补充未知"的追加功能,而和关系性逻辑算子的连用比较复杂,从小论域看,二者是一种加合关系,表达追加功能,但从大的论域看,则表达一种更高层面上的排除关系。总之,间接排除范畴表达式"非"表达排除功能,这与"非"自身的否定功能密切有关。

第三,从使用频率上看,"非"与各逻辑算子连用的频率由高到低依次为:否定性>疑问性>总括性>关系性。

第四,中古时期,特别是晚唐五代时期是间接排除范畴表达式"非"及其句式的大发展时期,不仅各种逻辑算子的使用频率大增,而且相连用的逻辑算子种类最全、样数最多。这是因为,同时期直接排除范畴表达式也迅猛发展,二者相互促进、相互影响。

第五,"非"及其句式的消长实际也反映了同时期直接排除范畴表达形式的消长情况和同时期其他间接排除范畴表达式的消长情况。

第7章
总　　结

7.1　直接排除与间接排除的关系

　　排除范畴表现为直接排除和间接排除两大类,是人类认识客观世界并进行总结的结果,反映了人们两种不同的思维方式。

　　直接排除是直接将预设范围内的某一对象排除在范围之外,是显性的,如典型成员"除了"类,而间接排除则是间接将预设范围内的某一对象排除在范围之外,是隐性的,如典型成员"唯独类"和"非"句式类。直接排除既可以关注排除对象与比较对象的区别和不同,强调排除对象的特殊性,具有排除功能,如"除了……不";又可以关注排除对象与比较对象的联系和共性,比较对象作为新信息对排除对象这个旧信息进行补充和说明,具有追加功能,如"除了……也"。因此直接排除兼有排除和追加功能是它关注排除对象和比较对象之间区别与联系的结果。

　　在间接排除表达式中主要分为三小类,其中,"唯独类"的表达形式主要通过"词汇"义来标记"唯一条件性",从而达到间接排除的目的;"非"类主要通过"句式"义来标记"唯一条件性",来达到间接排除的目的;"非惟"类则是这两种间接排除标记的复合,表达的是"排除已知,补充未知"的追加功能。因此在间接排除范畴内,这三小类既有联系,又有区别。其中"唯独类"和"非"句式类关注的都只是排除对象和比较对象之间的区别,因此都只表示排除功能,它们在语义上大多可以替换,但由于标记"唯一条件性"的手段不同,因此二者是互补的,不能完全相互替代。而"非惟"类关注的是排除对象和比较对象之间的联系,从而具有追加功能。

因为"唯独类"、"非惟类"除了在词语的发展和更替外,在用法上自古至今无多大变化,鉴于篇幅原因,本书中只讨论了"非"句式类的间接排除范畴形式。

总之,直接排除和间接排除反映了人们两种不同的思维模式,在语法功能上一一对应,而在语用表达上又各具特色,因此自古至今,直接排除和间接排除在共存中竞争,在竞争中共存,相互区别又相互补充。

7.2 逻辑算子对排除范畴的制约作用

无论是直接排除还是间接排除,它们的产生与发展无一不受到逻辑算子的制约和影响。

7.2.1 间接排除范畴方面

在上古时期,"非"句式类的间接排除范畴表达形式开始萌芽,由于不同逻辑算子的参与和制约,"非"类句式具有间接排除的形成路径也略有不同。

"非"与否定性、疑问性逻辑算子连用形成的句式具有独立于否定副词"非"的整体句式义"唯一性条件",这主要基于在否定性、疑问性逻辑算子的制约和影响下,整个句式具有的"假设条件义"。如我们在 6.3 中详细分析的,"非"无论与否定性逻辑算子连用还是与疑问性逻辑算子连用,其深层语义都是"如果有 A 就一定有 B"的充分条件义,表层语义都是"如果没有 A 就一定没有 B"的必要条件义,因此深层语义和表层语义相结合就产生了"A 是 B 的充分必要条件"即"唯一性条件"的综合语义。

　　而"非"与总括性逻辑算子连用时,其"排除性"的句式义主要缘于总括性逻辑算子自身具有的较强的范围义。总括性逻辑算子无论是标记一个集体概念的人或物,还是标记某种性质遍及全体、无一例外,它们都将一部分对象总括到一个范围内,自然地与其他对象划出明显的界限,将其他对象排除在此范围之外。因此"非"与总括性逻辑算子连用的句式就自然获得了"排除"义。

　　当"非"与关系性逻辑算子连用时,关系性逻辑算子提供且只提供了除此以外的另一种选择可能性,因此句式的"排除"义就来源于这种"非此即彼"的析取关系,即"如果不选择 A,就选择 B,而且只能选择 B,无其他选择性";"如果不选择 B,就选择 A,也只能选择 A,无其他选择性"。在深层语义上,此句式是将选择项"A"和"B"看作一个可供选择的范围整体,并将此整体从其他可能性范围整体中排除、凸显出来,是一种更高层面的排除。

　　我们可以看出,逻辑算子的制约作用对"非"类句式义的形成产生了巨大的影响。其中,和否定性、疑问性、关系性逻辑算子的连用,与"假设条件义"有密切关联;而与总括性逻辑算子的连用,则主要缘于逻辑算子自身带有的明显的范围义。也正是因为"非"类句式义具有的条件义,因此其他假设性条件词(如"若"、"自"、"脱"等)都非常容易与"非"相连,形成"若非"、"自非"、"脱非"来共同表示假设性条件。

7.2.2　直接排除范畴方面

　　汉语中出现明显的直接排除标记词是在魏晋以后。在上古时期,主要由具有隐含[＋排除]语义的动词(如"舍""去""外"等)与逻辑算子连用形成句式来表达。魏晋以后,动词则以含有[＋排除]语义的"除"类为主。直接排除与间接排除在历时发展中,逻辑算子同样起到了重要的制约作用,提供"假设条件"义、"范围"义等,所不同的是,除此之外,直接排除依赖的是词汇自身的[＋排除]语义,其发展路径中伴有更多的语法化、词汇化现象;而间接排除依赖的是词汇自身的[＋否定]语义,自古至今变化不大。[＋排除]语义本身就意味着某种程度上的否定,因此与[＋否定]语义具有天然的密切联系。

我们认为,逻辑算子在直接排除范畴中所起到的重大作用具体表现在三个方面:第一,促使直接排除标记"除"类词的产生;第二,促使直接排除在排除功能的基础上增加了追加功能;第三,促使某些直接排除标记词由介词虚化出连词的用法。

先看第一个方面。在上古时期,"除"主要作动词使用,而其"排除"义的动词性用法不多,主要表现为"去除、消除"义。到魏晋以后,"除"的动词性使用频率增高,特别是在"外"逐渐虚化为范围后置词的过程中,与"外"组合成"除……外"的框式结构以后,在逻辑算子的制约作用下,将整体的句式"排除"义凸显出来,便开始了"除"由隐含[＋排除]语义的动词向具有明显[＋排除]义的介词的虚化历程。

第二方面,在上古时期,与"除"类句式相连的逻辑算子多为否定性、疑问性、总括性的,因此"除"类句式表达"排除特殊,强调一致"的排除功能。到晚唐五代时期,随着逻辑算子类型的不断丰富和发展,与"除"类句式相连的逻辑算子中增加了递进性逻辑算子。由于递进性逻辑算子自身具有明显的"进一步补充说明"的特性,因此"除"类句式在排除功能的基础上增加了"排除已知,补充未知"的追加功能。自此,直接排除"除"类句式所具有的两种功能便已成雏形,并和排除功能一直沿用至今,只是在使用频率上相对低于排除功能。

第三个方面。在晚唐五代时期,还出现了一个新的发展趋势,那就是表示假设条件性的逻辑算子"若要"开始与"除"相连形成句式,使得"除"类句式在某种程度上具有了"唯一性条件"的语义。不过这种用法只是刚刚萌芽,"除"类句式仍主要表达范围域内的排除和追加关系。但是"除"类句式可以表条件的用法为其他新产生的"除"类词奠定了基础,如"除非"、"除却"、"除是"等新产生的介词也都萌发了连词的功能,甚至到宋代以后,"除非"、"除是"的连词功能都超过介词功能成为其主要功能了,至此,"除非"、"除是"由介词向连词的虚化过程完成。

另外,与间接排除表达形式不同的是,直接排除范畴表达形式还可以与限定性逻辑算子连用,如"除了 A 只有 B"。限定性逻辑算子"只有"自身具有的"唯一限定性"天然地将对象 B 从大范围内的其他对象中排除出去并独自形成一个小范围,而此小范围中的对象与"除"类引导的对象 A 具有某种一致性,因此这一句式在深层语义上也是将二者看作一个整体,从大范围中与其他对象组成的范围区别出来。如图。

第一步:在一个范围中有 ABCDE 多种成员组成。

A B C D
E ……

图 7.1

第二步,成员"A"在"除了"的作用下,被排除出此范围外。

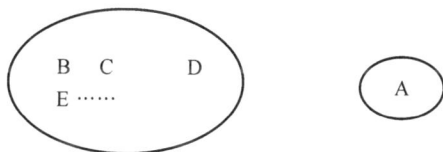

B C D
E ……

A

图 7.2

同时,"B"在限定性逻辑算子"只有"的作用下,也被排除出大范围之外。

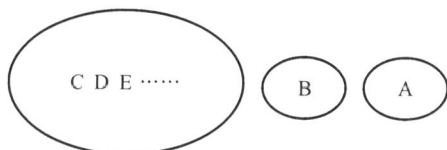

C D E ……

B

A

图 7.3

第三步,"B"与"A"有某种共性,二者自动组成一个具有内部一致性的新小范围,并在之前的大范围之外。

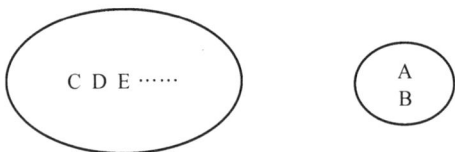

图 7.4

7.3 排除范畴在汉语从综合型 走向分析型过程中的表现

汉语具有意合性的特点最早是由王力先生①提出的,即汉语和印欧语系相比,更注重意义上的关联而不是形式上的标记,讲究以意统形,在表义上更加灵活。

汉语中的排除范畴,在上古时期没有明显的标记词(除了"唯独类"的),多由逻辑算子参与的句式来表达排除义。这种"意合型"的排除句式,随着"外"类词的逐步虚化以及魏晋时期"除"和范围域后置词"外"组成"除……外"的框式结构,直到晚唐五代时期,才真正出现了具有"排除"义的明显标记词,如"除"、"除非"、"除是"、"除却"、"除非是"等,并逐渐从排除义的介词虚化出唯一性条件义的连词用法。可见,汉语的排除范畴,特别是直接排除,经历了一个由"综合"向"分析"的发展过程,即将句式中隐含的隐性[+排除]语义释放出来,并赋予新的标记形式将其显性[+排除]语义表现出来。因此汉语中排除范畴的发展过程其实是隐性的排除语义逐渐使用显性的语法形式来标记的过程,这也符合汉语在发展过程中由综合向分析方向发展的大趋势。

---

① 王力:《中国语法理论》(上册),北京:中华书局,1954,第 115 页。

　　另外,在方位词"外"由方位名词虚化为方位后置词过程中,处所介词"于"的衰落也是汉语由综合走向分析的表现。李崇兴(1992)指出,先秦汉语的实体名词(如"积土成山"的"山")和处所名词(如"藏金于山"的"山")在形式上没有分别,所以处所名词前面必须加上介词"于",才能和实体区分开来。到西汉,处所名词加上方位词(如"上"、"中"、"下"、"外"等)表处所的用法逐渐增多,由于表示处所的名词已有方位词来指明,所以动词和表处所名词之间的"于"就成了羡余成分,这样就导致了介词"于"的脱落。宋亚云(2006)①则认为,介词"于"的衰落有其自身的原因,即在上古时期所担任的功能太多,如能引进表示处所、时间的名词性成分,也能引进表示施事、受事、对象的名词性成分,还能引进表示比较的成分。这种"身兼数职"在功能上就是一种综合的表现,但是由于综合性太强,导致有时辨义不清,因此就走向了分析的道路,即它原有的多种功能由新的介词成分或结构所取代。正是由于介词"于"逐渐不与处所名词连用,而主要依靠方位词来表明处所,所以方位词"外"便逐渐由方位名词虚化为方位后置词,开启了它的虚化历程。

　　因此汉语从"综合"走向"分析"的过程中,隐性语义关系的显性语法化,以及动词＞介词＞连词的虚化过程都是汉语发展史中的重要特征和规律。

7.4　直接排除和间接排除两种思维模式的应用

　　直接排除和间接排除反映了人们认知世界的两种思维模式,反映到语言中就形成了以"除"为典型标记的直接排除表达形式和以"非"句式为典型标记的间接排除表达形式。但除此以外,直接排除

---

　　①　参考宋亚云:汉语从综合到分析的发展趋势及其原因初探,载林焘:《语言学论丛》33辑,北京:商务印书馆,2006,第86页。

和间接排除这两种思维模式还反映在语言中的其他层面,如词汇、句法等。

7.4.1　重复使用同种排除思维产生的羡余成分

"羡余"这个词最早来自现代信息论,后作为语言学术语使用,表示"剩余信息"、"多余信息",它是一切自然语言所共有的本质特征。语言的羡余现象,从本质上说,反映的是语形和语义的不相配合,即语言结构的形式超过意义表达的需要。当人们重复使用同种排除思维模式时,就会导致语言中的羡余形式。

1. 句式层面

以框式结构"除(了)……(之/以)外"为例。如我们之前已详细论证的,框式结构的前置词"除(了)"可以单独表示直接排除,后置词"(之/以)外"也可以单独表示直接排除,二者的核心语义一致,只是受到"除"和"外"自身语义影响而略有差别:"除(了)"的语义重点在"除",即"除去、减去某一部分",而"(之/以)外"的语义重点在"外",即"在某个范围之外"。正是因为这两部分既有联系又有差别,所以人们在用其中一种语法形式进行表达的时候,容易在头脑中又浮现出另一种类似的表达形式,这样就容易把这两种语法形式叠加在一起共同使用,便形成羡余成分"除(了)……(之/以)外"。如:"狄希陈做了三四年官,回到家内,算那除盘搅以外,净数带回家的不多不少,正合那石槽底下五千之数。"(《醒世姻缘传·第一百回》)"想来想去,除了终日淌眼泪之外,无一良策。"(《官场现形记·第十九回》)

另以句式"非……不"为例。在句式"非……不"中,其中副词"非"表示否定,而副词"不"也表示否定,二者的同义相连的双重否定便产生了强调肯定的"唯一性条件"义,语义相当于"只有……才"。这可以看作是重复使用间接排除思维的结果。如"晋为伯,郑入陈,非文辞不为功。慎辞也!"(《春秋左氏传·襄公二十五年》)

2. 词汇层面

以"除掉"、"除去"为例,其中"掉"和"去"在动词义上与"除"的动词义相同,都表示"去除"义,都可看作直接排除思维的产物,因此"除掉"和"除去"的产生实际是重复使用直接排除思维模式而产生的羡余成分。

羡余成分的产生是必然的,这反映了人类思维的灵活性和语言表达的多样性,但是限于语言经济的原则,不是所有的羡余成分最终都能在汉语发展的历史长河中生存下来。只有具有特殊表义或语用义的羡余成分才能一直发展下去,否则就会被淘汰。比如框式结构"除(了)……之/以外"在语义上比单纯用"除(了)"或"(之/以)外"更凸显排除的范围,在语用上有加强肯定的作用,所以一直沿用到现代汉语中。而"除去"、"除掉"等由于其自身"去"、"掉"的动词性较强,它们虽然在"除"的类推下也发展出介词的用法,但使用频率很低,后来就几乎衰亡了。

7.4.2 直接排除思维模式和间接排除思维模式的杂糅

1. 句式层面

以句式"除非……(外),不"为例,这是由"除……外"与"非……不"两个句式叠床架屋形成的结果。其中"除……外"是直接排除思维的产物,其排除是显性的,而"非……不"是间接排除思维的产物,其排除是隐性的。因为人类可以从不同的角度来认知同一事物,因此在认知时容易将不同的思维模式杂糅在一起,而句式"除非……(外),不"就是人们把直接排除思维模式和间接思维模式杂糅在一起的结果。正因为杂糅了两种句式的特点,因此杂糅后的句式便具备了之前两种句式的特点,所以句式"除非……(外),不"既可以理解为"除了……外,不"的排除性语义,又可以理解为"只有……才"的条件性语义。也正是这种双重语义的并存为"除非"由排除性介词向条件性连词的虚化提供了可能。如:"昨日往鲁府里聘了个外科良医姓晏

的来,那外科看了,说是'天报冤业疮',除非至诚祈祷,那下药是不中
用的,也便留他不住,去了。"(《醒世姻缘传·第十一回》)

再如句式"除(了)……只/只是/就/就是"。其中参与到这些句
式的逻辑算子主要为关系性和限定性的。如我们前面论述过的,不
论是关系性还是限定性的逻辑算子,实际都是间接的排除,表示肯
定,而"除/除了"是直接的排除,表示否定,这一肯一否两种形式的
杂糅,反映了用直接排除和间接排除的两种思维模式进行思考和表
述的过程,即"肯定对象 A 的时候否定对象 B,肯定对象 B 的时候否
定对象 A",因此肯定和否定的对象都不在 A 和 B 两个对象的范围
之外,也就是将 A、B 二者作为一个整体,从一个更大范围的排除层
面中排除出去,以突显这二者的特殊性和内部的一致性。如:"众
伙伴道:'你还要做甚么?'青梅道:'除了做姑子,我只做鬼罢
了!'"(《醒世姻缘传·第八回》)"除了部属就是府同知,这三重大
两重小的衙门,又淡薄、又受气,主意不做他。"(《醒世姻缘传·第
五回》)

2. 词汇层面

"只"是间接排除思维模式的产物,强调肯定,"除"、"除了"是直
接排除思维的产物,强调排除,因此当直接排除思维模式与间接排除
思维模式杂糅使用的时候,便产生了"只除"、"只除了"、"只除非"、
"只除是"等复合虚词。以"只除"为例,由于"除"作为排除性介词的
用法已相当成熟,因此"只除"在宋代产生之初像其他"除"类词一样
表达排除功能,如句式"只除……乃是",但用例不多。到元明时期,
虽然其介词性排除功能略有发展,增加了和总括性(如"尽"、"皆")、
关系性(如"便")逻辑算子的连用,但是用例仍不多。而此时受到
"只"唯独性词义的影响,这一时期的一类词如"只除非"、"只除了"、
"只除是"等都萌发了连词功能,并且发展迅猛,除大量单用外,常用
句式为"只除……方才/才/便/方"、"只除……可/可以/必"、"要……
只除"等。

7.4.3　小结

无论是重复使用某种特定的排除思维模式造成排除概念的叠加,还是直接排除与间接排除两种思维模式的杂糅,都反映了人类思维的灵活性和语言表达的多样性。

思维是人脑对客观世界的反映,这种反映既有客观性又有主观性。由于人类的思维非常灵活,即使对于同一样事物,人们也可以从不同的思维角度,采用不同的思维模式去认识,这反映到语言中就是用不同的语言形式表达相同的语义内容,因此语言中产生了丰富多样的表达形式。比如"除非……不"和"除非……才"在深层语义是相同的,都是肯定排除对象的唯一性,只是前者是从排除的角度进行思考,而后者是从条件的角度进行思考;前者用的直接排除的思维,后者用的是间接排除的思维。

当重复使用相同的思维模式时,反映到语言中容易产生羡余成分。羡余成分中有自己特色的那部分将通过语言的竞争保留下来,而缺乏特色的那部分将最终被淘汰。当两种思维模式交叉使用的时候,往往会产生新的语法现象或语法功能。

7.5　排除范畴与其他范畴的关系

7.5.1　排除范畴与否定范畴

"排除"和"否定"同作为认知范畴,具有天然的紧密联系,投射到语言系统中形成的"排除范畴"和"否定范畴"也同样密不可分。这在间接排除范畴中表现得非常明显。如带有"否定＋比较"标记的间接排除表达句式(如"没有……比……更"、"非……莫")、双重否定式(如"非……不")、"否定＋任指性疑问词"句式(如"非……谁")等都有否定性逻辑算子的参与。如:

(1)没有人比他更适合做这件事。——除了他,没有人更适合做这件事。

　　（2）非他不可。——除了他，别人的都不可以。

　　（3）且至言忤于耳而倒于心，非贤圣莫能听。（《韩非子·难言第三》）——除了贤圣，没有人能听。

　　（4）主晋祀者，非君而谁？（《春秋左氏传·僖公二十四年》）——除了君王您，没有其他更适合的人。

　　根据我们在6.3.1.2章节中对间接排除范畴表达式中否定性逻辑算子的历时使用情况的考察（表6.7"否定性逻辑算子在句式中的历时使用情况及使用频率总结"），我们可以看出"否定"和"排除"这种密切关系自古有之，而且使用频繁。究其深层原因，就在于句式表面的双重否定实质上是排除掉其他一切不可能性后的肯定。这是因为句式"非 X 不（弗/勿/无/莫）K"具有独立于否定性副词"非"的整体句式义"如果不是 X 就不能 K"，当我们选择"X"作为"K"的充分必要条件时，其实是在已有的预设范围中从反面将其他与此条件不符合的可能性排除后的结果。如在上面的例（3）"非圣贤莫能听"中，说话人是在已有的人这一整体范围内将"圣贤"这种人作为特殊的一类凸显出来，然后将其他一切与之不同类的人都排除掉。

　　以例（4）为代表的"否定＋任指性疑问词（孰、庸、何、曷、谁）"句式，由于特指性疑问代词"孰、庸、何、曷、谁"在反诘句式中具有的任指性和否定性，表示"任何人都不、任何事都不、任何方式都不、任何情况都不"的语义，因此句式"非……谁（孰、庸、何、曷）"就具有了"不是 X，任何 Y 都不"的句式义，这在深层语义和机制上和"非 X 不（弗/勿/无/莫）K"是统一的。

　　而直接排除范畴中的"除/除了"标记词及其相关框式结构（如"除/除了……以外"），由于"除"所具有的"去除"语义，也可看作带有隐含的否定因子，因此与否定范畴也密切相关。

　　我们认为，"排除范畴"在某种意义上包含"否定范畴"。也就是说"否定"就意味着"排除"，而"排除"不一定意味着"否定"。因为当我们否定一个对象的时候,就将这个对象从预设范围中排除掉了,但是预设范围内其他存留的可能性并不确定。如当我们说"他不是北京人"时,是把"北京"的这种地域性从地域范围中排除掉了,即他不具备是北京人的这种可能性,但是存留的其他可能性也不确定,他可能是上海人、湖南人、天津人等。而"排除"在一定程度上意味着"否定"。比如当我们说"除了他去过北京,我们都没去过北京"时,是把去过北京的具有特殊性的"他"从没有去过北京的具有一致性的"我们"的范围中排除出去的,同时也否定了"他"与"我们"在去过北京这件事情的联系和一致性;而当我们说"除了他去过北京,我们也都去过北京"时,实际是肯定了"他"和"我们"在去过北京这件事情上的联系和一致性。所以,当我们否定排除对象和比较对象的一致性的时候,排除范畴表达的是排除功能;而当我们肯定排除对象和比较对象的一致性的时候,或者说当我们否定排除对象和比较对象的区别性的时候,排除范畴表达的是追加功能。

7.5.2 排除范畴与量范畴

量范畴是人类对所生存的世界最基本的认知之一,度量范畴是其中的一个次范畴。王海棻(2006)认为度量范畴是从度量的角度对量范畴的具体体现,指对高度、深度、厚度、广度、距离等的度量。我们认为排除范畴和量范畴有密切的联系。

直接排除范畴方面,我们以"之外"为例。

自上古时期,"之外"就与表示处所、距离、时间的词连用,表示在某个范围(处所、距离、时间)的外面,超出了某个处所、距离或时间的范围,这种用法沿用至今。如:

(5) 九月,卫穆公卒,晋三子自役吊焉,哭于大门之外。(《春秋左传•成公一年》

(6) 兄弟之雠,辟诸千里之外。(《周礼•地官司徒》)

(7) 越十年生聚,而十年教训,二十年之外,吴其为沼乎?(《春秋

左传·哀公元年》)

　　根据我们的考察,"之外"到魏晋时期,由于大量和身体名词、抽象名词、甚至动词连用,如"一身之外"、"租赋之外"、"迎送旧典之外",使得"之外"由范围义虚化出了排除义,开始了由量范畴向排除范畴的转化。在晚唐五代时期,"之外"与排除义的"除"形成"除……之外"的框式结构,并产生了"除此之外"的固定结构,成为直接排除范畴的重要表达形式之一。

　　间接排除范畴方面,我们以唯独性标记词"仅"为例。

　　《说文·人部》:"仅,材能也。从人堇声。"繁体作"僅",也通用为"勤"、"覲"。具有"材能"的人历来是众人中的小部分,随着语义慢慢泛化,自先秦开始,"仅"就表示言其少,如:

　　(8) 好学不倦,好礼不变,旄期称道不乱者,不在此位也,盖勤有存者。(《礼记·射义》)

　　(9) 鲁日以削,至于觐存,三十四世而亡。(《吕氏春秋·长见篇》)

　　(10) 对曰:"市南门之外甚众牛车,仅可以行耳。"(《韩非子·内储说上·七术》)

　　例(8)表示"大约仅仅有几个人"。例(9)的大意为"鲁国公室因此削弱,直到仅仅维持下去,三十四代而被灭亡"。例(10)翻译为:"回答说:'市南门外边,牛车很多,仅仅可以通行罢了。'"三句中的"仅"都修饰谓词性成分,只是在例(8)中"仅"的语义指向体词性成分,在例(9)和例(10)中指向谓词性成分。

　　有趣的是,"仅"在六朝隋唐之际发生了语义引申,表示"多达"之义,且与表示"少"的义项并存。如:

　　(11) 我大食国宝阳燧珠也。昔汉初赵佗,使异人梯山航海,盗归番禺,今仅千载矣。(《裴铏传奇》)(言其多)

　　(12) 生一男,仅二岁,聪慧无敌。(《太平广记·卷十六》)(言其少)

"仅"在历时演变过程中兼表"言其少"和"言其多"的现象非常特殊,但这也说明语法化过程中的确伴随着人们的主观化。由于主观视角、主观感受的不同,人们对同一个语言片段可以作出矛盾甚至完全相反的理解,即既可以理解为"小量"也可以理解为"大量",只是经过长期的历史检验,人们在心理上普遍更倾向于"极小量"的理解,因此这些标记词最终表示"小量"而不是"大量"。

而这种表示数量或程度上的"少"或者"小"在认知上就容易理解为"限于某一较少或较小的范围",当这一范围与较多或较大范围发生比较时,就容易将这一"少"或"小"的范围的特殊性凸显出来,从而由量范畴转化为排除范畴。如当我们说"仅此而已"的时候,可以转换为"除了这个,没有其他的"。

可见,排除范畴中的直接排除范畴和间接排除范畴都与量范畴有密切的关系。我们认为,当排除范畴表示"去掉和舍弃"层面的"排除"语义时,凸显的是排除对象和预设范围内其他对象的不一致性,因此将排除对象从一个预设范围中排除出去,可以看作是"量上的减少";而表示对排除对象进行补充和说明的"追加"语义时,凸显的是排除对象和预设范围内其他对象的一致性,因此可以看作是"量上的增加"。

7.5.3　排除范畴与转折范畴

排除范畴和转折范畴有密切的衍生转化关系。转折范畴中的典型成员(如"只"、"但"、"却")在历时发展中都经历了从排除语义衍生出转折语义的过程。以排除范畴中的限制范围副词"但"为例,如:

(13) 侍中、驸马都尉董贤本无葭莩之亲,但以令色谀言自进,赏赐亡度,竭尽府藏,并合三第尚以为小,复坏暴室。(《汉书·鲍宣传》)

(14) 灵帝光和元年,南宫侍中寺雌鸡欲化为雄,一身毛皆似雄,但头冠尚未变。(《搜神记》)

例(13)中董贤表示"自进"的方式只限于"令色谀言"的范围内,

将其他的"自进"方法都排除在这个范围之外。例(14)既可以理解为"但"将"未变"的范围限于"头冠",并将"头冠"以外的身体各部分从此范围中排除出去,也就是鸡全身的毛都变了,只有头冠还没有变;也可以理解为一种语义的轻转,因为"头冠"属于"一身"的一部分,前分句"一身毛皆似雄",应该得出后分句"头冠毛也似雄"的结果,可后分句的结果是"头冠尚未变",可见前后句意思的相逆和矛盾为"但"向转折范畴衍生提供了基础。

这种衍生的机制是,"但"作为限制范围副词时,将某一对象限制在某一范围内的同时,也将此范围之外的相关内容排除掉,而当它用于复句的后续分句时,说话者会转换视角,认为前置分句就是被排除的相关内容,前后分句之间就会意思相逆。这种从排除(具体为限定语义)向转折关系的转变其实是在"肯定整体、否定局部"或"否定整体、肯定局部"的语境中通过重新分析得到的,前后的一正一反或一反一正具有了逆转的语义。

汉语中排除范畴向转折范畴衍生的现象在其他语言中也有表现。比如英语中的"but":

(15) Everybody is here but him. (表排除)

(16) Everybody is here but he is not here. (表转折)

7.5.4 排除范畴与假设范畴

排除范畴与假设范畴有着深层联系,假设范畴在很大程度上是排除范畴的基础。我们以直接排除范畴中"除非"的历时演变为例。

根据我们的研究,"除非"萌发于晚唐五代时期,主要具有排除性的介词功能。我们发现的较早用例如下:

(17) 自今已后,诸王、公主、驸马、外戚家,除非至亲以外,不得出入门庭,妄说言语。(《旧唐书·卷八·本纪第八》)

例句中所用句式"除非……以外,不"将动作行为所涉及的对象中属于例外的情况排除出去,即把可以"出入门庭"的"至亲"以外的人排除出去,意义相当于"除、除了"。句式"除非……以外,不"其实是在框式结构"除……以外"的类推下,由"除……以外"和"非……不"两个框式结构叠用的结果。即:"除至亲以外,不得出入门庭"和"非至亲不得出入门庭",这两个句式所表达的语义是相同的,把二者套用在一起,具有突出强调的语用功能。

我们发现,作为介词性排除功能的"除非",多与名词性成分搭配,而"当'除非'不再和名词性成分搭配而是和谓词性的成分连接,而连接的成分表达的又是句中假设实现的充分必要条件时,'除非'便开始从介词虚化成连词"。我们在唐代已可以找到"除非"作为连词的用例,其引导的一般为后一个分句,句式一般为"若(要)……,除非",形式为"结果在前,必要条件在后",如:

(18) 若在人间须有恨,除非禅伴始无情。(《全唐诗·罗邺·别夜》)

(19) 要觅长生路,除非认本元。(《全唐诗·吕岩·五言》)

在句式"若(要)……,除非"中,"除非"引导一个充分必要条件,可以理解为连词"只有"。例(18)可以理解为:如果要得到结果"在人间须有恨",除了"禅伴始无情"这一种必要条件外没有其他的条件可以实现这个结果。也就是说,后一分句的"除非禅伴始无情"其实是句式"除非禅伴始无情,无(其他条件/可能性)"的一个紧缩式。排除性"除非"的排除否定性和否定逻辑算子"无"的进一步否定性,促使介词性"除非"完成向连词性"只有"引导充分必要条件的转化。可见,假设条件义为"除非"从排除性介词向排除性连词的演变提供了重要的逻辑基础。句式"除非……不"、"除非……才"、只有……才"之间可以相互转化。如:

除非她去,我不去。=除非她去,我才去。=只有她去,我才去。

7.5.5 排除范畴与递进范畴

现代汉语中,不论是直接排除范畴表达形式"除(了)……(以)

外,还(也)",还是间接排除范畴表达形式"不仅(不但、不光)……,还(也、而且)",一般都被看作是递进范畴的表达形式。这些表达形式都是在排除前面对象的基础上,所作的进一步补充和说明,凸显的是排除对象和追加对象之间的共通性,因此既可以看作是排除范畴的表达形式,也可看作是递进范畴的表达形式。像这种两个范畴之间的交叉现象实际是"人们认知世界的反映,是逻辑基础和语言逻辑不一致的一种反映"。这些用法在汉语早期就有所运用,如:

(20) 百姓除随贯出榷酒钱外,更置官酤,一两重纳榷,获利至厚。(《旧唐书·卷一百二十四》)

(21) 丙寅,诏:"诸道节度、都团练、防御、经等使所管支郡,除本军州外,别置镇遏、守捉、兵马者,并合属刺史。(《旧唐书·卷十五》)

(22) 非唯雨之,又润泽之。(《史记·卷一百一十七》)

当排除范畴凸显的是这一部分和其他部分之间联系和一致性的时候,无论是表示量的增加,还是一致性的强化,实际表达的都是递进的逻辑语义,属于递进范畴。

7.6 余 论

因为排除范畴的语义本质是将排除对象特殊化,并凸显这一部分和其他部分之间的区别或联系,从而具有排除或追加的语法功能。当表现为排除性语法功能时,否定的是排除对象和其他对象之间的联系或一致性,在程度或数量上表现为量的减少;而表现为追加性语法功能时,否定的是排除对象和其他对象之间的区别,在程度或数量上表现为量的增加。因此,排除范畴与否定范畴具有最天然的联系,并通过否定范畴与量范畴建立关系。排除范畴与否定范畴和量范畴之间的关系是由排除范畴的客观性所决定的。

另一方面,当人们不只是客观凸显排除对象和其他对象之间区别或联系,而带上了传信人自身的立场、态度、情绪等主观性色彩时,排除范畴就容易向其他范畴延伸或转化。比如当传信人凸显的这种区别或联系与传信人的预设相矛盾时,排除范畴就容易向转折范畴延伸;当传信人凸显的这种区别或联系不是客观已然发生的,而是传信人主观假设或推断、未然发生的,那么排除范畴就容易向假设范畴延伸。正因为排除范畴自身的主观性,使得排除范畴与转折范畴和假设范畴具有了转化的可能。

我们将排除范畴与其他相关范畴的关系表示为图 7.5。

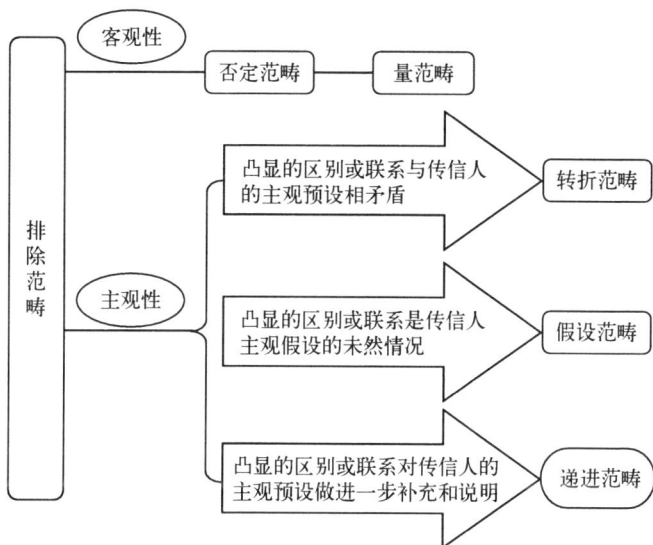

图 7.5　排除范畴与其他相关范畴的关系图

由于本书题目所包含的内容很多,语料考察的时间跨度很大,语料庞杂及个人能力等主客观因素,我们未能对间接排除范畴中的其他几大类进行详细论述,包括唯独类、"否定、比较"标记连用的比较句、以"非徒、非唯、不仅"为代表的间接排除表追加功能的形式。它们的演变历程是怎样的? 其演变机制和动因是否与直接排除表达形式或间接排除表达形式"非"句式类相一致? 排除范畴与递进范畴、比较范畴的关系是怎样的? 等等,这些问题都是值得解决但均未解决的,有待于日后继续思考和深入研究。

参 考 文 献

工具书

[1] 蔡镜浩.魏晋南北朝词语例释.南京：江苏古籍出版社,1990.

[2] 陈霞村.古代汉语虚词类解.太原：山西教育出版社,1992.

[3] 董治国.古代汉语句型大全.天津：天津古籍出版社,1988.

[4] 董志翘,蔡镜浩.中古虚词语法例释.长春：吉林教育出版社,1994.

[5] 高文达.近代汉语虚词词典.北京：知识出版社,1992.

[6] 何乐士.古代汉语虚词通释.北京：北京出版社,1985.

[7] 侯学超.现代汉语虚词词典,北京：北京大学出版社,1998.

[8] 黄伯荣,廖序东.现代汉语.北京：高等教育出版社,1988.

[9] 雷文治.近代汉语虚词词典.石家庄：河北教育出版社,2002.

[10] 李崇兴,黄树先,邵则遂.元语言词典.上海：上海教育出版社,1998.

[11] 刘月华.实用现代汉语语法.北京：商务印书馆,1983[2001].

[12] 龙潜庵.宋元语言词典.上海：上海辞书出版社,1985.

[13] 吕叔湘.现代汉语八百词.北京：商务印书馆,1981.

[14] 王云路,方一新.中古汉语语词例释.长春：吉林教育出版社,1992.

[15] 解惠全,崔永琳,郑天一等编.古书虚词通解.北京：中华书局,2009.

［16］袁宾，段晓华，徐时仪等.宋语言词典.上海：上海教育出版社,1997.

［17］张相.诗词曲语辞汇释.北京：中华书局,1977.

［18］张永言编.世说新语词典.成都：四川人民出版社,1992.

［19］中国社会科学院语言研究所古代汉语研究室编.古代汉语虚词词典.北京：商务印书馆,1999.

中文专著

［1］鲍延毅.《金瓶梅》语词溯源.北京：华夏出版社,1996.

［2］陈昌来.介词与介引功能.合肥：安徽教育出版社,2002.

［3］陈学忠.现代汉语语法.武汉：华中科技大学出版社,2006.

［4］崔世杰.魏晋南北朝诗文语词探义.北京：线装文局,2006.

［5］崔希亮.语言学概论.北京：商务印书馆,2009.

［6］邓军.魏晋南北朝代词研究.上海：上海人民出版社,2008.

［7］丁声树等.现代汉语语法讲话.北京：商务印书馆,1961.

［8］董秀芳.词汇化：汉语双音词的衍生和发展.成都：四川民族出版社,2002.

［9］董志翘.中古近代汉语探微.北京：中华书局,2007.

［10］冯春田.近代汉语语法问题研究.济南：山东教育出版社,1991.

［11］冯春田.近代汉语语法研究.济南：山东教育出版社,2000.

［12］冯春田.《聊斋俚曲》语法研究.开封：河南大学出版社,2003.

［13］高育花.中古汉语副词研究.合肥：黄山书社,2007.

［14］葛佳才.东汉副词系统研究.长沙：岳麓书社,2005.

［15］何乐士.宋元明汉语研究.济南：山东教育出版社,1992.

［16］何乐士.古汉语语法论文集.北京：商务印书馆,2000.

［17］胡敕瑞.《论衡》与东汉佛典词语比较研究.成都：巴蜀书社,2002

［18］江蓝生.近代汉语探源.北京：商务印书馆,2000.

[19] 江蓝生.近代汉语研究新论,北京:商务印书馆,2008.

[20] 蒋绍愚.唐诗语言研究.郑州:中州古籍出版社,1990.

[21] 蒋绍愚.蒋绍愚自选集.开封:河南教育出版社,1994.

[22] 蒋绍愚.近代汉语研究概况.北京:北京大学出版社,1994.

[23] 蒋绍愚,曹广顺主编.近代汉语语法史研究综述.北京:商务印书馆,2005.

[24] 金昌吉.汉语介词和介词短语.天津:南开大学出版社,1996.

[25] 雷冬平.近代汉语常用虚词演变研究及认知分析.北京:中国社会科学出版社,2008.

[26] 黎锦熙.新著国语文法.上海:上海书店出版社,1996.

[27] 李英哲.汉语历时共时语法论集.北京:北京语言文化大学出版社,2001.

[28] 李宇明.汉语量范畴研究.武汉:华中师范大学出版社,2000.

[29] 李宗江.汉语常用词演变研究.上海:汉语大词典出版社,1999.

[30] 刘丹青主编.语言学前沿与汉语研究.上海:上海教育出版社,2005.

[31] 刘坚,江蓝生,白维国等.近代汉语虚词研究.北京:语文出版社,1992.

[32] 刘坚,蒋绍愚主编.近代汉语语法资料汇编(唐五代卷).北京:商务印书馆,1990.

[33] 刘坚,蒋绍愚主编.近代汉语语法资料汇编(元明代卷).北京:商务印书馆,1995.

[34] 柳士镇.魏晋南北朝历史语法.南京:南京大学出版社,1992.

[35] 吕叔湘.中国文法要略.北京:商务印书馆,1982.

[36] 吕叔湘著,江蓝生补.近代汉语指代词.上海:学林出版社,1985.

[37] 吕叔湘.近代汉语指代词.上海:学林出版社,1995.

[38] 马贝加.近代汉语介词.北京:中华书局,1999.

[39] 马建忠.马氏文通.北京：商务印书馆,2007.

[40] 邱斌.汉语方位类词相关问题研究.上海：学林出版社,2008.

[41] 沈家煊.不对称与标记论.南昌：江西教育出版社,1999.

[42] 石毓智.肯定和否定的对称与不对称.北京：北京语言文化大学出版社,2001.

[43] 石毓智.语法的形式和理据.南昌：江西教育出版社,2001.

[44] 石毓智,李讷.汉语语法化的历程：形态句法发展的动因和机制.北京：北京大学出版社,2001.

[45] 孙锡信.汉语历史语法要略.上海：复旦大学出版社,1992.

[46] 孙锡信.汉语历史语法丛稿.上海：汉语大词典出版社,1997.

[47] 太田辰夫著,江蓝生,白维国译.汉语史通考.重庆：重庆出版社,1991.

[48] 太田辰夫著,蒋绍愚,徐朝华译.中国语历史文法.北京：北京大学出版社,2003.

[49] 汪维辉.《齐民要术》词汇语法研究.上海：上海教育出版社,2007.

[50] 王鸿滨.《春秋左传》介词研究.西安：世界图书出版西安公司,2005.

[51] 王力.中国语法理论(上册).北京：中华书局,1954.

[52] 王力.汉语史稿(重排本).北京：中华书局,1980.

[53] 王云路.中古汉语词汇史(上).北京：商务印书馆,2010.

[54] 吴福祥.《朱子语类辑略》语法研究.开封：河南大学出版社,2004.

[55] 吴福祥,洪波主编.语法化与语法研究(一).北京：商务印书馆,2003.

[56] 席嘉.近代汉语连词.北京：中国社会科学出版社,2010.

[57] 向熹.简明汉语史.北京：高等教育出版社,1993.

[58] 邢福义.汉语语法学.长春：东北师范大学出版社,1996.

[59] 徐列颂.现代汉语总括表达式研究.杭州：浙江教育出版社,1998.

[60] 徐烈炯,刘丹青主编.话题与焦点新论.上海：上海教育出版社,2003.

[61] 杨伯峻,何乐士.古汉语语法及其发展(修订本).北京：语文出版社,2001.

[62] 杨荣祥.近代汉语副词研究.北京：商务印书馆,2005.

[63] 俞光中,植田均.近代汉语语法研究.上海：学林出版社,1999.

[64] 袁雪梅.中古汉语的关联词语—— 以鸠摩罗什译经为考察基点.北京：人民出版社,2010

[65] 张伯江,方梅.汉语功能语法研究.南昌：江西教育出版社,1996.

[66] 张赪.汉语介词词组词序的历史演变.北京：北京语言文化大学出版社,2002.

[67] 张美兰.近代汉语语言研究.天津：天津教育出版社,2001.

[68] 张美兰.《祖堂集》语法研究.北京：商务印书馆,2003.

[69] 张美兰.近代汉语论稿.南昌：江西教育出版社,2004.

[70] 张美兰.《祖堂集》校注.北京：商务印书馆,2009.

[71] 张旺熹.汉语句法的认知结构研究.北京：北京大学出版社,2006.

[72] 张谊生.现代汉语副词研究.上海：学林出版社,2000.

[73] 张谊生.现代汉语副词探索.上海：学林出版社,2004.

[74] 赵艳芳.认知语言学概论.上海：上海外语教育出版社,2001.

[75] 赵元任著,丁邦新译.中国话的文法.中文大学出版社,1980.

[76] 志村良治著,江蓝生,白维国译.中国中世纪语法史研究.北京：中华书局,1995.

[77] 周法高.中国古代语法上造句编."中央研究院"历史语言研究所,1993.

[78] 周刚.连词与相关问题.合肥：安徽教育出版社,2002.

[79] 朱军.汉语构式语法研究.北京：中国社会科学出版社,2010.

中文论文

[1] 艾尔丽.《醒世姻缘传》介词研究[硕士学位论文].山东：山东师范大学,2000.

[2] 曹秀玲.汉语全称限定词及其句法表现.语文研究,2006(4).

[3] 陈宝勤.《祖堂集》总括副词研究.学术研究,2004(2).

[4] 陈昌来.汉语介词的发展历程和虚化机制.柳州职业技术学院学报,2002(3).

[5] 陈元勋."除非"类假言命题新论.云南电大学报,2008(2).

[6] 程美珍.关于表示总括全部的"都".语言教学与研究,1987(2).

[7] 董秀芳."是"的进一步语法化：由虚词到词内成分.当代语言学,2004(1).

[8] 董秀芳.词汇化与话语标记的形成.世界汉语教学,2007(1).

[9] 冯春田.反诘疑问代词"那"的形成问题.语言科学,2006(6).

[10] 郭婷婷."除"字句的排除类型及语义识别[硕士学位论文].武汉：华中师范大学,2002.

[11] 何乐士.《左传》的"咸"和"咸黜不端".古汉语语法研究论文集.北京：商务印书馆,2000.

[12] 洪波.论汉语实词虚化的机制.郭锡良主编.古汉语语法论集.北京：语文出版社,1998.

[13] 洪波,董正存."非 X 不可"格式的历史演化和语法化.中国语文.2004(3).

[14] 胡敕瑞.汉语负面排他标记的来源及其发展.语言科学,2008(6).

[15] 胡静书.《景德传灯录》介词研究[硕士学位论文].安徽：安徽师范大学,2006.

［16］胡清国.否定观念和否定范畴.赣南师范学院学报,2006(2).

［17］黄珊.古汉语副词的来源.中国语文,1996(3).

［18］江蓝生.概念叠加与构式整合——肯定否定不对称的解释.中国语文,2008(6).

［19］蒋绍愚.抽象原则和临摹原则在汉语语法史中的体现.古汉语研究,1999(4).

［20］阚绪良.《五灯会元》虚词研究［博士学位论文］.杭州:浙江大学,2003.

［21］李崇兴.处所词发展历史的初步考察.李崇兴.语文识小录.武汉:华中科技大学出版社,2009.

［22］李福唐.《祖堂集》介词研究［硕士学位论文］.上海:上海师范大学,2005.

［23］李金平.汉语词汇复音化原因的哲学考探.技术与教育,2007(1).

［24］李宗江.关于语法化机制研究的几点看法.语法化与语法研究(4).吴福祥,崔希亮主编.北京:商务印书馆,2009.

［25］林新年.《祖堂集》"还(有)……也无"与闽南方言"有无"疑问句式.福建师范大学学报,2006(2).

［26］刘丹青.汉语中的框式介词.当代语言学,2002(4).

［27］刘红蕾."却"发展演化过程研究［硕士学位论文］.长春:吉林大学,2007.

［28］刘坚,曹广顺,吴福祥.论诱发汉语词汇语法化的若干因素.中国语文,1995(3).

［29］刘颂浩."除了"句式中的省略和对比.第四届国际汉语教学讨论会论文选.北京:北京语言学院出版社,1993.

［30］乔世豪.语气副词"都"的来源及语法化过程.周口师范学院学报,2007(6).

［31］邵敬敏."语义语法"说略.暨南学报(人文科学与社会科学版),

2004(1).

[32] 沈开木."除"字句的探索.汉语学习,1998(2).

[33] 石毓智.时间的一维性对介词衍生的影响.中国语文,1995(1).

[34] 宋亚云.汉语从综合到分析的发展趋势及其原因初探.语言学论丛 33 辑.林焘主编.北京:商务印书馆,2006.

[35] 汤建军.古汉语的"皆"类词.古汉语研究,1991(2).

[36] 唐启运.论古代汉语的处所方位名词.华南师范大学学报(社会科学版),1992(1).

[37] 佟艳洁.《洛阳伽蓝记》介词研究[硕士学位论文].大连:辽宁师范大学,2008.

[38] 王大丽.《新编五代史平话》介词研究[硕士学位论文].苏州:苏州大学,2009.

[39] 王海菜.古汉语度量范畴初探.语言科学.2006(5).

[40] 王鸿宾."除"字句溯源.语言研究,2003(1).

[41] 王鸿宾.《春秋左传》介词研究[博士学位论文].上海:复旦大学,2003.

[42] 王惠.《元朝秘史》介词研究[硕士学位论文].安徽:安徽师范大学,2007.

[43] 王娟."二拍"的介词研究[硕士学位论文].福州:福建师范大学,2006.

[44] 王阳阳,马贝加.副词"更"的语法化.浙江教育学院学报,2007(1).

[45] 王玉丽.周遍性主语与副词"都/也"的关系.现代语文,2008(11).

[16] 卫澜.疑问代词任指用法的使用条件.南京大学学报,1998(3).

[47] 席嘉.转折副词"可"探源.语言研究,2006(2).

[48] 席嘉."除"类连词及相关句式的历时考察.语言研究,2010(1).

[49] 萧国政."除"字句的表意类型与介词"除"的语言功能.HNC 与

语言学研究.武汉：武汉工业大学出版社,2001.

[50] 熊文."除了……"一式的汉英对比及思考.上海大学学报(社会科学版),2000(1)

[51] 徐朝红.求那跋陀罗汉译佛经介词研究[硕士学位论文].湖南：湖南师范大学,2005.

[52] 徐杰,李英哲.焦点和两个非线性语法范畴："否定""疑问".中国语文,1993(2).

[53] 杨辉.容器范围词里、内、中、外的空间意义.四川教育学院学报,2008(12).

[54] 叶华利.《直说通略》介词研究[硕士学位论文].武汉：华中师范大学,2005.

[55] 殷志平."除了……以外"的语义辨析：与郑懿德、陈亚川两位先生商榷.汉语学习.1999(2)

[56] 尹振环."一"的最初含义及其后的演变.贵州社会科学,1994(4).

[57] 曾传禄.汉语空间隐喻的认知分析.云南师范大学学报,2005(2).

[58] 张强.《韩非子》介词研究[硕士学位论文].山东：山东师范大学,2006.

[59] 张志连.《儿女英雄传》介词框架考察[硕士学位论文].上海：上海师范大学,2008.

[60] 赵诚.甲骨文虚词探索.中国古文字研究会,陕西省考古研究所,中华书局编辑部编.古文字研究第15辑.北京：中华书局,1986.

[61] 郑懿德,陈亚川."除了……以外"用法研究.中国语文,1994(1).

[62] 周四贵.《金瓶梅》介词研究[硕士学位论文].贵阳：贵州大学,2007.

[63] 周小兵."除"字句的语义模型及形式标记.周小兵.句法·语义·

篇章汉语语法综合研究.广州：广东高等教育出版社,1996.

［64］朱峰.介词框架"除了……以外"考察［硕士学位论文］.上海：上
海师范大学,2006.

［65］朱新军.语法化中的重新分析机制研究［硕士学位论文］.武汉：
华中师范大学,2008.

［66］祝注先.关于"除非……不"这一格式.中国语文通讯,1981(2).

［67］邹仁."了"、"却"的语法化以及"了"、"却"的替换.湖南人文科技
学院学报,2007(5).

英文专著

［1］Charles N. Li. *Mechanisms of Syntactic Change*，Texas：
University of Texas Press，1977.

［2］Ekkehard König. *The Meaning of Focus Particles: a Comparative
Perspective*. London：Routledge，1991.

［3］Horn，Laurencer. Exclusive Company：Only and the
Dynamics of Vertical inference. *Journal of Semantics*. 1996.

［4］Paul J. Hopper and Elizabeth Closs Traugott. *Grammaticalization*
(second edition). the United Kingdom at the University Press：
Cambridge，2003.

［5］Ronald W. Langacker. *Foundations of Cognitive Grammar:
Descriptive Application* (volume II). Stanford：Stanford
University Press. 1991.

专家评审意见(一)

论文第一次提出构建汉语的排除范畴,将排除范畴分为直接和间接的两大类,并对这两大类排除范畴的部分表达形式的产生和历史演变情况进行了系统、周密的考察,总结出这些形式在各时期表达排除语义的格式、特点、产生时代和发展规律,具有开创性和理论价值。

作者确定"排除范畴"的原则是"以排除的语义关系范畴作为研究对象","从'排除语义'出发去研究排除范畴的各种表达形式,研究排除语义的表达手段,研究排除语义的细微差别所引起的句法上的变化"。在这个原则指导下,作者将排除范畴的表达形式分为五类,论文着重讨论了两类。这五类的提出及对两类排除范畴的深入挖掘和研究对于汉语排除语义及其表达方式的研究都是有贡献的。作者对"排除"实质的勘定和对于排除范畴与否定范畴、量范畴、转折范畴、假设范畴、递进范畴的关系,也作了很好的表述,显示出作者的思辨力和洞察力。

正如作者所说,排除范畴包含内容很多,语料十分庞杂。除了论文归纳的五类外,还有一些排除语义的表达形式未曾述及。比如:

1. 用数量限制方式表达排除义:如"在上海,70岁以下的老人不能领取敬老卡,70岁以上的老人才能领敬老卡,享受免费乘公交车的待遇","现在65岁以内的人都算不上老人了","不足18岁就没有选举权","超过 50 岁就很难找工作了"。

2. 用介词结构表达排除义：如"从唐五代到清初这段时间属于近代汉语时期","打从那次参观以后,我就再也没抽过烟了","在领土和主权的问题上,我们寸步不让","我跟你一道去,事情好办一些"。

3. 用指示代词表达排除义：如"这个情况,我不知道","这个情况,我最了解","他硬要这样做,我也没办法"。

4. 用助动词表达排除义：如"你必须缴清税款,才能继续营业"。

5. 用语气副词表达排除义：如"反正总是吃批评,还做它干吗?""索性砸了它,那就谁也不指望它了!""干脆你自己去一趟,让别人去总有点不放心"。

"排除范畴"涉及多种语法成分和结构形式,论文所述可能是最常用、最典型的表达形式,因此论文实际上是"汉语常用排除语义表达形式的历时演变研究"。

就论文所论而言,内容丰富,材料翔实,论证充分,逻辑严密,是一篇有创新意义的优秀论文,稍作修改即可出版。

孙锡信

专家评审意见(二)

在汉语史研究中,排除表达是个十分重要的课题,但始终未受到足够的重视。这个课题关系到人类逻辑思维的运作以及思维与语言表达的关系,也涉及构式与复句的构成与变革,其中还含括语法化、词汇化等多方面语言演变现象,甚至是汉语语言类型转移的一环,其重要性由此可见。然而,排除表达无论在逻辑上或相关表达上都特别复杂,又牵连甚广,是一个很难妥善处理的语言现象,有很高的难度。纵使如此,岳岩博士这本论文却成功地完成了这项极具挑战性的任务。

本书是汉学界首度对此议题提出整体研究的专著。针对前段所述诸多挑战,本书提出的有效解决办法是,从范畴的高度探讨汉语排除概念的表达方式,着重此范畴的整体演变情形。此一创新手法使得本书得以举重若轻地驾驭复杂的语言现象,提出独到的研究成果,也为学界注入新视角与新议题。文中不限于探讨典型的排除表达法,也含纳其他相关表达,除检验各表达形式的历史演变,并于末章综论排除范畴与否定范畴、量范畴、转折范畴、假设范畴、递进范畴的关联性,清楚勾勒排除范畴在汉语句法体系的变革与地位。也由于从范畴角度着眼,本书对于此范畴内的羡余、杂糅、迭用、紧缩等特殊现象皆能提出精要分析,并能指出此方面演变与汉语在语言类型转移上的关联。

　　针对排除表达,本书提出一套周延的分类架构,并逐步追踪从先秦到清朝各时期的语言现象,在时代分布和类型划分上都展现开阔的格局。文中井然有序地依照时代、语体、词语、词类、句型逐层分类,并逐一列出实例及精确频率,分析清晰得宜,举例翔实丰富。在行文中,亦随时征引相关文献,尽可能回顾学界研究成果,并给予适当评述。

　　整体而论,本书架构精严完整,论述审慎集中,语言简练流畅,在选题和研究手法上有重大突破,并提出丰硕的研究成果,作为一篇博士论文,能达到这样的水平,堪称难能可贵,故本人愿意向《清华语言学博士丛书》推荐本书稿参加评选。

张丽丽

《清华语言学博士丛书》章程

(一)《清华语言学博士丛书》(以下简称《丛书》)是清华大学语言研究中心主持编辑的一套丛书,选择中国大陆、港澳地区和台湾两岸三地语言学博士高质量的学术著作,经同行专家匿名评审和编委会审定后,由上海中西书局出版。每年出版 1 至 5 种。

(二)《丛书》旨在使优秀的语言学博士的著作得以较快出版,并在学界传播,扩大影响。一方面帮助语言学领域的优秀青年学者迅速成长,另一方面也为语言学的发展注入新的活力。

(三)学术定位

1. 以扎实的语言材料为基础,有较深入的分析和理论思考。

2. 具有学术前沿性和创新性。

3. 符合学术规范。

(四)编委会

顾问:丁邦新、陆俭明

主编:蒋绍愚(清华大学)

编委:蔡维天(新竹清华大学),曹志耘(北京语言大学),陈保亚(北京大学),方一新(浙江大学),冯胜利(香港中文大学),何大安(台湾中研院),邢向东(陕西师范大学),张伯江(中国社科院语言所),张美兰(清华大学),张敏(香港科技大学)。

编委会负责邀请同行专家进行匿名评审,并召开编委会审阅和评定入选《丛书》的著作。

(五)申报条件

1. 作者为两岸三地已获得语言学博士学位的青年学者(年龄在 45 周岁

392 汉语"排除范畴"表达形式的历时演变及衍生途径

以下）。

2．著作可以在博士论文或博士后出站报告的基础上修改而成，已获得语言学博士学位的青年学者的其他著作也可以申报。著作用中、英文撰写均可。

3．著作内容符合本章程第（三）条所规定的学术定位。

4．作者从取得博士学位的次年起即可申报，申报者需填写《申报表》，并有两位专家（不包括《丛书》编委和顾问）推荐。

（六）申报时间

每年 4 月 1 日至 5 月 31 日。6 至 8 月份由同行专家匿名评审。9、10 月份编委会开会评定，10 月 31 日前公布评定结果。申报和评审的具体办法另定。

（七）申报著作通过评定后，作者应根据编委会的意见进行修改，并在两年内将定稿送交上海中西书局，逾期视同放弃出版。

《清华语言学博士丛书申报表》可登陆网站下载，网址：http://www. tsinghua. edu. cn/publish/cll/index. html。

　　地　　址：清华大学人文学院新斋 332

　　联系人：赵小英　电话：010—62773018

　　电子信箱：zwlxs@tsinghua. edu. cn

（2011 年 11 月 10 日《丛书》第一次编委会讨论通过）

图书在版编目(CIP)数据

汉语"排除范畴"表达形式的历时演变及衍生途径/
岳岩著.—上海：中西书局，2016.5
（清华语言学博士丛书）
ISBN 978 - 7 - 5475 - 1061 - 2

Ⅰ.①汉…　Ⅱ.①岳…　Ⅲ.①汉语史-研究　Ⅳ.
①H1 - 09

中国版本图书馆 CIP 数据核字(2016)第 083050 号

汉语"排除范畴"表达形式的历时演变及衍生途径

岳 岩 著

责任编辑	朱　彦	
装帧设计	梁业礼	
出　　版	上海世纪出版集团 中西书局(www.zxpress.com.cn)	
地　　址	上海市打浦路 443 号荣科大厦 17F(200023)	
发　　行	上海世纪出版股份有限公司发行中心	
经　　销	各地新华书店	
印　　刷	上海肖华印务有限公司	
开　　本	890×1240 毫米　1/32	
印　　张	12.875	
字　　数	330 000	
版　　次	2016 年 5 月第 1 版　2016 年 5 月第 1 次印刷	
书　　号	ISBN 978 - 7 - 5475 - 1061 - 2/H·053	
定　　价	55.00 元	